小学语文
课程标准与教学

修订版

申晓辉　赵翠明　主编

苏州大学出版社
Soochow University Press

图书在版编目(CIP)数据

小学语文课程标准与教学/申晓辉,赵翠明主编. —苏州
:苏州大学出版社,2015.8(2021.8 重印)
ISBN 978-7-5672-1477-4

Ⅰ.①小… Ⅱ.①申…②赵… Ⅲ.①小学语文课-课程标准-教学研究 Ⅳ.①G623.202

中国版本图书馆 CIP 数据核字(2015)第 196434 号

书　　名:小学语文课程标准与教学

策划编辑:金莉莉　郑　磊
主　　编:申晓辉　赵翠明
责任编辑:张　希
封面设计:刘　俊

出版发行:苏州大学出版社(Soochow University Press)
地　　址:苏州市十梓街1号　**邮编**:215006
印　　装:丹阳兴华印务有限公司
网　　址:http://www.sudapress.com
邮购热线:0512-67480030
销售热线:0512-65225020

开　　本:787mm×1092mm　1/16　**印张**:15.5　**字数**:380 千
版　　次:2015 年 8 月第 1 版
印　　次:2021 年 8 月第 8 次修订印刷
书　　号:ISBN 978-7-5672-1477-4
定　　价:38.00 元

前 言
Preface

2011年10月8日教育部印发了《关于大力推进教师教育课程改革的意见》(教师〔2011〕6号)和《教师教育课程标准(试行)》,拉开了教师教育课程改革的序幕。这次改革彻底打破了以教育学、心理学、教学法"老三门"为主体的课程结构体系,建构了模块化、选择性和实践性的课程结构,并要求从事小学教师工作的人熟悉至少两门学科的课程标准,学会依据课程标准制定教学目标或活动目标。作为五个学习领域之一的小学学科教育与活动指导,是与学科教学密切相关的重要内容,决定着成为一名合格的小学教师应该具备的学科知识储备与能力要求,其重要性不言而喻。小学学科课程标准与教材研究是该领域下建议模块中的一个备选项目,由于课程标准对教学具有指导作用,教材是教学的主要依据,因此这一模块是学科教学的基础。

本书围绕小学学科课程标准与教材研究这一模块进行编写。在领会课程改革理念的基础上,紧扣《全日制义务教育语文课程标准》和教材特点展开阐述。在内容上,从概念辨析到课标解读,从教材分析到教学策略,基本涵盖了小学语文教学的全部内容。

在编写过程中,为了增强内容的科学性和可读性,编者引入大量教学案例,借鉴权威专家、学者和特级教师的观点,力求使本书具备以下特点:

第一,内容详尽,体系完备。本书一共九章。包括语文课程标准解读、小学语文教材建设和阅读教学等。在内容上基本涵盖了小学语文课程改革的全部内容,对于提高读者的理论素养可以提供有效帮助。在内容的呈现上,紧扣课程标准和小学语文教材,以丰富的教学案例为载体,深入浅出,加深读者对课程标准和教材的理解。

第二,案例丰富,可读性强。为了增强可读性,每个章节都安排了丰富的教学案例,尤其是特级教师的教学案例和经典语录,使教材贴近教学实际,读起来生动有趣,便于理解和记忆。

第三,侧重实践,操作性强。理解课程标准,研读教材为的是提高教学能力。因此,在编写时,不仅介绍了识字写字、阅读、写作、口语交际教学和综合性学习的内容,还重点阐述了相应的教学策略和教学中应注意的问题，通过这样的安排增强实践性和可操作性。

本书主编申晓辉和赵翠明是焦作师范高等专科学校的教师，长期担任语文课程与教学领域的教学工作，积累了一定的经验和心得。在教学过程中，编者认真领会教师教育课程改革的精神，梳理语文课程标准颁布的背景，修订的内容以及与教材、教学的联系，将研究所得系统化并运用于教学，取得了良好的效果。本书内容是编者教学内容系统化的结果。赵翠明编写了 1 至 5 章，申晓辉编写了后面的 4 章。本次重印对部分内容进行了勘误。

限于编写水平，书中难免有疏漏不当之处，还望广大读者批评指正。

目 录
Contents

第一章　语文课程与教学的发展演变

2014 年 9 月 24 日，习近平总书记在出席纪念孔子诞辰 2565 周年国际学术研讨会暨国际儒学联合会会员大会时指出，中国优秀传统文化的丰富哲学思想、人文精神、教化思想、道德理念等，可以为人们认识和改造世界提供有益启迪，可以为治国理政提供有益启示，也可以为道德建设提供有益启发。习近平指出，中华优秀传统文化是我们最深厚的文化软实力，也是中国特色社会主义植根的文化沃土。

同年 11 月 18 日，中国文化研究所刘梦溪所长在郑州大学进行的《中国传统价值的当代意义》讲座中提出，经济的问题在文化，文化的问题在教育；古代典籍中流传下来的价值理念可以称为永恒的价值理念，即诚信、爱敬、忠恕、廉耻、和同，这些是中华文化最重要的价值理念，具有稳定、永久意义，仍适用于当今社会；而传承传统文化的具体途径，就是要从诵读经典开始。

中华民族文化博大精深，源远流长，大到治国之道，小至汉字书写，无时无刻不在潜移默化地影响着我们。语言是民族文化的重要组成部分，同时也是民族文化的表现形式，传承民族文化必然要以母语学习为主要途径。而语文作为从事母语教育的学科，必然承担着这一传承和弘扬中华优秀文化、振兴民族文化、弘扬爱国主义精神的重担。语文教育就成了学习母语、保护母语、弘扬民族文化的主阵地。

第一节　关于语文课程与教学的几个概念

学习一门课程，首先要了解与这门课程相关的核心概念。对于语文这门课程来说，需要明确辨析的概念有：语文、课程、教学。

一、语文

就像一个人会有曾用名和现用名一样，语文作为学科的“现用名”，它的确定经历了长期的演变过程。在中国古代，语文没有单独设科。1902 年，钦定京师大学堂设立的师范馆开设的“教育学”中有“各科教授法”一章，其中也有“国文教授法”。到了清朝末年，语文才从多学科的融合中独立出来。1904 年,语文单独设科。在 1904 年至 1949 年之间,语文课程先后使用过中国文字、中国文学、讲经读经、国文、国语等名称。在 20 世纪 30 年代后期,叶圣陶、夏丏尊联名提出了“语文”的概念,并尝试编写了新的语文教材,可惜因日本侵略中国而被迫中止。新中国成立后,叶圣陶先生再次提出将“国语”和“国文”合二为一,改称“语文”。[①] 1949 年,中央人民政府教育部接受语文教育家叶圣陶等人的建议,取消“国语”和“国文”两个名称,统称“语文”。

那么,究竟什么是语文?1950 年中华人民共和国教育部拟定的《小学语文课程暂行标准(草案)》中这样解释:“所谓语文,应是以北京音系为标准的普通话和照普通话写出的语体文。”叶圣陶先生 1964 年在《语文教育书简》中提到:“‘语文’一名,始用于 1949 年华北人民政府教科书编审委员会选用中小学语文课本之时。前此中学称‘国文’,小学称‘国语’,至是乃统而一之。彼时同人之意,以为口头为‘语’,书面为‘文’,文本与语,不可偏指,故合言之。”[②]又说:“其后有人释为语言文学,有人释为语言文字,皆非立此名之原意。”可见,语文简言之就是口头语言和书面语言的合称,把语文理解为语言文字、语言文学、语言文章、语言文化,都是片面的、不足取的。语文的本质就是语言,教语文就是教语言,语文教学的重要任务之一就在于让学生掌握口头语言和书面语言使用的规范,具备使用口头语言和书面语言进行学习、工作、生活的能力。就像《义务教育语文课程标准》(2011 年版)在论述课程性质时提到的一样:义务教育阶段的语文课程,应使学生初步学会运用祖国语言文字进行交流沟通,吸收古今中外优秀文化,提高思想文化修养,促进自身精神成长。

二、课程

要理解一个词语的意思,常用的途径有两个:一是从词语的实际运用来分析;二是从词源上来分析。

一般认为,“课程”一词最早出现于唐朝。孔颖达在为《诗经·小雅·巧言》中的“奕奕寝庙,君子作之。秩秩大猷,圣人莫之。他人有心,予忖度之。跃跃兔兔,遇犬获之”作注时,在《毛诗正义》中这样写道:“以教护课程,必君子监之,乃得依法制也。”但在这里,“课程”一词指雄伟的宫殿,比喻伟大的事业,与我们今天所用之意相去甚远。

宋代朱熹在《朱子语类》中也多次提到“课程”这一词语,如“宽著期限,紧着课程”,“小立课程,大作工夫”,“大抵看圣贤语言,不须作课程,但平心屏气熟看,将来自有得处”等。这里的“课程”指的是学习的范围和进程,涉及教学方面的内容不多,因此称为“学程”更为准确。

到了近代,由于班级授课制的施行和赫尔巴特学派“四阶段教学法”的引入,人们关注的重点由“学生的学”转向了“教师的教”,于是课程的含义从“学程”变成了“教程”。新中国成立以后,由于受凯洛夫教育学的影响,到 20 世纪 80 年代中期以前,“课程”一词很少出现。

在西方英语世界里,“课程”一词最早出现在英国教育家斯宾塞的《什么知识最有价

① 尹碧如. 浅谈在语文教学中实现人文性与工具性的统一[EB/OL]. [2010-10-27]. 人民教育出版社网站.

② 叶圣陶. 叶圣陶教育文集(第三卷)[M]. 北京:人民教育出版社,1994:218.

值?》(1859)一文中,它是从拉丁语“currere”一词派生出来的,意为“跑道”(race-course)。根据这个词源,最常见的课程定义是“学习的进程”(course of study),简称学程,或者理解为教学内容的系统组织。

随着社会的发展,尤其是文艺复兴之后,新的知识、学科的大量涌现,教学内容的取舍成了影响学校教育的一个重要因素。尽管不同教育主张的人对课程的理解也各不相同,然而在长期的交流碰撞过程中,人们却对一个问题逐渐达成了共识,那就是课程研究的内容是教学什么和为什么教学。在此基础上,对于什么是课程,也有了一个比较统一的概念:课程是为各级各类学校为实现教育目标而规定的教学科目及其目的、内容、范围、分量和进程的总和,包括为学生个性的全面发展而营造的学校环境的全部内容。

三、教学

教学是人们使用频率极高的一个词语。然而,对于什么是教学,却众说纷纭。概括起来,中国从古至今对于教学的定义主要有以下四种类型。

(一)教学即学习

在古代汉语中,教学是学习的意思。学习的途径有两条:自学和通过教别人促进自己学习。《学记》中提到:“学然后知不足,教然后知困。知不足,然后能自反也;知困,然后能自强也。故曰:教学相长也。”这就是古人教学观的直接体现。

从词源上来分析,古文字的“教”字表示成人手拿着器械督促孩子学习。《说文》中的释义为:“教者效也,上所施下所效。” 而“学”字则表示孩子在一所房子里学习有关的知识。《说文》中的释义为:“学,觉悟也。”可见,“教”与“学”都从不同的角度指向“学”。

(二)教学即教授

随着社会的发展,到了工业社会,为了培养大量的有知识的劳动者,“班级授课制”应运而生。农业社会只注重“学”而不注重“教”的做法已经无法满足社会发展的需要。为了提高教学效率,“怎样教”成了研究的重点,教学的重心也由“怎样学”向“如何教”转移。在这个时期,教学的内涵由教学即学习转变为教学即教授。

1912 年,中华民国政府教育部公布的《师范学校规程》中规定教育学科包含教授法,由教学到教授,体现了人们的教学观的变化。

(三)教学即教学生学

这种教学观的代表是陶行知先生。1917 年陶行知先生在考察完许多学校后提出“教是为了不教;先生的责任不在教,而在教学,教学生学”,极力主张将教授法改为教学法。在这种教学观的指导下,教学的主要任务是教学生会学,教给学生学习的方法。在提到教学时引用最多的一句话“授人以鱼,不如授之以渔,授人以鱼只救一时之急,授人以渔则可解一生之需”正是这种教学观的生动体现。

(四)教学即教师的教与学生的学

新中国成立后,我国教育领域受凯洛夫《教育学》的影响,并接受了他的观点:教和学是同一过程的两个方面,彼此不可分割。于是有了第四种教学观的产生:教学是教师的教与学生的学的统一活动。在这种教学观的指导下，人们提出了双主体说：在教学活动中存在着两个主体，教师和学生，教师是教的主体，学生是学的主体，教师的教是外化的过程，学生的学是内化的过程。

以上四种教学观分别产生于特定的时代背景之下，代表了当时人们的认识水平，同时也都有其局限性。例如：虽然教学相长确实存在，但是通过教学来学习并不是现代教师提高自己的主要途径，因此将教学定义为学习已经落后于时代的发展；将教学定义为教授，过于强调教师的作用，非常容易陷入“教师中心论”，不利于学生主体性的发挥；将教学定义为教学生学，是人们对教学活动中师生关系认识的一次飞跃，有显著的积极意义，然而，除了教给学生学习的方法，教学还承担着更加重要、更加丰富的任务，例如积累知识、发展能力，以及对学生情感的熏陶、价值观的引导，等等；将教学定义为教师和学生的双边活动似乎是最恰当的表述，但是深究起来，这种定义仅仅停留在对教学活动形式的外在描述，而难以触及教学的本质。

随着人们对教学活动的关注和对教学现象研究的深入，当代教育学提出了新的教学的定义：教学是教师引起、维持、促进学生学习的全部行为方式。这种行为方式包括两大类：一是呈示、对话、辅导等主要行为方式；二是激发动机、课堂管理、交流、期望等辅助行为方式。

四、教学论与课程论

顾名思义，教学论是研究教学的理论，而课程论是研究课程的理论。教学与课程这两个概念虽然经常相提并论，但是它们各有自己研究的领域。教学论研究的是教学是什么和怎样教学，也就是教学的本质和方法两个方面的问题；课程论研究的是为什么教学和教学什么，也就是教学的目的和内容的问题。

提到教学论，不得不提到两部著作。一部是《学记》，这是世界上最早的教学论专著；另一部是德国教育家赫尔巴特的《普通教育学》，这部著作虽然是以教育学命名的，但其内容涉及教学方法和学生管理两方面，可以视为西方的第一部教学论著作。赫尔巴特作为“教师中心说”的代表人，他的理论对后世影响极大。凯洛夫的《教育学》就深受赫尔巴特的影响，中国现在的许多教育模式、教学方法也都带有赫尔巴特四段教学法的印记。而捷克教育家夸美纽斯的《大教学论》，虽然是以教学论来命名的，其内容却是有关教育原理、教育制度、学校组织、课程、教学法等，可以视为一部教育学著作。

对于教学论与课程论的关系，国内有四种不同的意见。

1. 大教学论

认为教学论包含课程论。

2. 大课程论

认为课程论包含教学论。

3. 相互独立论

认为教学论与课程论是相互独立的平行理论。

4. 课程与教学整合论

1997 年国务院学位办把课程论和教学论统一为“课程与教学论”，是把二者统一起来的标志，在课程论与教学论研究的历史上具有划时代的意义。

中国一直以来重教学轻课程。因为古代社会文化发展缓慢，知识经验积累量少，课程的主要内容都是规定性的，所以教师更加注重对教学方式方法的研究探讨。如《学记》中记载的教学相长，孔子的因材施教、启发式教学，朱熹对于读书方法的总结：循序渐进，熟读精思，虚心涵泳，切己体察，着紧用力，居敬持志，等等。

文艺复兴之后，随着学科知识的增多，“教什么”的问题日益凸现，如何选择教学内容成为教育工作者不得不考虑的问题，“教学什么”变成了第一位的重要问题。20 世纪初，西方的课程论思想传入中国，冲击了传统的教学论思想，学术界开始注重研究“教学什么”的课程问题，把课程研究放到了重要位置。

弄清“教学是什么”，才能明确“为什么教学”和“教学什么”，而最终是要落实到“怎样教学”这个具体的教学实践操作问题上。研究“教什么”的问题必然延伸到“怎么教”的问题，研究“怎么教”的问题必然追溯到“教什么”的问题。事实上，二者具有天然的内在联系。因此人们在冷静地分析和探讨中，逐步孕育起课程与教学、课程论与教学论整合的新主张。现代课程论与教学论之间的关系，正通过整合，达到统一。

第二节　语文课程与教学的发展

“史鉴使人明智。”①对历史的回顾与梳理是总结经验、吸取教训最有效的途径。因此，追溯语文课程与教学的发展演变过程对于把握语文课程与教学的正确方向、发现学科教学规律具有重大意义。

中国语文课程与教学的发展经历了古代、近现代、当代三个历史阶段，本节将从这三个阶段中语文课程与教学的内容、特点等方面进行阐述。

一、古代的语文课程与教学

在原始社会，教育还包含在社会生产劳动过程当中，具体表现为宗教祭祀、原始艺术和原始记事，虽然有教育内容，但是没有独立的教育形式，因此没有严格意义上的课程。到了奴隶社会，教育逐步从社会生产劳动中分离出来，成了相对独立的社会组织。在教育内容上以“六艺”为主，即礼、乐、射、御、书、数，初见课程的雏形。封建社会的教育是古代最为完备，也是对后世语文课程与教学影响最大的教育形式，它历时最长，流传最广，也最具特色。其基本特点是：先教蒙学读物，集中识字；然后学习以“五经”“四书”为主体的儒家经典；以文选作为补充读物和写作范本。②

---

① 培根. 培根论文集[M]. 水同天，译. 北京：商务印书馆，1984：72.

② 王文彦. 语文课程与教学论[M]. 北京：高等教育出版社，2007：21.

（一）古代语文课程与教学的内容

1. 以蒙学读物为主要内容的识字教学

在中国古代，流传最广、影响最大的蒙学读物是《三字经》《百家姓》《千字文》和《千家诗》，合称为“三、百、千、千”。

（1）《三字经》。《三字经》相传为宋代王应麟所编。纵观全书内容，从封建礼教的基本纲领到学习的重要性，从生活常识的介绍到历史发展的梳理，内容极其丰富，无所不包，既是学生识字的范例，也是指导学生生活的教科书。在语言上，《三字经》用字精练，言简意赅。在编制上也很有特色，三字一句，押韵成文，读起来朗朗上口，便于朗读和记诵，非常符合儿童的年龄特征。

“人之初，性本善；性相近，习相远。苟不教，性乃迁；教之道，贵以专。昔孟母，择邻处；子不学，断机杼。”这段话阐述了教育的重要性。“为人子，方少时；亲师友，习礼仪。香九龄，能温席；孝于亲，所当执。融四岁，能让梨；弟于长，宜先知。首孝悌，次见闻；知某数，识某文。一而十，十而百，百而千，千而万。三才者：天地人；三光者：日月星；三纲者：君臣义，父子亲，夫妇顺。”这段话阐述了封建礼教的基本纲领。“曰春夏，曰秋冬；此四时，运不穷。曰南北，曰西东；此四方，应乎中。曰水火，木金土，此五行，本乎数。曰仁义，礼智信；此五常，不容紊。稻粱菽，麦黍稷；此六谷，人所食。马牛羊，鸡犬豕；此六畜，人所饲。曰喜怒，曰哀惧，爱恶欲，七情具。匏土革，木石金，丝与竹，乃八音。”这段话向学生介绍了名物常识。

（2）《百家姓》。《百家姓》虽然号称百家，但是收录的姓氏多达500余个。虽然姓氏与姓氏之间并没有意义上的联系，但是编者将每四个字组为四言韵语，因为隔句押韵，读起来使人感觉和谐流畅，易于记诵，这是《百家姓》的一大特色。《百家姓》具体的成书年代已经无从考证，后人从百家姓的第一句“赵钱孙李”推测其作者为北宋人。

《百家姓》收录的姓氏前半部分为单姓，如：

赵钱孙李　周吴郑王　冯陈褚卫　蒋沈韩杨
朱秦尤许　何吕施张　孔曹严华　金魏陶姜
戚谢邹喻　柏水窦章　云苏潘葛　奚范彭郎
鲁韦昌马　苗凤花方　俞任袁柳　酆鲍史唐
费廉岑薛　雷贺倪汤　滕殷罗毕　郝邬安常
乐于时傅　皮卞齐康　伍余元卜　顾孟平黄
和穆萧尹　姚邵湛汪　祁毛禹狄　米贝明臧

后半部分为复姓，如：

万俟司马　上官欧阳　夏侯诸葛　闻人东方
赫连皇甫　尉迟公羊　澹台公冶　宗政濮阳
淳于单于　太叔申屠　公孙仲孙　轩辕令狐
钟离宇文　长孙慕容　鲜于闾丘　司徒司空
丌官司寇　仉督子车　颛孙端木　巫马公西
漆雕乐正　壤驷公良　拓拔夹谷　宰父谷梁

这是流传最广的《百家姓》的版本。事实上，每次朝代更替之后，统治者都会重新编排百家姓，并且将自己的姓氏放在第一的位置。例如：明代初年翰林编修吴沉奉旨编纂《皇明千家姓》，共收1968个姓氏，开头是："朱奉天运，富有万方。圣神文武，道合陶唐。"这说明作为蒙学读物的《百家姓》，同时承担着政治教育的功能。

（3）《千字文》。如果说《百家姓》将没有意义联系的姓氏编排得合辙押韵、朗朗上口是一大特色，那么更加难得的就是《千字文》了。顾名思义，《千字文》相传为南朝周兴嗣用一千个不同的字编写的文章。不仅内容丰富，包含了天文、博物、历史、人伦、教育、生活等各个方面，而且在编制上四字一句，对偶押韵，便于儿童记诵。

例如《千字文》的开头部分：

天地玄黄　宇宙洪荒　日月盈昃　辰宿列张　寒来暑往　秋收冬藏
闰馀成岁　律吕调阳　云腾致雨　露结为霜　金生丽水　玉出昆冈
剑号巨阙　珠称夜光　果珍李柰　菜重芥姜　海咸河淡　鳞潜羽翔

（4）《千家诗》。现在通行的《千家诗》是后人将宋谢枋得选、明王相注的《重定千家诗》和王相选注的《新镌五言千家诗》合刊后的版本。虽然号称千家，但实际上《千家诗》只收录了122位诗人的作品。其中收录最多的是杜甫的作品，共25首，其次是李白的作品，为8首。它是中国旧时带有启蒙性质的格律诗选本。因为它所选的诗歌大多是唐宋时期的名家名篇，易学好懂，题材多样，非常适合儿童学习，所以在民间流传广泛，影响深远。我们非常熟悉的孟浩然的《春晓》、王之涣的《登鹳雀楼》、李白的《静夜思》、杜甫的《绝句》等都收录在《千家诗》中。

2. 以"四书""五经"为主体的阅读教学

"四书"指的是《大学》《中庸》《论语》《孟子》。"五经"指的是《诗经》《尚书》《礼记》《易经》《春秋》。生活中人们经常将"四书"和"五经"相提并论，但其实它们各有自己通行的年代。汉代以后以"五经"为主。自从汉武帝"罢黜百家，独尊儒术"之后，孔子和"五经"就成了神圣不可侵犯的圣人和经典，儒家思想成为当时社会的正统思想。"五经"的内容十分丰富，包含了政治、教育、文化、哲学、伦理等各个方面，对封建社会产生了巨大影响。宋代以后以"四书"为主要课程，一直沿用到清末，长期作为封建政府科举取士的考试用书。据说"四书"分别出于早期儒家的四位代表性人物曾子、子思、孔子、孟子之手，所以"四书"也被称作"四子书"。

3. 以文选为写作范本的写作教学

文选读本是中国古代用来进行写作训练的主要教材。中国现存最早的诗文总集是南朝梁太子萧统编的《文选》，又称《昭明文选》。影响最大、流传最广的是清代吴楚材、吴调侯编的《古文观止》，全书时间跨度长达2000余年，选文200余篇，平均10年一篇文章，可以说篇篇都是经典。

（二）古代语文课程与教学的主要经验

中国古代的语文课程与教学积累了大量的宝贵经验，对现在的语文课程与教学仍然具有指导意义。

1. 识字教学

中国古代识字教学的经验体现在集中识字、注重韵文化、将知识学习与思想教育紧密结合、联系生活和激发儿童兴趣五个方面。

（1）集中识字。汉字的形态变化很少，且汉字构字具有很强的规律性，再加上汉字表意以象形为基础，这些因素决定了集中识字的必要性和可能性。“三、百、千”的单字量在2000个左右，对学生的学习而言数量适中。集中识字可以提高学生的识字效率，为阅读和写作打好基础。这种做法对现在的语文教学同样适用。例如《全日制义务教育语文课程标准》（2011年版）中，要求小学阶段学生累计认识常用汉字3000个左右，其中2500个左右会写。在识字教学中，集中识字仍然是使用频率最高的一种方法。

（2）韵文化。韵文化的特点在“三、百、千、千”中都体现得非常明显。通过阅读这些注重韵文化的蒙学读物，既符合儿童喜欢朗读的天性，又便于理解和记忆。现在的小学语文教材也遵循了这一规律，尝试通过简单易懂的韵文来帮助学生识字。例如人教版一年级上册的《小小竹排画中游》，就是通过韵文的方式帮助学生识字。课文如下：

xiǎo xiǎo zhú pái huà zhōng yóu
小 小 竹 排 画 中 游，
xiǎo zhú pái shùn shuǐ liú
小 竹 排，顺 水 流，
niǎo er chàng yú er yóu
鸟 儿 唱，鱼 儿 游。
liǎng àn shù mù mì
两 岸 树 木 密，
hé miáo lǜ yóu yóu
禾 苗 绿 油 油。
jiāng nán yú mǐ xiāng
江 南 鱼 米 乡，
xiǎo xiǎo zhú pái huà zhōng yóu
小 小 竹 排 画 中 游。

（3）将知识学习与思想教育紧密结合。中国古代的识字教学在教给学生知识的同时也在对学生进行思想教育。例如《三字经》中对封建伦理纲常的阐述、《百家姓》中姓氏的排列顺序等，都体现了蒙学读物的政治教育功能。《三字经》是把伦理教育与识字教学结合得最成功的例子，因此，1994年联合国教科文组织将《三字经》，选作世界儿童道德丛书之一。

在以民主、平等为特征的现代社会，虽然不再需要向学生传递三纲五常的伦理规范和森严的等级观念，但是工具性与人文性相统一的学科特点决定了除了传授知识外，语文教学的另一个重要任务就在于陶冶学生的情操，引导学生形成正确的价值观念。可见，传授知识与思想教育对于语文学科来说同样重要，不可偏废。

（4）联系生活。“三、百、千、千”中大量的内容都是与儿童的生活息息相关的，例如《三字经》中对于名物常识的介绍、通过学习《百家姓》对姓氏有所了解等，都为儿童更好地适应生活奠定了基础。这与现代语文课程提出的“大语文观”是不谋而合的。

（5）激发儿童兴趣。为了适应儿童的年龄特点和心理特征，古代蒙学识字教材中编入了简短的故事、浅显的诗歌，或配以插图以激发儿童的兴趣。如《三字经》中：“莹八岁，能咏诗。泌七岁，能赋棋。彼颖悟，人称奇。尔幼学，当效之。蔡文姬，能辨琴。谢道韫，能咏吟。

彼女子，且聪敏。尔男子，当自警。唐刘晏，方七岁。举神童，作正字。彼虽幼，身已仕。尔幼学，勉而致。犬守夜，鸡司晨。苟不学，曷为人。”其中就包含了几个小故事，并通过类比的方式，告诉学生学习的重要性。

2. 阅读教学

阅读教学的经验主要体现在两个方面：熟读、精思、博览和评点法。

在阅读训练的方法上，前人强调要求学生熟读、精思，也重视指导学生博览。读的要求是：第一，大声诵读；第二，读得准确，一字不差；第三，多读数遍，达到纯熟，以至能够背诵。目的是：第一，能够上口；第二，能够记住；第三，通过熟读达到更好地理解的目的。在提倡熟读、精思的同时，古代语文教学也非常重视博览，即“读万卷书，行万里路”，从阅读的数量来说，要博；从阅读的文章的风格体裁来说，也要博。

语文的本质就是语言，包括口头语言和书面语言。所以，阅读教学首先要从语言入手，关注语言，让学生感受到语言的魅力，感悟到语言表达的精妙，以达到培养学生良好的语感、激发学生热爱祖国语言文字的目的。而学生学习的文本正是学生学习语言的最佳范本。因此，要引领学生好好读文，在读文过程中细细品味揣摩文中精妙的语言及其表达的意境，并积累内化为自身的语言能力，学以致用，实现“人文性与工具性的统一”。认识到熟读、精思、博览对学生语文素养提升的重要作用，可以在一定程度上改善语文教学中教师讲授过多、学生与文本对话不足的不良现象。

所谓“评点法”，就是不动笔墨不读书。在书上用不同的符号勾画就是“点”，针对勾画的文字概括内容、写体会、进行赏析、写出联想与想象甚至提出疑问等是“评”。这是一种古已有之的有效的读书方法。评点的前提是学生投入地、充分地、专心致志地阅读，因此这种方法对指导学生阅读，培养学生自读能力大有益处。

3. 写作教学

写作教学的主要经验体现在：

（1）基本功训练扎实。古代写作教学非常注重锤字、炼句、布局、谋篇等基础练习和分解练习。基本功训练扎实可以说是古代写作教学的成功经验。这其中属对的训练效果最为显著。

属对，俗称对对子，也称对对联，是最能体现汉语特点，集语音、词汇、语法美于一身的沟通古今的极好形式。属对在字数上有一字对逐渐增至十一字对，要求字数相等，词性相对，结构相同，平仄相反。类别包括天文、地理、人物、器物等方面。如天文方面：天对地，雨对风，天地对山川，清风对皓月；花木类：山茶对石菊，古柏对苍松。通过属对训练可以极大地促进学生对词语的词性、意义、平仄的理解，从而有效地提高学生运用语言的基本功。

（2）多读多写多改。中国古代写作教学十分重视读对写的促进作用，把读视为写的重要条件，认为“读书破万卷，下笔如有神”，“熟读唐诗三百首，不会写诗也会吟”。除了多读之外还要勤于练笔，所谓“读十篇，不如做一篇”。在多读多写的基础上，古代的写作教学还有一贯精于改文的传统。在改文时要注意以下几点：首先，要注意保护学生写作的积极性，“随其立意而改之”，以学生原文为主，不按自己的喜好，用自认为“高雅”的用语取代学生稚嫩的语言，避免挫伤学生的才思；其次，批改要精当，重点突出，不能面面俱到，批改应切合学生的写作实际，因材指导，有的放矢；第三，要掌握改文的方法，改文有许多方法，主要是删繁就简，古人称作“斧正”。

“斧正”一词源于《庄子·杂篇·徐无鬼第二十四》：庄子送葬，过惠子之墓，顾谓从者曰：“郢人垩慢其鼻端若蝇翼，使匠人斫之。匠石运斤成风，听而斫之，尽垩而鼻不伤，郢人立不失容。宋元君闻之，召匠石曰：‘尝试为寡人为之。’匠石曰：‘臣则尝能斫之。虽然，臣之质死久矣！’自夫子之死也，吾无以为质矣，吾无与言之矣！”

这段寓言故事说的是有一位叫作郢人的人，刷墙时不小心在鼻子上沾了一个石灰点，像苍蝇翅膀一样薄。他知道另一个叫匠石的人会要斧子的绝活，便让他“运斤成风”，也就是把斧子舞得像刮风一样，咔嚓一下把石灰点削掉，鼻子不会受伤，郢人“立不失容”，一点也不害怕。后来一个国家的国君（宋元君）听了这事很稀罕，闲极无聊想找点刺激，便在鼻子上弄点石灰，也让匠石来“运斤成风”。匠石回答说，“我过去是会这个绝活的，但现在玩不成了，因为与我配合的那个郢人已经去世了。”成语“运斤成风”说的就是这个故事。后人就以此引申到修改文章，称之为“斧正”。

（3）作文从模仿入手。实践证明，人们练习写作都要经过模仿，而后才能有所创新。通过对范例进行字、词、句、篇的练习，熟悉和掌握范例的表达手段，从而提高遣词造句、布局谋篇等作文基本功和技巧的能力。在语文教学中，教师引导学生对课文进行分析、对优秀作文进行赏析其实都是模仿的过程，都对提高学生的写作水平起到积极的作用。

（4）先放后收。先放后收是历代学者主张的写作指导原则，对于现在的写作教学仍然有重要的指导意义。多数学生在习作时或多或少地存在着心理障碍，有的对写作缺乏兴趣，常常被动写作；有的在写作思维上产生了一定的消极定式，结构模式化、材料公用化、人物概念化；有的在写作时情绪紧张恐惧，写作成了一种心理负担……产生诸多心理障碍的原因很多，其中不容忽视的一点就是人为地束缚学生的写作，过早过多地要求学生掌握作文的技巧。从一开始就要求学生按固定的格式作文，如怎样开头结尾、怎样谋篇布局、怎样选材立意等，使学生初学写作就被戴上了“紧箍咒”，感到作文是一件很难的事。其实，初学写作，教师不应提过多的要求，让学生敢写、有兴趣写。所谓“先放”是指针对小学生的作文心理特点，指导学生作文时，开始不要加以过多的限制，促使学生大胆地说自己想说的话，写自己想写的内容，至于先说什么、后说什么，让学生凭自己意愿畅所欲言，不要“框框”太多，求之过苛。通过一段时间的适当的“放”，能不断地调动起学生的写作欲望和写作动机，养成将自己的见闻、感受诉诸笔端的习惯。“放”出来的作文，会存在许多不足，这就需要在“收”的阶段逐步上“规矩”，学习构思选材，谋篇布局，写出比较像样的文章来。

有献身于写作教学的“十字军战士”之称的唐纳德·格雷夫斯（美国新罕布什尔大学教育学教授，专门从事中小学写作教学的研究），从自己长期的观察和实践中摸索到了儿童学习写作过程中的一个共同的规律，这就是从自我中心到自我批评。

最初阶段儿童对于写作毫无畏惧之心，不管人家能否看懂，都认为自己在写东西，在表达自己的意思。这是儿童写作的自我中心阶段，也是儿童写作积极性的源泉。

随着写作能力的不断提高，当他们回过头来再读自己作品的时候，会对自己的作品感到很不满意。这时就进入了自我批评阶段，从这时开始，他们需要指导，需要帮助和修改。自我批评阶段是孩子写作能力发展的关键性阶段。

由此可见,先放后收是符合学生的写作规律的,在写作教学的起始阶段,应该降低难度,重在培养学生写作的兴趣和自信心。《全日制义务教育语文课程标准》(2011 年版)中将第一学段学生的写作称为“写话”,而且将目标定为“对写话有兴趣,留心周围事物,写自己想说的话,写想象中的事物”,正是遵循了这一规律。

(三)古代语文课程与教学的主要问题和弊端

张志公先生在《关于改革语文课、语文教材、语文教学的一些初步设想》一文中指出,中国传统语文教育有三大问题:“首先是语文教学的性质和目的——语文教学是科举考试的附庸。目的在于使受教育者获得参加科举考试的写作能力。这样的性质和目的决定了教学内容——识字加读古文加作古文。这样的性质和目的,这样的内容,决定了学语文的主要手段——记诵和模仿。”①并由此产生了四大弊端:脱离语言实际,脱离应用实际,忽视文学教育,忽视知识教育。

二、近现代的语文课程与教学

近代指的是从 1840 年鸦片战争到 1919 年五四运动这一历史阶段。现代指的是从 1919 年五四运动到 1949 年中华人民共和国成立这一历史阶段。近现代中国历史的变革引起了语文课程与教学的重大变革。

(一)语文单独设科

经考证,语文单独设科的时间应为 1904 年。语文单独设科标志着传统语文教育开始向现代语文教育过渡。然而单独设科之后,语文教学在目的、内容和方法上并没有大的变化。在目的上仍然以传递封建伦理道德观念为主,在内容上还保持着识字加读古文、写古文,在方法上仍以记诵和模仿为主。这一时期的语文教育本质上还是传统语文教育的延续,还不具备现代语文课程与教学的特征。课程的名称也没有统一,各个地区和学校分别使用过中国文学、中国文字、读经讲经、词章、作文等名称。

(二)“国文”名称的出现

辛亥革命后,临时政府于 1912 年颁布了《中学校令施行规则》,规定中小学一律开设“国文”课,这是中国教育史上语文学科从古代传统教育的综合性社会学科中独立出来后的第一个正式名称。

与 1904 年语文单独设科的时期相比,这个时期在教育目的、内容和方法上都有了较大变化。在教育目的上,否定了中国传统的三纲五常的封建伦理道德教育,开始关注学生的全面发展,教育目的和内容涵盖了读写训练、智力开发、品德培养、心理发展等多个方面。同时,人们也掀起了教学方法研究的热潮。一方面,大批的学者开始引进和介绍国外的教育思想和方法,例如对赫尔巴特四段教学法的介绍;另一方面,一些学者和教师开始积极开展教法实验,如自学辅导法、分周教学法等。

---

① 王文彦. 语文课程与教学论[M]. 北京:高等教育出版社,2007:27.

（三）现代文进入语文教学

纵观语文课程与教学在近现代的发展历程，文言文教学向白话文教学的转变是其中的重要内容。在清末民初的白话文运动和五四时期的国语运动的推动下，北洋军阀政府于1920年通令全国，小学开设“国语”，主要教白话文；中学开设“国文”，仍然教文言文。现代文第一次进入语文教材，在语文教学中取得了合法地位。现代文正式进入语文教学并逐渐占据主导地位，是克服传统语文教育脱离语言应用实际的弊端的客观要求，也是区别现代语文教育与古代语文教育的根本标志。

三、当代的语文课程与教学

1949年中华人民共和国成立之后，语文课程与教学也进入了崭新的发展阶段。

（一）语文学科的定名

1949年，中央人民政府教育部接受语文教育家叶圣陶等人的建议，决定取消“国语”和“国文”这两个名称，统称“语文”。

（二）推广“红领巾”教学法

新中国成立后，“学苏联”的热潮在各条战线掀起。在教育战线，凯洛夫的《教育学》成为广大教育工作者的必读书。凯洛夫师承赫尔巴特学派，他强调三中心（以教师为中心，以课堂为中心，以知识为中心）和五环节（组织教学、复习旧课、讲授新课、巩固新课、布置作业）。当时中国的各科教学正是在凯洛夫三中心五环节的指导下开展的。

1953年5月，北京师范大学教育系学生在教育实习中进行了一次语文教学观摩课，当时在该校指导工作的苏联教育家普希金教授也应邀参加。教学内容是当时初中语文课本中的一篇小说《红领巾》，教师采用了凯洛夫“五环节”的教学结构和当时盛行的讲述法。小说的内容是天已经渐渐地黑了，突如其来的风浪不见平息，而担任引航员工作的爸爸迟迟未归。少先队员艾戈尔卡挺身而出，用红领巾蒙上了破碎的航标灯罩，为即将通过的轮船指明了方向。不满7页的内容，教师用了4个小时还没有讲完，预计还需要2个小时。每节课45分钟，教师的讲述都在40分钟以上，学生的活动不足5分钟。普希金听完课后，针对这堂课的教学提出了意见：

（1）使用时间不合理。他认为，这样分段讲解，把课文逐字逐句地咀嚼得像粥一样烂，然后喂入学生嘴里，不可能让学生对整篇作品获得完整的印象。

（2）组成语文课的因素是朗读、复述、分析课文。分析课文也应该让学生做，让学生形象地描述人物的性格，教师予以启发、引导、补充和提高。教师过高的积极性，会使学生的思维处在睡眠状态中。

（3）思想政治教育的问题。把语文课变成政治课，妨碍了语文的发展，而且进行思想政治教育不应当要求每堂课都是一样的。必须记住：在某些课里进行得多、在某些课里进行得少，有的甚至没有，这也是正常现象。

中文系的学生依据普希金的意见对《红领巾》重新进行了教学设计，5月27日在北师大女附中再次试教。试教共用了四节课，第一节介绍课文来源，学生讲述故事，教师补充；第二节范读全文,分析课文,学生画出表现人物性格、品质的句子,教师在课堂上列出人物性格表;第三节划分段落,写段落大意;第四节讲写作技巧、文体特点,学生朗读。四节课每节都是由学生先讲,再由教师引导、启发,最后概括总结,获得了专家们的高度评价。

7 月份《人民教育》先后发表文章详细介绍普希金的意见和试教的经过,迅速在全国掀起了一股学习热潮,称为"红领巾"教学法。

由《红领巾》观摩教学而引发的这场语文教学改革,是新中国成立后第一次以教学方法为主要内容的改革。所形成的"红领巾"教学法对中国语文教学的发展有一定的推动作用:

(1) 推动了教学方法的改革。"红领巾"教学法的核心是启发式与谈话法。这种方法合理地安排教学时间,改革了不问学生实际一律逐句讲解的"串讲法",注意了调动学生学习的主动性和积极性,注意了从课文本身的分析去进行思想政治教育,比较彻底地改变了由文言文教学法沿袭而来的教师讲、学生听的僵化局面。

(2) 建立了现代文教学的基本模式。在"五个环节"教学模式的基础上,逐步建立了语文教学特别是现代文教学的基本模式:①题解,作者介绍、时代背景等;②范读,讲解生字生词、学生质疑问难等;③分析课文,结构分析、人物形象分析、重点难点分析等;④总结主题思想;⑤研究写作特点。这种方法不仅使语文教学回到了语文本身而不是落在空洞的政治解读上,而且对普通教师特别是经验较少的教师掌握教学常规、大面积提高教学质量有非常重要的意义。

但是,苏联中小学语文是分俄语和文学两科的。普希金的"红领巾"教学法实质上是苏联文学课通行的教学法。各地在学习过程中没有考虑到中国的具体情况,机械照搬,对任何年级、任何文章都采用谈话法,一时间语文课堂教学中的"满堂讲"变成了"满堂问""满堂谈",出现了机械模仿、公式化、形式主义倾向,也出现了对作者时代背景、段落大意、中心思想、写作特点等烦琐讲解分析的套路。

(三)"工具说"的提出

学科性质是学科教学实践的基本依据,是学科教学研究的根本问题,是建立学科教育理论的逻辑起点。从语文单独设科以来,人们对学科性质的探讨从来没有停止过。1963 年,张志公发表《说工具》一文,深刻地阐述了语文学科的工具性质。同年,教育部制定了新的中小学语文教学大纲,明确了语文是基础工具的学科性质。

虽然说"工具说"有一定的历史局限性,但是作为第一次关于语文学科的定性,在语文教育史上的功绩是不可磨灭的。

(四)改革开放以来的语文教育

1979 年改革开放之后,语文课程与教学也进入了持续发展的繁荣时期。从 1986 年到 2000 年,国家教委先后颁发了以下文件:

1.《全日制中学语文教学大纲》

在 1986 年的语文教学大纲中,首次把"双基"的顺序变为语文基本能力和语文基础知识,把提升语文能力上升为语文教育的主要目的。

2.《九年义务教育全日制初中语文教学大纲》

将小学和初中语文教育正式纳入义务教育轨道。

3.《全日制普通中学语文教学大纲》

提出了学科性质的新概念：语文是最重要的交际工具，也是重要的文化载体。而后在2000年的修订稿《全日制普通高级中学语文教学大纲》中改为：语文是最重要的交际工具，是人类文化的重要组成部分。

（五）课程与教学改革正式启动

1997年下半年，《北京文学》于第11期的"世纪观察"栏目以"忧思中国语文教育"为题发表了邹静之的《女儿的作业》、中学教师王丽的《中学语文教学手记》和大学教师薛毅的《文学教育的悲哀》三篇文章，对中国的语文教育现状提出了批评，认为当时的中小学语文教育是"学生的桎梏、语文的扭曲、文学的悲哀"，"不止害一个人，而是害了一代人"。至此，一潭"死水"终于被搅动了。《北京文学》杂志社召开了"忧思中国语文教学"的研讨会。20多位与会者，包括中小学语文教师、区语文调研员、师范大学教授、教材审查委员等，大家一致认为，目前中小学的语文教学已经走进死胡同。一位语文特级教师说，中学语文教育是束缚人，折磨人，摧残人。一位中文系教师说，在中学语文教师这个岗位上，一本教科书和一本教学参考书，就是一切。一位拥有30年教龄的老教师说，我备一次课，能管十几年。教材的陈旧、落后，甚至还停留在几十年前。语文在中小学教学中所占课时最多，问题也最多，由此引发了一场全国大讨论。

这次大讨论，涉及的问题几乎涵盖了语文教育的各个方面，包括教材、教法、考试制度和教师等问题。大讨论有广泛、全面和深刻的特点，促进了语文教育改革，是中国语文教育界迎接21世纪人类最伟大变革的前奏。

2001年教育部颁发了《全日制义务教育语文课程标准》（实验稿），2003年颁发了《普通高级中学语文课程标准》（实验稿），21世纪的课程与教学改革正式启动。2011年教育部颁发了《全日制义务教育语文课程标准》（修订稿），根据改革过程中发现的问题和总结的经验对课程标准进行了修订和完善。

学习《全日制义务教育语文课程标准》要牢记三个数字：三个维度、四个学段、五个领域。

三个维度：知识与能力、过程与方法、情感态度与价值观。

四个学段：一二年级、三四年级、五六年级、七八九年级。

五个领域：识字与写字、阅读、写作、口语交际、综合性学习。

思考与练习

1. 什么是语文？什么是课程？什么是教学？
2. 试论课程与教学之间的关系。
3. 中国古代语文教学的经验与弊端分别是什么？
4. 简介"红领巾"教学法。

第二章　语文课程标准解读

课程标准是学科教学的指导性文件。研读课程标准是开展教学工作的第一步。

第一节　语文课程标准的发展

一、课程标准和语文课程标准

课程标准是规定某一学科的课程性质、课程目标、课程内容、实施建议的教学指导性文件。它有如下特点：

（1）它是按门类制定的；

（2）它规定本门课程的性质、目标、内容框架；

（3）它提出了指导性的教学原则和评价建议；

（4）它不包括教学重点、难点、时间分配等具体内容；

（5）它规定了不同阶段学生在知识与能力、过程与方法、情感态度与价值观等方面所应达到的基本要求。

语文课程标准是规定语文学科的课程性质、课程目标、课程内容、实施建议的教学指导性文件。《基础教育课程改革纲要（试行）》指出："国家课程标准是教材编写、教学、评估和考试命题的依据，是国家管理和评价课程的基础。"可见，课程标准是教师进行一切教育教学工作的依据，需要教师认真学习，潜心体会。

二、语文课程标准与教学大纲

20 世纪以来，中国在不同的历史时期颁布的语文教学指导性文件如下：

1923 年《新学制课程标准纲要小学国语课程纲要》

1929 年《小学课程暂行标准小学国语》

1936 年《小学国语课程标准》

1950 年《小学语文课程暂行标准（草案）》

1956 年《初级中学汉语教学大纲》《初级中学文学教学大纲》

1963 年《全日制小学语文教学大纲(草案)》

1978 年《全日制十年制学校小学语文教学大纲》

1986 年《全日制小学语文教学大纲》

1992 年《九年义务教育全日制小学语文教学大纲》

1996 年《全日制普通高级中学语文教学大纲》

2001 年《全日制义务教育语文课程标准》(实验稿)

2003 年《普通高中语文课程标准》

2011 年《全日制义务教育语文课程标准》(修订稿)

纵观语文教学指导性文件的历史发展过程,不难发现,“课程标准”和“教学大纲”这两个名称是交替使用的。既然它们指称的是同一个文件,为什么在不同的时期会有不同的名称?在 2001 年为什么再次将教学大纲变为课程标准呢?

实际上,“课程标准”并不是一个新词,早在 1912 年中华民国南京临时政府教育部就颁布了《普通教育临时课程标准》,此后,“课程标准”一词在中国一直沿用了 40 年。新中国成立初期,中国颁布了小学各科和中学个别科目的课程标准(草案)。1952 年后,改用教学大纲。这是中国学习苏联教育模式的一个重要表现。教学大纲明显存在以下弊端:从目标上,只规定了知识方面的要求;内容偏难、偏深、偏窄,对绝大多数学生来说,要求过高;只强调教学过程,忽视课程的其他环节;刚性太强,缺乏弹性和选择性。

基于中国教学大纲的种种弊端以及本次课程改革所倡导的基本理念及改革目标,本次课程改革中以课程标准代替教学大纲,这不仅仅是一个简单的词语置换,还至少包括以下三方面的理解和考虑。

1. 课程价值取向从精英教育转向大众教育

1996 年教育部对中国义务教育实施状况的调研结果表明,当时的教学大纲要求过高,教学内容存在繁、难、偏、深、旧、窄的情况,90%的学生不能达到教学大纲规定的要求。与世界各国相比,中国同一学段教学大纲所规定的内容知识面较窄,同一知识深度较深。同时,对各科教学的内容、教学要求做了统一的硬性的规定,缺乏弹性和选择性。这种状况导致大多数学生负担过重,学生辍学率增加,不利于学生的全面发展。义务教育课程标准是国家制定的对某一学段学生共同的、统一的基本要求,而不是最高要求,它应是大多数少年儿童都能达到的标准。因此,课程标准是一个“最低标准”,是一个绝大多数少年儿童都能达到的标准。接受义务教育是每一个少年儿童的基本权利,义务教育不是精英教育,应面向每一个少年儿童,着眼于全体少年儿童的发展。

2. 课程目标着眼于学生素质的全面提高

教学大纲关注的是学生在知识和能力方面的要求,而课程标准着眼于未来社会对国民素质的要求。基础教育的目标是培养未来的建设者,随着 21 世纪科学技术的迅猛发展、经济的全球化,未来社会对人的素质提出了新的要求。作为国家对未来国民素质的基本要求的纲领性文件,各学科或领域学生素质的要求应成为课程标准的核心部分。

本次课程改革以促进学生发展为宗旨,确立了知识与能力、过程与方法、情感态度与价值观三位一体的课程目标。加强课程的目标意识,是各国课程改革的共同趋势。目前,即便仍沿用教学大纲的国家,其内涵也发生了很大的变化。

3. 从只关注教师教学转向关注课程实施过程

教学大纲,顾名思义是各学科教学工作的纲领性文件,教师教学是教学大纲关注的焦点,缺乏对课程实施特别是学生学习过程的关注。

4. 课程管理从刚性转向弹性

教学大纲对各科教学工作都做出了十分具体细致的规定,以便对教师的教学工作能够起到具体直接的指导作用。教学大纲便于教师学习和直接运用,但是刚性太强,不利于教师创造性的发挥,没有给教材特色化和个性化发展留下足够的空间,不利于教材多样化的实现,更无法适应全国不同地区的学校发展极不平衡的状况。

与之相比,国家课程标准是国家对学生在某一方面或领域应该具有的素质所提出的基本要求,是一个面向全体学生的标准,国家课程标准对教学目标、教学内容、教学实施、评价及教材编写做出了一些指导和建议。但与教学大纲相比,这种影响是间接的、指导性的、弹性的,给教学与评价的选择余地和灵活空间都很大。同时,本次课程改革把实施三级管理政策作为重要目标,给地方和学校创造性地执行国家课程提供了政策保障。

第二节 义务教育语文课程标准解读①

义务教育语文课程标准的修订,一方面保持了课程标准"实验稿"的改革精神和结构框架,另一方面则又根据十年来社会和教育事业发展的需要,针对课程改革实验中发现的问题,做了较大的修改和调整。

一、义务教育语文课程标准修订的基本思路

课程标准的修订坚持了实验稿的改革思路和基本理念。

(1)坚持语文课程对于"工具性与人文性统一"的价值追求,坚持"知识和能力、过程和方法、情感态度和价值观"三个维度的课程目标系统。

(2)坚持语文课程标准实验稿中提出的"素养—养成"的课程基本模式。

"语文素养"作为新课程的核心概念,更好地体现了素质教育的精神,更加丰富了语文课程的价值追求,促进学生在语文知识、能力和情感态度、思想观念多方面和谐地发展。

(3)坚持义务教育语文课程标准目标与内容面向全体学生的普遍要求,全方位提高学生的语文素养,在语文教育中促进学生整体素质的良好发展。

(4)坚持在语文课程的实施中正确把握本学科人文性、实践性,本国通用语言文字教学以及汉语言文字等方面的特点,积极探索语文教育的规律。

---

① 巢宗琪.义务教育语文课程标准修订的基本思路和主要内容[R].2012.

(5) 坚持推进学习方式以及教学、评价方式的转变,积极吸收当代教育的新理念,使学生在学习语言文字运用的实践中提高人文修养和创新能力。

(6) 坚持中国语文教育的优良传统,认真借鉴以往的成功经验,在学习语文的各个环节中,把读书放在头等重要的位置;注重积累、感悟和实践,注重整合各种可利用的课程资源。

(7) 坚持面向现代化,面向世界,面向未来,不断探索语文课程的创新发展,使语文课程保持“开放”的态势,避免固步自封,能根据需要不断更新与发展,始终适应时代的变化。

二、语文课程标准修订的大致情况

语文课程标准的修订,依据全国教育工作会议确立的坚持以人为本、全面实施素质教育的战略主题,努力落实《国家中长期教育改革和发展规划纲要》提出的深化课程和教学改革、加强教师队伍建设、提高教育质量、坚持改革创新的目标,同时也依据对调查中收集到的意见的研究分析。

修订中要解决的主要问题有:加强社会主义核心价值体系在语文课程中的渗透;进一步突出本次课程改革的核心任务——培养学生的社会责任感、实践能力和创新能力;进一步突出语文课程的核心目标——学习祖国语言文字的运用;根据少年儿童认知发展规律和学习语文的特点,进一步增强课程目标的切合性和教学实施的可操作性;针对语文教学和社会语言文字运用中的突出问题,采取一些新的措施,增强改革力度;根据社会和教育发展的需要,提出语文教学的新要求。

修订的大致情况如下:

课程标准的各个部分都进行了修订,修订幅度有所不同。

从课程标准的构成部分来看,改动幅度较大的地方主要是:

(1) “前言”。导语完全重写;“课程性质”的表述有重要的补充;“课程基本理念”和“设计思路”也有较多的修改。

(2) “课程目标与内容”。“总体目标与内容”和“学段目标与内容”,在内容方面和语言表述方面也有较多修改。

(3) “实施建议”。“教学建议”增加了比较多的具体建议;“评价建议”也补充了具体建议,结构上有较大的调整;“教材编写建议”有所补充。

(4) “附录”。“优秀诗文背诵推荐篇目”,比“实验稿”增加了16篇,在具体篇目上略有调整;“关于课外读物的建议”列举的书目有所增补和调整;新增两个“字表”——识字、写字教学基本字表和义务教育语文课程常用字表。

(5) 结构体例与标题。课程标准的结构体例和标题也作了一些调整,尽可能和其他学科课程标准取得一致,如,“前言”部分的“课程性质”“课程基本理念”“课程设计思路”的标题及相关内容(比较:实验稿的“课程标准设计思路”);“实施建议”四个部分的排列顺序。

但有的地方,语文课程还是根据本学科的特点来安排,课程标准中未设“内容标准”这一类,不强求与别的学科保持完全统一,语文课程标准里的“内容”与“目标”融在一起;标题则采用“课程目标与内容”,下面一级标题未采用按内容划分的“分目标”的名目,而是按学段提出“目标”,称为“学段目标与内容”;“总目标”则称为“总体目标与内容”。

三、义务教育语文课程标准修改与调整的主要内容

1. 加强社会主义核心价值体系在语文课程中的渗透

学科课程标准是国家意志的体现，世界上不同社会制度的国家都对母语教育课程是否体现主流意识形态给予特别的关注。中国是社会主义国家，课程标准当然应该以社会主义核心价值体系作为最根本的指导思想。

语文课程是一门属于人文学科范畴的基础课程，也是一门让学生学会运用语言文字进行阅读鉴赏、交流沟通的实践性课程，承担的是祖国语言文化传承的功能，同时也承担着育人的宗旨。所以，课程标准的修订，根据党中央的指示精神，在有关部门的指导帮助下，将有关社会主义核心价值体系的内容补充到语文课程标准的各个部分。

加强社会主义核心价值体系的教育，不是在听说读写的语文学习过程之外另加一项内容，而是应该“根据语文学科的特点”，将思想情感的教育，渗透于学习语言文字运用的过程之中，融入课程实施的方方面面。加强社会主义核心价值体系的教育，不能采用说教的方式，而是应该精心选择阅读、表达的内容，通过“熏陶感染，潜移默化”的方式，与帮助学生掌握学习方法、提高语文能力的过程融为一体。

2. 进一步突出本次课程改革的核心任务——培养学生的社会责任感、实践能力和创新能力

根据社会和教育事业发展的需要，课程标准的修订继续坚持学习方式、教学方式和评价方式的改革，对课程目标与内容、教学建议和评价建议再作适当调整，在本课程里进一步促进人才培养模式变革，引导学生关注社会和自然，关注自己的成长，学会学习、学会合作、学会创新。

培养学生的社会责任感，不仅是要让学生懂得这方面的道理，而是应该在阅读、表达的活动中，通过引导，使他们在精神上受到激励、感染，让这种意识成为自觉的行动。

语文课程作为一门实践课程，必须要求学生在阅读、表达的实践上下功夫，应避免围绕知识条文、概念定义耗费精力。要培养这方面的实践能力，不能光靠反复做题、学会应对考试，而是要设计各种学习活动，让学生把语言文字的运用和生活联系起来，和各种学科的学习联系起来，根据生活和学习的实际需要，在运用中真正提高语言文字运用的实践能力。

生活、学习和工作对于语文能力的要求也是在发展的，课程标准根据社会和教育发展的需要，对语文教学提出了新要求。例如，关于“非连续文本”：

阅读简单的非连续性文本，能从图文等组合材料中找出有价值的信息。（第三学段课程目标与内容）

阅读由多种材料组合、较为复杂的非连续性文本，能领会文本的意思，得出有意义的结论。（第四学段课程目标与内容）

所谓“非连续文本”，是相对于以句子和段落组成的“连续文本”而言的阅读材料，多以统计图表、图画等形式呈现。它的特点是直观、简明，概括性强，易于比较，在现代社会被广泛运用，与人们的日常生活和工作须臾不离，其实用性特征和实用功能十分明显。学会从非连续文本中获取我们所需要的信息，得出有意义的结论，是现代公民应具有的阅读能力。

现代学生不仅应该学会通过传统的媒体阅读和表达，还应该能够运用新媒体、新技术来

获取信息和交流沟通。

追求创新，是这个时代赋予我们的重大任务，培养创新能力是当代教育中的主旋律。语文学科也应该和其他学科一样，高度重视发展学生的创新能力。在语文课程中，应该逐渐改变“告诉式”的教学方式，积极引导学生学会探究，学习从习以为常的语言现象和事实中发现问题；在自己的表达中，努力摆脱模式化的套路，寻求语言运用的创新。学习语文，的确要展开技能训练，使学生熟练地运用语言文字。掌握语言运用的规范、书写的规范，但是不能把它当作唯一的学习方式。实施创新教育，还必须改变刻板划一的教学模式，创设生动、活泼、宽松的学习环境，让学生的思维活跃起来，让学生获得充分地展示自己语文学习成果的机会。

3. 进一步突出语文课程的核心目标——学习祖国语言文字的运用

长久以来，教学大纲和课程标准都没有直截了当回答“语文课程是什么”的问题。近年来，许多语文教师和研究工作者强烈要求《语文课程标准》能做出明确的回答。这一次的修订，关于“课程性质”的表述，作了如下修改：

语文课程是一门学习语言文字运用的综合性、实践性课程。义务教育阶段的语文课程，应使学生初步学会运用祖国语言文字进行交流沟通，吸收古今中外优秀文化，提高思想文化修养，促进自身精神成长。工具性与人文性的统一，是语文课程的基本特点。

强调课程的目标和内容须聚焦于“学习语言文字运用”，突出“实践性”“综合性”特点。语文课程的内容十分丰富，语文教学可以因教师风格的差异而异彩纷呈，但是教学目标和内容都必须围绕一个核心，教学的种种举措和行为也都应该紧扣这一核心目标。

在语文教学中，大家都注意到一些背离语文课程核心目标的做法。有些老师在阅读教学中，往往会脱离课文的语言文字运用情况，讨论、评析作品和作者的思想感情问题。根据语文课程标准“教学建议”的要求，阅读教学可以从具体语言文字运用现象入手，通过对课文语言的品位、咀嚼，来探索文本的意蕴；也可以从整体阅读的感悟出发，到语言文字中找出依据。总之，要紧扣语言文字的运用。

语文课程是要让学生学会“运用”或者说“驾驭”语言文字这种工具，是要通过运用语言文字的范例和实践，学习如何在生活中、在本课程和其他课程的学习中、并准备将来在各种不同工作领域里，运用好语言文字。

4. 根据儿童认知发展规律和学习语文的特点，进一步增强课程目标的切合性和教学实施的可操作性

根据千百年来的经验，以及广大语文教育工作者对于“读书”在语文学习和思想文化修养中关键作用的认识，此次课程标准的修订，进一步强调要认真抓好“读书”这一根本环节，要求高度重视培养学生阅读的“兴趣、习惯、品位、方法和能力”。

课程标准还十分注重学生的语文积累，在语文教学中应当指导学生掌握好积累的工具、途径和方法，激励和督促学生养成日积月累的习惯，并且引导学生在语文运用中充分调动自己的积累。

在修订中，根据广大语文教师的意见和建议，根据儿童认知发展的规律和学习语文的特点，经过系统的梳理，对课程标准相关内容的目标和要求进行了适当的调整，使课程目标更加切合学生的实际发展状况,“课程目标”“教学建议”和“评价建议”增强了可操作性。

在“课程目标”方面,有的部分原先设定的目标难度偏高,修订后难度适当降低;“实施建议”中,修订后进一步强调关于语文学习的关键性要求,补充相应的措施和说明,强调改变烦琐的教学过程和过于理性、抽象的要求;对“目标”“建议”的表述作了较多的修改,力求使各学段目标的梯度和层次及有关表述更加清晰。

5. 针对语文教学和社会语言文字运用中的突出问题,采取一些新的措施,增强改革力度

针对语文教学中一些较突出的偏差,课程标准特别强调要加以改正,如:

教师应加强对学生阅读的指导、引领和点拨,但不应以教师的分析代替学生的阅读实践,不应以模式化的解读来代替学生的体验和思考;要善于通过合作学习解决阅读中的问题,但也要防止用集体讨论代替个人阅读。

在理解课文的基础上,提倡多角度、有创意的阅读,利用阅读期待、阅读反思和批判等环节,拓展思维空间,提高阅读质量。但也要防止逐字逐句的过深分析和远离文本的过度发挥。

再如,课程目标中有关于“有感情地朗读”的要求,那么如何做到“有感情”呢?“教学建议”和“评价建议”中指出:

要让学生在朗读中通过品味语言,体会作者及其作品中的情感态度,学习用恰当的语气语调朗读,表现自己对作者及其作品的情感态度的理解。朗读要提倡自然,要摒弃矫情做作的腔调。评价“有感情地朗读”,要以对内容的理解与把握为基础,要防止矫情做作。

汉字教育,是这一次修订工作重点考虑的问题之一。

现在许多中小学生及成人,错别字频现,书写质量偏低,另外,有的地区反映,小学低年级学生写字学习负担过重。

针对这方面的问题,语文课程标准的修订做了如下五个方面的工作:

(1) 提出汉字教育的新理念,要求不能以纯粹的工具观来看待汉字学习和教学,不能简单地把识字写字的学习当作阅读、写作的附庸。

(2) 强调要帮助学生从第一学段到第四学段始终保持正确的写字的姿势和良好的习惯。

(3) 适当降低第一、二学段识字写字量的要求。

(4) 针对识字写字学习负担过重的问题,在教学建议中进一步强调“多认少写”的教学原则,希望下功夫扭转多年来形成的每学一字必须达到“四会”要求的教学观念和做法。

(5) 在“附录”中新增两个字表,即识字、写字教学基本字表和义务教育语文课程常用字表,为写字教学、教材编写和教学评估等提供依据。

四、当前语文教学需要重点关注的因素和环节

小学、中学阶段是学生语文素养养成的黄金时期,错过这个时期,很可能“语文发育不良”的状况会伴随终身。所以,在语文教学中必须紧紧抓住一些关键的因素和环节,促进学生养成良好的语文素养。

1. 紧扣语文课程的核心任务——学习语言文字运用

语文教学中常见的弊病：

(1) 脱离语言文字运用情况，谈论作品和作者的思想感情。

建议：从具体语言文字运用现象入手，通过品味、咀嚼，探索文本的意蕴；从整体阅读的感悟出发，在语言文字中找出依据。

(2) 注重对文本意蕴领会的"深""透"，教师"讲课"考虑的重心在于把学生给"讲懂"了，忽视对文本中语言文字的进一步掌握。

建议：使学生"理解""听懂""记住"，只能是中小学语文教学目的的一部分，学生还应该积累词语，学会运用词语进行表达。

(3) 立足于语言、文字等学科知识点的落实，对语言文字材料的积累感悟用力不够。

建议：学习语文的第一步功夫，应该下在对具体语言材料的积累、品味、感悟上，对所接触的材料"有感觉""能判别"；在感性把握的基础上，再根据学生的需要和可能(学生具备对语言文字运用现象抽象提升的条件，不过多增加学习成本)，帮助学生认识语文运用规律。

2. 认真抓好"读书"这一根本环节

读书是语文学习的第一要务。"课程基本理念""课程设计思路""教学建议"中指出：语文课程的建设应继承中国语文教育的优良传统，注重读书、积累和感悟，注重整体把握和熏陶感染；语文课程应注重引导学生多读书、多积累，重视语言文字运用的实践，在实践中领悟文化内涵和语文应用规律。

要重视培养学生广泛的阅读兴趣，扩大阅读面，增加阅读量，提高阅读品位。提倡少做题，多读书，好读书，读好书，读整本的书。关注学生通过多种媒介的阅读，鼓励学生自主选择优秀的阅读材料。加强对课外阅读的指导，开展各种课外阅读活动，创造展示与交流的机会，营造人人爱读书的良好氛围。

课程标准强调"读书"在语文学习和思想文化修养中的关键作用，要求高度重视阅读的"兴趣、习惯、品位、方法和能力"，对于推荐阅读书目和诵读篇目也作了一定的调整和补充。

3. 注重日常的积累

指导学生用好积累的工具，掌握积累的方法；激励和督促学生养成习惯；指导学生在语文运用中充分调动自己的积累。

4. 努力设计学生感兴趣的语文学习活动

在学生对原有的学习内容、方法等产生审美疲劳之前，设法提出新的目标，引进新的内容，调整学习方法。开展语文学习活动，须讲究实际效果，要反对花哨的表面文章。语文运用包含了对积累的温习、复用和创新。

5. 引导学生适时梳理学习的重点内容

边学边温习，联系新的内容，温故知新。每隔一个阶段进行一次"盘点"，温习、归类存档，领悟知识、经验和各种新信息之间的联系，把握语文学习和语文运用的规律。

6. 坚持"三个维度目标的融合""工具性与人文性统一"

"重视情感、态度、价值观的正确导向。""培养学生正确的思想观念、科学的思维方式、高尚的道德情操、健康的审美情趣和积极的人生态度"，"根据语文学科的特点"，"渗透于"

学习语言文字运用之中,“熏陶感染,潜移默化”,“与帮助他们掌握学习方法、提高语文能力的过程融为一体”。

7. 重视汉字教育

在识字写字教学中,语文老师需要切实转变汉字教育理念,应该认识到学习汉字,不仅在于使学生掌握阅读的工具和书写的技能,而且也有利于增强学生对祖国语言文字的热爱和对中华民族文化的理解,提高审美感受力,还有利于增强规范意识,养成良好的习惯和性格。汉字教育的新理念也很好地体现了工具性与人文性统一的精神。

在第一、第二学段,对学生的识字量和写字量,不要急于赶进度,先要在学生写字姿势、写字习惯和规范意识上下功夫,必须抓紧、抓实,持之以恒。

课程标准要求小学阶段必须在写字教学投入更多的力量,在“教学建议”中特别强调,“第一、二、三学段,要在每天的语文课中安排 10 分钟,在教师指导下随堂练习,做到天天练。要在日常书写中增强练字意识,讲究练字效果。”确保语文课上留有一定的时间让学生练字,由教师关注学生的练习过程和写字质量,及时帮助学生保持正确的姿势,养成良好习惯,提高书写技能。

要用好“字表”。让学生在初级阶段熟练掌握识字写字教学基本字表的 300 个“基本字”,这些高频字里面包含汉字的各种笔画类型和基本间架结构类型,学生多花一些工夫认识、体会并且练好这些字以后,学习其他的字可以少花时间和力气,能收到事半功倍的效果。还要利用“字表”加强识字写字教学的评价。

义务教育语文课程标准在十年实验的基础上完成修订,目标和内容比“实验稿”更加明确、清晰和充实,将使积极投入改革的教师更加充满信心,明确前进的方向。

在这新的起始点上,还应该清醒地看到,我们是在快速变化的时代催促之下投身于大规模改革的,各方面的准备都还不够充分。在课程改革实验的过程中发现了不少问题,既有老问题,也有新问题。在今后语文课程的实施中,也必然会滋生出各种各样的矛盾和困难。

一次重大改革,遭遇种种复杂问题,自然不可避免。经济、社会的改革是这样,基础教育课程改革也是如此。但是我们没有理由退缩,退缩只会带来更大的风险和代价。世界发展、社会进步的潮流,不容许我们等一切条件都成熟之后,再实行改革。我们只能毫不犹豫地投入改革的洪流,边实践、边建设,跟上时代发展的步伐。

思考与练习

1. 什么是课程标准?什么是语文课程标准?

2. 将名称由“教学大纲”变为“课程标准”有何用意?

3.《全日制义务教育语文课程标准》的实验稿和修订稿有何不同?针对这些变化,教学时应注意哪些问题?

第三章　小学语文教材建设

教材是课程标准的物质化体现形式，它以具体的内容和直观的形式体现了课程标准的指导思想，是教师教学、学生学习的主要凭借。正是由于教材的重要作用，它和教师、学生一起被称为教学活动的三要素。了解语文教材的发展变革过程，把握语文教材的时代特征，有助于发挥教材在教学中的重要作用，从而提高教学效率。

第一节　语文教材简介

提到教材，很多人将其等同于课本，也就是教科书。事实上，教材比教科书的概念要宽泛得多。本节将就语文教材的概念、功能、结构等方面进行介绍。

一、教材与语文教材

教材是课程标准的物质化体现形式，是课程内容的载体。凡是根据课程标准编制的、供课堂教学使用的材料，都属于教材的范畴。教科书是最常见和最重要的教材，除此之外，教师的教学用书、学生的练习册以及为教学制作的课件、视频、教学挂图等都属于教材。

语文教材是依据语文课程标准编写的，以具体的内容和直观的形式体现语文课程标准的指导思想，是语文课程标准的物质体现形式。对语文教材的理解有泛指、特指和专指三种不同的层次。泛指的语文教材包括对人的语言文字修养产生影响的一切书面的、非书面的语言材料。例如书籍、电视剧、广告等，只要能对人的语言文字修养产生影响，都可以称之为语文教材。特指的语文教材是指在语文教学的范围内，根据语文教学大纲或课程标准编写的，供语文教学中师生使用的材料，包括教科书、习题集、练习册、教学挂图、音像教材、教学软件、选修教材、教学指导书、教学参考书等。专指的语文教材就是很多人在提到教材这一概念时想到的，教材即课本，教材即教科书。在本章以下内容中提到的语文教材，指的是教科书。

二、语文教材的功能

语文教材(即语文教科书)不仅是教师进行教育教学工作的最重要的凭借,也是学生学习、发展的最主要的凭借。

(一) 德智启迪

德,主要指思想道德修养,包括学生正确的人生观、世界观、价值观的形成和良好行为习惯的养成。智,指的是学生的智力发展,智力的核心是思维能力。学生思想道德素养的提高和思维能力的发展与语文学习有着密切的关系。语文学科丰富的人文内涵对学生精神领域的影响是深刻的,而听说读写等语文学习活动的开展又都与学生思维能力的提升息息相关。西汉刘向言:“书犹药也,善读之可以医愚。”莎士比亚说:“生活里没有书籍,就好像没有阳光;智慧里没有书籍,就好像鸟儿没有翅膀。”这都说明了阅读对于学生品德、智慧的启迪作用。而作为学生阅读得最多、领悟得最深的语文教材,对于学生的德智启迪的功能无疑是更为重要的。

(二) 语文历练

语文是学习语言文字运用的综合性、实践性课程。学生语言文字运用能力的提高必然是在语言文字运用的过程中实现的。而语文教材就是学生学习语言、运用语言的最直接、最有效的凭借。语文教材中的课后习题、教师在研读教材的基础上在教学过程中安排的听说读写的各种活动,都是学生语文历练的过程。

(三) 语言积累

语言的积累包括口头语言和书面语言的积累。通过阅读、品味文质兼美的课文,通过参与教师精心设计和组织的教学活动,学生不仅可以积累词汇、句式、结构技巧,还可以在口语交际的态度与能力、对写作的目的与态度的认识上有较大幅度的提高。

(四) 知识扩展

学生获取知识的途径有两条:一是通过生活获取直接经验;二是通过学校学习获取间接经验。相比之下,第二条途径的效率更高,因此也是学生获取知识的主要途径。语文教材中包含的知识既有与学习祖国语言文字运用有关的学科知识,又有与学生发展密切相关的自然、人生、社会等领域的百科知识。通过对语文教材的学习,可以极大地扩展学生的知识面,增加知识储备。

三、语文教材的内容要素

现代语文教材的内容由四种基本要素构成:范文系统、知识系统、实践活动系统和助读系统。

(一) 范文系统

范文即课文,是语文教材的主体,是编者精心选择的文质兼美的典范文章。把范文作为教材的主体内容,并使之形成一个独立的系统,是语文教材区别于其他学科教材的一个鲜明特点。其他学科的教材，例如数学教材，大都以知识系统为主体，并辅之以作业系统。只有语文学科以范文系统为教材的主体，作为理解知识、训练能力、扩展视野、陶冶情感的凭借。知识系统、作业系统等，都是辅助系统。因此，选编优秀的语言作品为范文仍然是教科书编写者最重要的工作。

（二）知识系统

语文是学习语言文字运用的综合性、实践性课程。语言文字运用能力的提高必然要以知识的丰富为前提，因此，知识系统也是语文教材的重要组成部分。《全日制义务教育语文课程标准》中把语文知识归纳为附录“语法修辞知识要点”，包括词的分类、短语的结构、单句的成分、复句、常见修辞格五项。在教学方法上强调精要，好懂，有用。

1. 词的分类

名词、动词、形容词、数词、量词、代词、副词、介词、连词、助词、语气词、叹词。

2. 短语的结构

并列式、偏正式、主谓式、动宾式、补充式。

3. 单句的成分

主语、谓语、宾语、定语、状语、补语。

4. 复句的类型

并列、递进、选择、转折、因果、假设、条件。

5. 常见修辞格

比喻、拟人、夸张、排比、对偶、反复、设问、反问。

（三）实践活动系统

《全日制义务教育语文课程标准》在“课程基本理念”部分提出：“语文课程是学生学习运用祖国语言文字的课程，学习资源和实践机会无处不在，无时不有。因而，应该让学生多读多写，日积月累，在大量的语文实践中体会、把握运用语文的规律。”语文实践活动是指与范文系统、知识系统相配合的动口、动手、动脑的实践活动的安排。

实践活动系统在语文教材中的表现形式是练习题，或者与教材配套的练习册。实践活动系统有助于教师检测教学效果或者学生自测学习效果。

（四）助读系统

助读系统是指为帮助学生阅读和理解范文、培养和提高学生自读能力而设计的一系列材料。助读材料包括教科书编写者对整套书、一册书、一个单元、一篇课文的学习目的、学习要求、学习重点难点、学习方式方法等做出的说明、提示或注释。助读系统可分为注释类、提示类、图像类、附录类、练习类等。

助读系统的作用主要有三个方面：一是有利于培养学生的自学能力，养成学生的自学习惯；二是使教科书的采用者明白教学的统一要求，作为教学参考；三是助读材料中的某些重要提示往往体现科研、教研新成果或先进的教育思想，可以促进语文教学改革。

第二节　小学语文教材的变迁

中国有文字记载的历史长达五千多年,语文教材编写的历史也是源远流长。了解中国语文教材的发展轨迹,可以加深教师对现代语文教材的特征、结构的认识,从而更好地发挥教材的作用。

一、新中国成立以前的小学语文教材

(一) 蒙学读本(1840 年以前)

1.《急就篇》

《急就篇》是中国现存最早的蒙书,为西汉元帝时的史游所作。成书时间约为公元前 40 年。"急"是快速的意思,"就"有完成之意,"急救"用现代语言来描述,相当于"速成"。

《急就篇》的主要特点是:

(1) 生字的密度大。全书共 2144 个字,其中重复字 335 个,共计单字 1809 个。

(2) 整齐押韵,便于记忆。编写方法采用了三言、四言、七言韵语,读起来朗朗上口,儿童容易记忆。

(3) 包含比较丰富的知识。全书两千多字分为三个部分:一是"姓氏名字",包括了 100 多个姓;二是"器服百物",包括 400 多种器物,100 多种动植物,60 多种人体部位器官,70 多种疾病和药物的名称;三是"文学法理",包括官职名称和法律知识等。儿童通过学习,可以获得当时历史条件下比较全面的生产及生活所必需的基础知识和基本技能。

2."三、百、千"

《三字经》《百家姓》《千字文》是中国古代流传最广、历时最久、最具代表性的蒙学读物。

(二) 国文教科书

1.《最新国文教科书》

1904—1906 年,商务印书馆出版了为初等小学用的《最新国文教科书》,共十册。还编了供教师使用的各章课文的讲授和详解。编者是维新派的吴眺、张元济、高凤谦、蒋维乔等。这套教科书的主要特点是:

(1) 以识字为主,简易字编在前,繁难的字编在后,选取言文一致的字。

(2) 内容上切近儿童生活的编在前,离儿童生活远的编在后。

(3) 在阅读上先识字再读句子,读了句子再读篇章。

(4) 全书各课皆附有精致图画,并与课文配合,借以引起儿童的兴趣。

《最新国文教科书》在当时的教育界产生了较大的影响。但是由于时代问题,内容上皆有封建的忠、孝、仁、义、尊孔、崇道和资产阶级自由、平等、博爱等口号。

2.《女子高等小学国文教科书》

《女子高等小学国文教科书》编于 1914 年。主要特点是:

(1) 课文内容极为丰富。六册书每册40课,共240课,内容无所不包。

(2) 编撰理念十分先进。除了开启童蒙,扩展知识,使学生能读会写外,这套书还自觉肩负起涵养性情、培植道德、养成现代公民意识的责任。

(3) 文字深度远胜于今天。

(三) 国语教科书

1920年北洋政府明令改"国文"为"国语",教育部通令各国民学校,此后教科书一律用语体文编写。小学语文进入了"国语教科书"阶段。

1. 1920—1927年间的国语教科书

1920年以后所出版的小学教科书都采用白话文编写。教科书由各家书坊自行组织编写,教育部统一审定。经审查的国语教科书计有21套,如《新学制国语教科书》《新法国语教科书》《共和国教科书》《新式教科书》等。它们的共同特点是:

(1) 用白话文编写语文课本。这是中国教材史上的重大发展。

(2) 增强了语文的文学性和趣味性。以儿童文学为主,增加物话故事材料,扩充儿童的想象,唤起儿童的兴趣。如《新学制国语教材书》第一册第四十课:猫欢喜,一只老鼠到嘴里。狗欢喜,两根骨头丢下地。鸡欢喜,三个小虫一把米。羊欢喜,四面都是青草地。人欢喜,五个朋友在一起。

(3) 由于五四运动的影响,增加了反帝反封建、热爱祖国的内容。所编入的课文,有的揭露匪盗、军阀、列强的罪行,有的称颂爱国历史人物,有的赞美祖国大好河山等。如《波斯国王的新衣》《黄金梦》等反封建的;《童子列因的伟绩》等反帝的;《从军五更转》《别弟》等反军阀内战的;《苏武牧羊》《文天祥》等称颂爱国历史人物的;还有游记、诗等赞美祖国河山景物等形式多样、内容丰富的课文。

由于时代的局限,这些教材也存在一些缺点,例如:

(1) 不适当地强调儿童文学化。大量采用拟人化的手法编教材(即所谓的物话),低年级的教材几乎全部用物话来写,不利于体裁多样化。

(2) 受美国杜威儿童本位理论的影响,语文教材不适当地强调趣味性。

(3) 忽视民族特点。此时中国改革学制,由模仿日本转向模仿美国。一些从美国留学回国的学者如胡适,大肆宣扬杜威的实用主义学说,主张"全盘西化"。小学语文教材表现在一是忽视汉字特点,抛弃先识字后阅读的经验,却以儿童文学为主要内容,把方块字的教学与拼音文字教学相等同;二是小学语文教材中翻译美国、英国的内容太多,难免喧宾夺主,冲淡了民族特色。

(4) 教材内容既有反封建的一面,又有肯定封建、美化地主、丑化劳动人民的一面。

2. 1927—1937年间的国语教科书

1927—1937年间的小学语文教科书分为两类:一类是国民政府的国语读本,另一类是苏区政府国语读本。

(1) 国民政府小学国语读本。这个时期的国语教科书编审,是"审定制"和"国定制"并存。"审定制"是指编辑教科书允许自由竞争,但必须经过审定组织的审查。审定组织由国民政府教育部聘请人员组成。"国定制"是由国民政府规定内容,组织编辑成书。

这一时期的小学国语教科书版本较多,主要有《复兴国语教科书》(沈百英、沈秉廉编,商务印书馆出版)、《开明国语课本》(叶圣陶编,开明书店出版)、《国语新读本》(吴研因编,世界书局出版)等。

《复兴国语教科书》的主要优点是:注意运用图画;用故事及其他文艺形式介绍自然科学常识。不足之处是:物语太多,有不健康的内容;方言和地方性图画过多。

《开明国语课本》是当时编得较好的一种国语教科书。分为“小学初级学生用”和“小学高级学生用”。这套读本突出了“儿童本位”,有浓厚的儿童文学色彩。全书图文并茂,教课成单元,单元又互相照应,这种编辑体系有利于学生进行读写训练,便于教师教学。

《国语新读本》在内容上虽有消极的因素,但也有反帝、反封建、反殖民主义、反侵略的进步因素。课文前面有“前言”,后面有“问题”,对学生的读写有启示作用,这是此书编排形式上的一个特点。

(2) 苏区政府小学国语读本。苏维埃政府明确宣布:在苏区小学里,禁止使用基督教的书籍、国民党文化书籍和“四书”“五经”等作为教材,要求各地小学使用苏区政府组织编写的教材。这些教材有如下特点:第一,密切联系土地革命战争的实际,宣传革命道理,揭露国民党反动派、地主阶级压迫剥削人民的罪恶,鼓动人民参加红军;第二,密切联系生产劳动和苏区群众生活的实际;第三,注意儿童特点,形式多样,通俗生动,有文有图。

3. 1937—1949 年间的国语教科书

抗日战争和解放战争时期的小学国语教科书也大致分为两类:一类是国民政府国语课本,另一类是抗日根据地和解放区的小学国语课本。

(1) 国民政府小学国语课本。这个时期的国民政府小学国语课本基本上是沿用战争前各书局编印的,但删除了童话、物语的课文,代之以“本位主义”“固有道德”“三民主义”“党化教育”的内容。这段时间,小学国语、常识两科混合教学,把教材合并成为《国语常识课本》。这个课程的改革,一直沿用到新中国成立前夕。它的主要特点是:第一,常识国语配合编辑,以常识教材为主,以国语教材联络;第二,常识教材用图、表的形式来表现,附以简要的注释;第三,教材排列注意时令环境,以利教学。

此时的小学国语课本是以阅读为中心编写的。在内容上,课本注意体现教育目标。在语言上,采用国语;在语句、描写、结构、体裁等方面都依明确的要求编写;各学年应用生字、词类,按部编写,分年字汇、年词汇安排,各课生字分配大体均衡;各学年应用的方法,由简到繁,由浅到深。图画方面,各年级图与文字有一定的比例。在编排上,中低年级每课、每单元后附有问题和练习,高年级附有简单实用文格式等;课后酌情附加注释;每册后附有字汇和词汇。此外,另编供学生略读的补充读物,与课内精读教材配合。

(2) 边区政府小学国语课本。抗日战争和解放战争时期,小学国语教材的编写工作受到各边区政府的重视。抗日战争期间,陕甘宁边区于 1938 年、1942 年和 1944 年出版三套初级小学国语课本。第一套的内容、形式比较单调;第二套低年级是国语、常识合编,内容和形式呈现多样性;第三套丰富了课文的内容,改进较大。

解放战争时期,1946 年、1948 年出版了两套小学国语课本。第一套在内容多样化、儿童化、联系实际等方面,比过去都有改进;第二套是为了适应解放战争和解放区土地改革的需要重编的，补充的课文全部是反映解放战争和解放区土地改革的。

敌后抗日根据地晋察冀边区的小学国语课本是晋察冀边区政府教育处编审委员会编写出版的，共七套。特点是：第一，密切联系抗日战争和解放战争的实际；第二，密切联系生产劳动和边区群众生活实际；第三，密切联系儿童的知识经验和生活实际。缺点是：过于偏重政治，有的内容脱离边区农村实际，不够儿童化，等等。

二、1949—2000 年的小学语文教材

新中国成立后，中央人民政府出版总署设编审局负责修订老解放区的课本，供各地使用，并把“国语”改称“语文”。这个名称始用于 1949 年华北人民政府教科书编审委员会选用中小学课本之时。接着，又成立了专业出版社——人民教育出版社，为教材的建设做了大量的工作，编写出版了多套教材。

（一）1963 年《全日制十二年制学校小学语文课本》

这套课本是人民教育出版社根据 1963 年的《全日制小学语文教学大纲》编写的。教材重视语文“双基”训练和思想教育，按照循序渐进的原则设计编排了汉语拼音、识字、写字、阅读和作文五个方面的内容。每册课本分为若干单元，每个单元后面，安排一次综合练习。教学内容注意了阶段性和连续性。第一册课本编入了汉语拼音知识。识字教材中，一、二年级学写铅笔字，三年级起写钢笔字和毛笔字；毛笔字先学写中楷，后学写大楷和小楷。阅读教材每册有朗读、默读、背诵的练习。作文教材，从一年级起安排看图说话，从三年级起安排作文练习，以写记叙文为主，高年级学写简单的议论文。这套教材有以下主要特点：

1. 把识字作为主要任务

小学阶段识 3500 个字。生字的出现和编排，注意了字的常用频率，从独体字到合体字，从简单到复杂。

2. 重视多读多背

入选的课文有一定数量和质量，符合学生的接受能力和教学时间的可能安排。这套课本课文总数 460 课，其中要求背诵的一年级占 90%，二年级占 80%，三、四年级各占 60%，五、六年级各占 50%。一至六年级要求背诵的课文占课文总数的 64%。课文的质量有三个要求，即文章好、范围广、篇幅短。

3. 加强练习

这一套课本对练习是这样安排的：课本加强了每一部分的练习。每篇课文有课后练习，几篇课文之后有单元练习。练习的形式，有朗读、默读、背诵、抄写、听写、默写、作文等。关于字的练习（同音、近音、多音）、词的练习（同音、同义、反义）、句的练习、标点符号的练习、文章结构的练习等，逐步提高。每一种练习都按课文的特点，按各年级的不同程度，分别安排。

4. 增加了应用文练习的比重

全套课本应用文练习约 30 种，从请假条开始，有书信、日记、对联、记录、计划、合同等，除选入范例外，还编入有关的练习题。

总之，这套教材很重视双基训练，体现了中国语文教学的个性，也是 1959 年三年“文道

之争"的产物,是"走我国自己的路"的产物。同时,对 1958 年"教育大革命"在语文教育领域造成的一些偏差现象作了有力的纠正。

(二) 1978 年《全日制学校小学语文课本》

1978 年,人民教育出版社依据教育部颁发的《全日制十年制学校小学语文教学大纲》编写小学语文课本,作为通用教材在全国使用。同时,还编写了一套教学参考书。这套通用的小学语文课本,有以下四个特点:

1. 低年级以识字为重点,在两年内要求识字 1700 个左右

生字分为两类:第一类要求掌握;第二类要求能够认识,联系上下文懂得大概的意思。识字教材的编写,取各家所长,采用多种形式识字,既有集中识字,也有分散识字;既有看图识字,也有利用汉字的特点进行识字。教材的安排上,按大纲的规定:"要根据学生认识事物的规律,学习语文的规律和汉字本身的规律,教给学生识字方法,培养识字能力。"实践证明,这样的安排,已经取得较好的教学效果。在识字的同时,还注意培养学生的听说读写能力,把识字和听说读写结合起来,着力培养学生的听说读写能力,发展学生的智力,为有效地提高小学语文教学质量提供了有利条件。

2. 注意培养学生的自学能力

教材安排了讲读课文、阅读课文和独立阅读课文三种课文类型,以便教师在教学过程中从扶到放地培养学生的自学能力。这是这套教材的特色。

3. 加强学生的读写训练,培养学生读写能力

这套通用教材在读写训练方面创造了两种形式,一是"习作例文",二是"读写例话"。"习作例文"是以少年儿童生活为题材,写得文字浅显,中心明确,段落分明,在教学中把它们作为阅读课文来处理。既要求学生理解课文内容,又要求学生学习表达方法,将理解语言和运用语言结合起来。"读写例话"从第七册开始,每册八篇,其中四篇着重指导怎样阅读,余四篇着重指导怎样写作。指导怎样写作的"读写例话",又与"习作例文"相配合。"读写例话"在读与写的要求上各有侧重,但读中有写、写中有读。"读写例话"不讲抽象的读写知识,而是以学过的课文为例,对学生进行具体的指导。它属于独立阅读课文,让学生自学,并联系实际去实践,为培养学生的自学能力提供了一个较好的办法。

为了培养语文综合能力,教材还设计了基础训练。它既与课文有一定的联系,又有相对的独立性,使学生在语言实践中逐步掌握语言的规律。

4. 注意智力发展

为了培养学生的观察能力、思维能力和理解能力,教材安排了看图学词学句、看图学文、看图说话、看图作文等形式的课文,通过形象化的手段,逐步培养学生的读写能力,同时培养学生的观察、思维和想象能力。

总之,这套教材编得相当完备。它既注意了语言的规范、文章的风格,又注意到形式的完美,而且有较大的革新,它标志着中国小学语文教材建设向科学化迈进了一大步。

(三) 九年义务教育小学语文课本

1986 年,《中华人民共和国义务教育法》颁布,同年成立了全国中小学教材审定委员会。

在审定委员会的指导下,依据“一纲多本”“编审分开”的精神,一些地方和单位依据1988年颁布的《九年义务教育全日制小学语文教学大纲(初审稿)》编写了九年义务教育小学语文教材,共有近二十套教材,对小学语文教材建设事业的发展和教学质量的提高起到了推动作用。其中人民教育出版社编写的九年义务教育五、六年制小学语文课本,有以下特点:

1. 体现时代精神,重视教材的思想性

这套教材新选编的课文占全套教材的四分之一。其中进行爱国主义教育、歌颂改革开放政策和社会主义建设成就以及进行辩证唯物主义启蒙教育和良好品德教育的课文,占较大比重。这些课文贴近儿童的思想和生活,体现了时代精神。

2. 适当降低要求和难度,突出教材的基础性

全套教材安排学习2500个常用汉字,比原通用教材减少500字。课文篇幅缩短,题材多样,符合学生的年龄特征,可读性强。减少课文类型,删去“习作例文”,把独立阅读课文加以扩充,编成与教材相配套使用的“自读课本”。读写训练项目降低难度,放缓坡度,体现了读写训练的基础性。作文教学加强低年级写话、中年级写片断的训练,适当降低了整个小学阶段的作文要求。

3. 改进教材编排,加强语文基本功训练的系统性

教材分低、中、高三阶段。低年级教材,从发展语言入手,在打好汉语拼音基础的前提下,发挥汉语拼音帮助阅读的功能,解决了初入学儿童识汉字与学汉语的矛盾。既识字也阅读,使初入学儿童受到了较全面的语文启蒙教育。中年级教材,围绕词、句、段的训练,设重点训练项目,安排训练顺序,重点进行段的训练,突出了中年级训练的阶段性与层次性。高年级教材对读写训练项目作了调整,删去了比较繁难的内容,增加了体现教给方法、培养能力的项目。

4. 注意体现训练过程,加强学习能力的培养

小学中高年级教材围绕一个个训练重点,编成一组组教材。每组教材包括导读、课例(含预习、课文、思考、练习)、读写例话、基础训练四部分,体现了指导学生学习由感性到理性的过程。

2000年对人教版小学语文教材进行了修订。主要调整了五个方面:(1)调整读写重点训练项目,突出了重点。(2)减少内容分析,突出语言感悟、积累,改进思考题。(3)激发习作兴趣,增加想象作文;引导自由习作,调整习作训练体系。(4)注重课内外联系、校内外沟通、学科间事例,新设语文实践活动项目。(5)渗透学习方法,注重学习习惯,着眼于改变学生的学习方式。

综上所述,新中国成立以来,小学语文教材建设在不断地探索、前进,道路虽不平坦,但是取得了显著的成绩。

三、21世纪小学语文教材

进入新世纪,中国语文教材改革的步伐明显加快。2001年《全日制义务教育语文课程标准》和2003年《普通高中语文课程标准》的颁发,掀开了语文教材建设的新篇章,国家在教材编写上采用“一纲多本”的开发策略,鼓励各省市和地方单位编写教材,呈现出百花齐放的局面。2001 年,国家教育部教材审查小组向全国推荐了人民教育出版社、江苏教育出版社、北京师范大学出版社出版的三套教材。下面就这三套教材的特点分别进行介绍。

(一)人民教育出版社出版的语文教材①

1. 教材改革的重点

(1)致力于全面提高学生的语文素养,达致三个目标的整合。第一,体现目标的整体性。课标提出了"全面提高学生的语文素养"的基本理念,这是对以往目标的发展,它的内涵非常丰富,又具体化为三个维度,我们把它综合起来,就是对目标的总体认识。这三个维度体现了国家在学语文、学做人上对学生的要求。情感态度价值观维度侧重于学习做人,其他两个维度侧重于学习语文。学习做人,关系到接班人的"德";学习语文,关系到接班人的"才"和"能"。三个目标不是割裂的,而是相互联系、融合的,特别是情感态度价值观就应该在过程方法、知识能力中贯穿,而不是另外再生一个。

改变单一的方式,如"拼音",渗透学词、学句训练与朗读训练,渗透情感态度价值观的陶冶,使学生受到美的教育;又如"识字",不在于认几个字,而是贯穿情感态度(热爱祖国的语言文字),培养良好的识字习惯,语文学习的几个环节都有助于全面提高语文素养。

精选课文。课文是进行语文教育的主要凭借。人教版教材课文文质兼美,是学生学习语文的范文。每一篇文章,都不是拿来就用。所选的范文不仅语言好,内涵也很丰富;时代感强,关注全社会、全人类关注的热点。

实验教科书在充分体现时代特点和现代意识的同时,重视对学生进行革命传统教育,并对一些传统课文赋予新的内涵。如低年级教科书编排有:写邓小平 1985 年在北京天坛公园植树的《邓小平爷爷植树》;写毛泽东在江西领导革命时,带领战士和乡亲们挖井的《吃水不忘挖井人》;写被日本侵略军杀害的小英雄《王二小》;写引导学生继承和弘扬雷锋精神的《雷锋叔叔,你在哪里》;写周恩来与傣族人民一起过泼水节的《难忘的泼水节》;写革命导师列宁善于观察的《蜜蜂引路》等。

中、高年级教科书编排有:写革命导师列宁关心、爱护儿童的《灰雀》;写宋庆龄小时候守信的《我不能失信》;写孙中山小时候刻苦学习的《不懂就要问》;写白求恩冒着枪林弹雨抢救伤员的《手术台就是阵地》;写周恩来少年时代发愤读书的《为中华之崛起而读书》;写机智、勇敢地同日本侵略军战斗的少年英雄《小英雄雨来》;写在抗美援朝战争中英勇献身的《黄继光》等。

再如,五年级上册教科书专门编排了一个"走近毛泽东"的单元,有《七律·长征》《开国大典》《青山处处埋忠骨》《争画》,不单表现了毛泽东的领袖风采,也表现了他普通人的感情和诗人的风采。目的是让学生全面了解毛泽东,感受到毛泽东不仅是一位伟人,还是一位文学家,一位慈爱的父亲,一名普普通通的人。

第二,体现教学目标的阶段性。课标中每个学段的目标是我们把握阶段目标的重要依据,我们要反复领会。另外还有一个认识:某些目标,虽然在阶段目标中提出,但是在每个阶

---

① 课程教材研究所小学语文课程研究开发中心. 人教版义务教育课程标准小学语文实验教科书介绍[DB/OL]. [2007-05-25]. 人民教育出版社课程教材研究所网站.

段都应该体现。如前言中，不可能分出具体的层次，我们必须把它落实到阶段目标中，不应该忽视。又如，有些目标在低段提出，在中高段就没有提，如“喜欢阅读，感受阅读的乐趣”，这些目标仍然是应该十分重视的，要综合起来，加以落实。

第三，体现教学目标的连续性。目标之间不是割裂的，要注意相互之间的联系和衔接。一年级上册，比较多地注意与幼儿园的衔接，了解他们的学习生活，尽量使他们学得活泼、有兴趣。一年级是起步，要开好头，起好步，养成好的习惯。如写字的安排，字写得少，养成好的写字习惯，特别注意关注培养学生的兴趣、好的习惯。编中年级教材的时候，注意低中年级的衔接，使它们成为有机的整体，自然过渡。编六年级下册教材，要考虑如何与中学衔接的问题。

（2）教材编排显现语文的特性。工具性与人文性的统一，是语文课程的基本特点。语文具有工具性的认识的来之不易，在语文单独设科六十年后，才写进语文教学大纲。语文教学落实工具性目标没有错，否则没有必要开设语文课。课改以前在这方面的问题是，忽视了语文课的另一个重要特性——人文性。语文本身就是文化，课程内容充满了人文色彩，语文课程完全可以提升学生的人文素养，弘扬人文精神。由于这一基本特点，阅读教学教材不应该呈现这样的一个系统：严密的知识体系，按照概念、判断、推理的逻辑序列，语言文章文学方面的知识和原理，再加上一些例子和供学生操练用的习题，例子用来说明知识和原理，习题的操练是为了巩固知识和提高运用原理的能力。语文教材与其他各门课程的教材不同，它呈现在学生面前的是：一幕幕引人入胜的生活场景，一个个栩栩如生的人物形象，一幅幅情景交融的审美意境，一段段跌宕起伏的精彩故事……场景、形象、意境、故事，需要通过体验去感受，它们的意蕴需要通过感悟去获取。只有在这样的活动中学生才能与作者产生情感共鸣，实现作品向读者的移情，这就是课程标准所说的“受到情感熏陶，获得思想启迪，享受审美乐趣”。在形象的再现、意境的体验、韵味的品评、情绪的感染的过程中，体察、玩味和领悟描绘场景形象，述说故事的语言形式，积累语文经验，学习表达技巧，掌握语文规律。

（3）遵循语文学习的规律。语文学习不以掌握知识系统为价值取向，而以培养学生运用母语进行交际的能力为己任。语文课程应致力于学生语文素养的形成与发展。语文素养的要素很多，但语文能力居于核心地位，这毋庸置疑。能力建立在知识基础之上，无知必无能，这是普遍的规律。学习语文，也要掌握、积淀知识，例如，没有掌握一定数量的汉字，阅读和书面表达就寸步难行。在很多情况下学习语文有自己特殊的规律。比如在一定的语境里，通过倾听、模仿、实践，我们学会了正确、明白地说话，而不是事先学习语法知识然后根据规则遣词造句；通过对文本的学习、感受、模仿、迁移，我们学习写作，而不是事先学习抽象的写作方法，然后依照这些方法下笔成文。所以，正确的做法应该是，让学生接触大量感性的语文材料，通过实践活动直观地掌握语文规律，形成语文能力。

一方面，加强语文实践活动，通过大量的、自主的语文实践活动，培养和提高学生的语文综合运用的能力。有计划地安排综合性学习活动，每学期安排两次，低年级要求比较低，尝试着做一做；到了中年级，活动前订计划，自己组织综合性学习，活动后写总结，写研究报告；到了高年级，用活动来贯穿始终，所提供的材料只是一种参考。另一方面，利用汉字、汉语的特点，重习得，重发现，重感悟，重积累，重语感的形成，重视个人独特的学习体验，不断提高整体把握的能力。

(4) 呈现方式有助于教与学方式的转变。教材的呈现方式根据年段特点有不同的格局,又在内容安排、练习编制、版式设计、叙述方式等方面,为更好地发挥师生双方在教学中的主动性和创造性提供条件,以利学生自主、合作、探究地学习,以利学生在学习语文的过程中逐渐学会学习。

第一,以学习伙伴的口吻提出学习内容,交流学习感受,代替过去布置任务的练习方式,增强教材的亲和力,也便于学生自学。

第二,栏目的安排有利于学生的自主探究。

第三,低年级和中年级安排了这样一些栏目——“我的发现”“展示台”“宽带网”。“我的发现”引导学生自己发现语文学习的规律、方法,随着年级的增高而扩展。一年级主要是汉字的构字规律和识字方法;到了二年级,发现词和句的一些特点,掌握学词学句的方法;到了中年级,发现更丰富的语言现象,掌握读和写的方法。以前的读写训练点,实验教材也适当保留了一些,但呈现方式更亲切。“宽带网”是二年级下册安排的,不是让学生上网,而是借网络中的这个名字,拓宽语文学习的内容。到了高年级,“语文园地”改为“回顾与拓展”,引导学生回顾总结这一组的学习收获,通过“交流平台”,总结学习的收获,包括学生的自我评价。

(5) 构建开放的、富有活力的教材体系。第一,低年级引导学生在生活中识字,目的不是多认几个字,而主要是引导学生时时处处学语文。

第二,注重课外阅读。结合课文学习,课后安排“阅读链接”。有计划地推荐一些好书,如四年级上册的“中外童话”单元,给学生安排了《格林童话》,介绍《爱的教育》,落实课标“多读书,读整本的书”的理念。

第三,口语交际、习作的安排也尽量选择联系生活实际的话题,使学生有话可说,使学生感觉到语文也是生活的需要,特别是综合性学习,更注意引向生活。例如五年级上册的“遨游汉字王国”,调查生活用字情况,五年级下册的“媒体世界”,把语文学习和应用引向深入。

2. 教材编写的思路

努力体现新的课程理念,依据课程总目标和阶段目标,编写低、中、高年级教材,体现阶段性和连续性,在整体推进中促进语文素养的形成与发展。

(1) 低年级教材的编排结构。以识字、写字为重点,兼顾阅读、口语交际等。根据课标提出的“认写分开、多认少写”的构想,解决多认字、写好字的主要问题。

一年级上册结合汉语拼音,认 70 个常见字,在两次归类识字中认 105 个,在 20 篇课文中认 225 个。每组之后设“语文园地”“口语交际”。共认 400 个,写 100 个。400 个常用字,可覆盖日常用字的 50% 。

一年级下册至二年级上册以专题组织单元,每个专题第一课为韵语形式的识字课(一年级下册 8 课认 99 个字,二年级上册 8 课认 81 个字),一年级下册共认 550 个字,二年级上册共认 450 个字。集中识字占有一定比重。韵语识字与随文识字相结合。

每组构成:导语→识字课→课文→语文园地,“我的发现”“日积月累”“口语交际”“展示台”。

所有教材内容、各项语文活动都是围绕专题编排的。综合性学习采取渗透的办法。

从二年级上册开始不再全文注音,二年级下册开始完全随文识字。教给两种查字典的方法,要求学生初步具有识字能力。识字教学更加放手,与前三册有很大不同。前两年共认1800个常用字(覆盖90%以上),会写1000个。

在学生认一定量的字以后,适时提倡和指导课外阅读——阅读是巩固识字的最好办法;开始重视写句子、写话——写话是巩固用字的最好办法。

(2)中年级教材的编排结构。继续以专题组织教材,加强阅读,开始习作,重视综合性学习,根据年段目标加强导学功能。

三年级教材改进之处:增设略读课文,在精读课文与略读课文之间有提示语;改进思考练习设计,进一步体现导学;在“语文园地”中,把口语交际、习作提前,并作比较详细的提示;“语文园地”中“我的发现”栏目,由引导发现识字规律,到引导对词、句、标点等用法的探究发现。园地中增加成语故事、趣味语文、宽带网(给出相关资料,引导进一步搜集相关资料);每册各有两组,结合专题编排了综合性学习,以全面体现课标倡导的理念,落实学习目标。

四年级教材又有一些改进:在有的课文之后增设“阅读链接”(在《猫》之后,链接另两位作家写猫的片段);每组教材之后,增设词语盘点。其中“读读写写”之中的词语要求会写;“读读记记”要求会读记住。“语文园地”在“我的发现”栏目中,重视对读写规律的探究发现。

(3)高年级教材的编排结构。尽管仍然按专题组织教材,但在编排上又有一些新的变化。每册八组,有六组由导语、课文、口语交际、习作、回顾拓展五部分组成。有一组穿插安排了综合性学习(即小综合,以五年级上册“我爱读书”单元为例)。有一组改变了编排方法,采取任务驱动式,用一项项语文实践活动推动体验、探究的学习,使学生在语文综合运用能力上得到提高。

设计专题的内容、角度更加灵活多样。除了从思想内容设计专题以外,还有从人物角度设计的,如“走近毛泽东”“初识鲁迅”;有从了解和阅读中外名篇、名著角度设计的,如“中国名著之旅”“外国名篇名著”;有从文章写法角度设计的,如“可爱的动物”(四年级上册,不同作家写相同的动物,同一作家写不同的动物);有直接从学语文的角度组织单元或设计综合性学习的,如“语言的艺术”“遨游汉字王国”“走进故事长廊”“我爱读书”。

以“回顾拓展”取代“语文园地”。其中新设“交流平台”栏目,引导学生回顾、交流本组学习在理解内容、陶冶情感、读法写法等方面的收获,体现导学功能的深化。新设的“课外书屋”体现对课外读整本书的引导。

3. 教材主要特色

(1)内容与编排:围绕重点或专题组织教材内容,整合语文学习活动。一年级上册开始部分,教学的重点是学好汉语拼音。教材围绕学习和巩固汉语拼音,在突出这一重点的同时,把学拼音、认少量汉字、发展语言有机结合起来。具体地说,每一课大多包括学拼音、识字学词和读儿歌三个部分。如汉语拼音第4课,汉语拼音是学习声母 d t n l 和单韵母相拼。除了安排认读声母和练习拼读音节外,还安排了一幅情境图:小马驮着一袋米走在路上,米袋漏了,小兔赶过来告诉了小马。出现标注汉语拼音的词语“马、兔、大米、土地”。这几个词语既起到巩固拼音、引导识字(本课要求认识大、米、土、地、马五个字)的作用,又能通过指导学生观察图画,引发想象,发展语言。本课还安排了一首儿歌,朗朗上口,极富情趣,读一读,可以收到巩固拼音、陶冶情操的效果,甚至学生会在无意之中增识汉字。这样编排汉语拼音教材,既保证了学习拼音这一重点,又整合进认字、进一步的阅读和口语表达,增加了趣味性,使儿童一入学就体验到学习的成就感。

从一年级下册开始,教材围绕专题把各项内容组合成一个单元。每个单元体现了识字写字、阅读、口语交际、语文实践活动的整合。各个单元之间,体现了学习内容、学习要求的整体推进,语文能力的螺旋上升。这样编排,符合《语文课程标准》"避免烦琐、简化头绪、突出重点、加强整合"的思想,便于设计语文实践活动,全面提高学生的语文素养。

如一年级下册第二单元,专题是"温暖的家"。在简短导语之后,编排了一课新三字经形式的识字课,使学生既识了字,又懂得了"尊长辈,敬父母""长辈错,要提醒"等道理。接着,编排了《看电视》《胖乎乎的小手》《棉鞋里的阳光》《月亮的心愿》四篇课文,使学生感受家的温暖,懂得关爱家人。在"语文园地"里,编进了一首体现家庭生活温馨、幸福的小诗《鞋》。口语交际引导学生讨论:要是爸爸、妈妈不让自己做家务事该怎么办?就这样,将识字写字、阅读、口语交际等语文活动以及学习做家务、懂得关爱他人等实践活动,统统整合进"温暖的家"这个专题里。

三年级上下册,在整合教材内容上又有新的发展,特别是在每册安排综合性学习的那两个单元中。如三年级上册第五单元,专题是"灿烂的中华文化",在这个单元里提出了综合性学习的要求。结合课文的学习,先是提出"了解生活中的传统文化"的要求;在本单元的学习中,对综合性学习进行提示,引导学生进一步搜集资料,为展示、交流做好准备;之后,利用口语交际,让学生交流了解到的传统文化,凭借"展示台",引导学生动手操作(写春联、做风筝)以及办手抄报等形式,展示、交流各自了解到的中华传统文化。在这一单元的语文学习中,围绕"灿烂的中华文化",进行了阅读、口语交际,调查、了解、搜集了资料,用自己喜欢的方式展示学习成果,既培养了语文能力,又增进了对中华传统文化的了解,增强了民族自豪感。

到了中高年级,专题组元的方式更加多样,有的从文章的文体入手组元,如三年级下册"神话故事",四年级上册"中外童话",六年级上册"诗歌"的专题;还有人物专题,如五年级上册"走进毛泽东",六年级"鲁迅";还有的专题,从学习表达方法的角度组元,如四年级上册"作家笔下的动物",五年级下册"作家笔下的人"。

(2)识字、写字:利用汉字特点,遵循识字规律,内容丰富,形式多样。识字和写字是一、二年级的教学重点。如何利用汉字特点,遵循识字规律,采取儿童喜闻乐见的多种形式,加快认字速度,提高写字质量,以便使小学生尽早进入利用汉字阅读的阶段,是实验教材中要着力解决的一个问题。

第一,一、二年级教材努力体现认写分开、多认少写、加强写字、降低难度的识字写字的主张。一年级安排认识 950 个常用字,写其中的 350 个。二年级认识 850 个常用字,写 650 个。一、二年级总共要求认识 1800 个常用字,会写其中的 1000 个,要求认识的字,大体按照由出现频率高到出现频率低来编排。一年级上册要求认识的 400 个字,都是高频字,可以覆盖日常阅读书报用字的50%。学生认识前四册安排的1800个字,可以覆盖书报杂志用字的90%以上。届时,学生已初步学会了查字典。这就是说,到二年级,学生阅读书报已基本上没有文字障碍了。与以往教材相比,实验本将认字速度差不多提早了一年。这对于提高儿童的阅读兴趣和阅读能力,丰富知识,启迪智力,对其日后的学习和一生的发展,都有非同小可的意义。教材中要求认识的字,只要求认识,即在课文中认识,换个地方、换个语言环境还认识,大体知道意思,不要求具体分析字形,不要求书写,这些任务留待安排书写时完成。这就使认字的任务变得单纯,降低了要求,减轻了学生的学习负担。

教材中要求写的字,体现写字的规律,按照由少到多、由易到难、由简单到复杂、由独体到合体的顺序来编排。一年级上册只要求写100个字,每课一般3个,最多4个。全册很少安排合体字。第一课学写“一、二、三”3个字,主要练习横画。第二课学写“十、木、乔”3个字,主要练习竖、撇、捺。这样编排,量少易写,受到师生的欢迎,既能激发学生写字的兴趣,又能提高写字的质量,还有利于学生养成良好的写字姿势和写字习惯。

第二,利用汉字特点,遵循识字规律,采取多种形式识字。博采众长,采取多种形式识字,是人教版低年级教材历来的做法。这次编写课标实验教材,在继承的基础上,又有了发展。识字形式主要有以下几种:

归类识字。安排在一年级上册。主要是利用汉字象形、会意的特点,归类识象形字或会意字。此外,还编排了按事物归类看图识字,如认识蔬菜、日用品、体育活动名称,从中识字。在识字的同时,了解汉字文化,认识身边的事物,初步建立词的概念。

韵语识字。安排在一年级下册和二年级上册。这些识字课采用学生喜闻乐见的韵文形式,主要有由成语或词组组成的韵语、新编三字经、儿歌、对子歌、拍手歌、反义词歌、数量词歌、谜语、谚语等。如一年级下册《识字1》:“春回大地万物复苏/柳绿花红莺歌燕舞/冰雪融化泉水叮咚/百花齐放百鸟争鸣。”不仅读起来朗朗上口,而且描绘出生机盎然的美丽图画。学生从中既识了字、学了词,又培养了想象画面的能力,受到美的熏陶。又如一年级下册《识字4》:“蜻蜓半空展翅飞,蝴蝶花间捉迷藏。蚯蚓土里造宫殿,蚂蚁地上运食粮。蝌蚪池中游得欢,蜘蛛房前结网忙。”凭借这首节奏感很强的儿歌,学生认识了“蜻蜓、蝴蝶、蚯蚓、蚂蚁、蝌蚪、蜘蛛”等表示小动物名称的词,初步了解形声字声旁表音、形旁表义的特点,还悟到了“什么在什么地方干什么”这一句式的表达方法。再如二年级上册《识字2》“练书法　画图画　下象棋/弹钢琴　拉二胡　唱京戏/栽花草　喂鸽子　养金鱼/做航模　学电脑　观天气”都是动宾结构的短语,学生在识字学词的同时,受到动词和名词应合理搭配的训练。此外,像新三字经、对子歌、反义词歌、数量词歌、谜语、谚语等形式的识字课,课课内容丰富,语言优美,体现了识字学词、了解语言形式、陶情冶性、受到文化熏陶的统一。

随课文识字。这是主要的识字形式,特别是在二年级下册及其以后各册,更是最主要的识字途径。随课文识字,即在语言环境中识字,做到字不离词,词不离句,便于理解字词的意思,有助于建立字词在音、形、义上的统一联系。

结合“语文园地”中“我的发现”认字。从一年级下册开始,每个“语文园地”中设“我的发现”这一栏目。一年级下册、二年级上册两册,主要引导学生陆续发现一些常用的识字方法。在这一过程中安排认识少量汉字(只认不写)。这样做,既能增识一些常用字,又渗透了只要留意，处处可以识字的理念。如一年级下册，“语文园地一”，在引导学生发现用“加偏旁”的方法识字的同时，从罗列的汉字中，认识“评、访、挤”三个字；在引导学生发现用“换偏旁”的方法识字的同时，从罗列的汉字中，认识“邮、轿、钱”三个字。又如“语文园地四”，在归类复习一串串带有“月”“足”“目”的字之后，由带有“扌”的熟字“捕、摇、挤、搬”，引出生字“擦、抄、拾、捧、拨、拦、摸”，使学生既认了七个带“扌”的字，又发现了上述各组字的偏旁均能表义，对形声字有了进一步的认识。再如“语文园地八”中的“我的发现”，编写了韵文：“千口舌，舌甘甜。土里埋，木帛棉。人门闪，马门闯。心入门，闷得慌。合手拿，分手掰。人失足，跌下台。”利用汉字会意的特点，引导学生认识“甜、埋、闪、闯、闷、掰、跌”七个字，体会到可以用“两义合一”的方法了解字义，增识汉字。

第三，认字采取“两条腿走路”的方法，鼓励学生在生活中自主识字。一条腿是课内教师指导识教科书中要求识的字，另一条腿是课外学生在生活中自主识的字。人教版低年级实验教材，贯穿鼓励学生在生活中、在课外阅读中主动识字的思想；在教材的“语文园地”里，系统体现对自主识字和展示自主识字成果的提示和引导。如一年级下册，在“语文园地”一至七中，分别引导学生认班上同学姓氏、认电视屏幕上的字、认食品商标、认招牌路牌、认其他学科教材中的字、认课外书上的字、交流课外认的字等。学生如果是识字的有心人，所认的字一定会突破教科书规定的识字量。

(3) 教材编排，精心构建导学系统，促进学习方式的转变。根据年段学习目标和儿童认知特点，构建导学系统，强化语文本体，引导发现语文学习规律，形成导学特色。

第一，低年级导学系统。(1)在课后和语文园地中，设计了大量的“我会认”“我会读”“我会说”“我会写”“我会填”“我会连”等图标，激发兴趣，引导实践。(2)在文中、文后用“吐泡泡”的形式提出启发性的问题，既灵活，又实用，对促进学生独立思考、引导学生投身实践，起到很好的导向作用。如《春雨的色彩》之后问：“春雨到底是什么颜色的呢?”《回声》之后问：“你听到过回声吗？是在哪儿听到的?”《最大的“书”》课题下，问：“书，为什么要加引号呢?”(3)在“我的发现”中，引导发现识字方法，发现字、词、句中一些带规律性的东西，以便做到举一反三。开始，引导发现汉字形声、会意等特点，利用加、减、换偏旁(部件)等方法识字；接着，引导发现字词多音、多义、反义、褒贬义以及词的不同结构方式等。

第二，中年级导学系统。(1)在引导、指导学习上，有比较系统的设计。如借助单元前导语来导向；凭借课文之中或课文之后的“泡泡”导思；利用课后题目导学、导练；凭借语文园地引导发现，鼓励展示课内外语文学习成果。(2)文中、文末的“泡泡”，课后思考题，除了引导学生理解词句、了解内容、体会感情的，还有揣摩遣词造句的妙处、了解文章写法及引导合作学习的。如三年级上册《赵州桥》在“这座桥不但坚固，而且美观”一句旁边问：“这句话这样写，好在哪儿呢?”三年级下册《太阳》，在打比方的句子旁边提示：“我知道这样比较的好处。”四年级上册《白鹅》一文第二段“鹅的高傲，更表现在它的叫声、步态、吃相中”旁边引导：“联系上下文，我体会到了这句话在全文中的作用。”三年级上册《灰雀》课后设计了这样一道题：“我发现列宁非常喜欢灰雀，你发现了什么？我们都来说一说。”提倡同学之间交流感兴趣的内容。(3)语文园地中“我的发现”，进一步引导发现遣词造句的规律、标点用法，特别是读写方面的特点。如三年级上册语文园地二，结合三个句子，引导发现了引用人物的话，可以有不同的形式。三年级下册语文园地三，结合两组句子，体会反问句的作用。四年级上册语文园地三，用对话形式引导发现童话的特点。四年级下册语文园地五，发现句子的深层意思或言外之意；语文园地八，交流怎样把课文主要内容说清楚。

第三，高年级导学系统。(1)课后思考练习兼顾理解和表达。如《圆明园的毁灭》课后，提出课文的题目是“圆明园的毁灭”，但作者为什么用那么多笔墨写圆明园昔日的辉煌？又如《地震中的父与子》课后，引导学生从文中找出外貌、语言描写，仔细体会。(2)凸现语文学习重点，将导思、导学、导练贯穿在每组教材的始终。如五年级上册第七组，语文学习重点是搜集、整理、运用资料。除了在导语和思考练习中有所体现外，在资料袋中提供有关日军南京大屠杀的资料。在口语交际习作中，引导在写读后感和演讲中用上搜集的资料；在回顾拓展中，交流搜集和运用资料的方法、收获等。(3)“交流平台”是低中年级“我的发现”的发展。引导学生在学习一组教材之后，交流收获、体会，侧重培养阅读习惯的某一方面。如五年级上册第二组，侧重交流本组课文是通过哪些人、事、景、物来表达感情的，还可以说说自己的习作是怎么表达感情的。第三组，阅读一组说明性文章之后，交流从中了解到的一些说明的基本方法，并填写表格。第八组“走近毛泽东”，学习之后从“对毛泽东有了哪些了解”和学习场面描写、人物描写等方面，引导回顾与交流。

(4) 突出语文本体，加强语文实践能力，综合性学习的编排由隐到显，由小到大，富有新意。

第一，低年级综合性学习的编排。结合课文或专题，安排少量活动，特别是语文实践活动，以体现学习语文同生活的联系，以及学科间的沟通与融合。

实践体验——植树；

观察发现——春天里，还有什么醒了呢？

你在生活中看到过水在变吗？

调查了解——周围的垃圾从哪里来、到哪里去了？

语文活动——学了有关春天、秋天的课文，收集词语、句子；

学了成语串形式的识字课，鼓励找成语故事读；

学了谚语形式的识字课，引导收集谚语；

学了拍手歌，鼓励试编拍手歌；

学了《雷雨》一课，引导观察天气变化，写在日记里；

展示台——鼓励学生通过写(日记)、画、歌、舞、查(资料)、编(小诗、顺口溜)、讲(故事)、做(贺卡)等形式，展示学习成果。

第二，中年级综合性学习的编排。在上述作法的基础上进了一步，每册各有两组，结合专题开展比较丰富的综合性学习。导语中明确提出这一安排；一两篇课文后设综合性学习栏目，内容包括提示学习内容提出学习要求；再学习两三篇课文后，设一个提示，主要起督促、检查的作用。口语交际、习作围绕专题交流并用习作等方式反映学习成果；展示台引导用多种方式展示此次综合学习的成果。

第三，高年级综合性学习的编排。综合性学习一般每册安排两次，一大一小。如五年级上册小综合在第一组“我爱读书”。类似于中年级的综合性学习单元，活动内容更丰富，学生的自由度及选择性进一步加强。口语交际习作设计更加灵活,读写结合更加紧密,实用性更强。

大综合单元完全是另一种编法,较好地体现了课标的思想。采取激趣并明确学习要求、提出活动建议、给出阅读材料、用适合的方式表达学习成果、交流与展示学习收获等编排程序,围绕专题,放手让学生制订计划、组织活动、表达学习成果、展示学习收获。第五组“遨游汉字王国”,通过综合性学习,在了解汉字的基础上,激发对汉字的热爱,同时培养查找、搜集资料的能力,增强写规范字的意识,并为纯洁祖国的文字做点实事。

(二) 江苏教育出版社出版的语文教材①

1. 教材编写的指导思想和基本思路

江苏教育出版社出版的小学语文实验教科书(以下简称“苏教版小学语文教科书”)确立了如下的编写思想和思路:

(1) 以国家教育方针为指导,以《全日制义务教育语文课程标准》为依据,着眼于全面提高学生的语文素养,尊重儿童身心发展的特点,遵循母语教育的规律,努力建设开放而有活力的精品教材。

(2) 准确把握语文课程的目标定位,着力培养学生热爱祖国语文的思想感情,指导学生正确地理解和运用祖国语文,丰富语言积累,培养语感,发展思维,使他们具有适应实际需要的识字写字能力、阅读能力、写作能力和口语交际能力。提高学生的文化品位和审美情趣,培养良好的个性和健全的人格,促进其德、智、体、美的和谐发展。

(3) 坚持“民族化、现代化、简约化”的教材建设方向。

“民族化”——教材要传承中华优秀文化,弘扬民族精神,讴歌民族英雄和仁人志士,培养学生的民族意识和爱国主义情感。

“现代化”——教材要体现时代特点,宣传现代文明和现代科技成果,渗透现代意识,培养学生关注自然、关注环境、关注人类,理解和尊重多样文化。要根据未来社会的需要,培养作为现代人应具备的各种语文能力和素养。

“简约化”——教材内容的安排要避免烦琐,简化头绪、突出重点、加强整合,使教学目标集中明确,具有较强的可操作性。要给教师留有余地,给学生留有空间,要有助于减轻学生过重的课业负担。

(4) 注意从中国丰富的传统语文教学经验中汲取精华,从长期以来中国小学语文教学的成功经验中吸取营养,并且注意研究、学习国内外其他版本的母语教材,博采众长,兼收并蓄。

(5) 坚持选文的高品位、典范性。其标准是:选文富有文化内涵和时代气息,富有童心童趣;题材、体裁、风格丰富多样,为儿童喜闻乐见;广开“材”路,多编少搬;选文力求文质兼美。

(6) 坚持“集思广益,开门编书”。精心组建一支结构合理、精诚合作、乐于奉献的编写队伍。在此基础上,发动广大语文教育工作者和有志于语文教材建设的各界人士参与编写

① 林淑媛.江苏教育出版社出版小学语文实验教科书简介[DB/OL].[2005-05-25].江苏教育出版社网站.

工作,争取知名专家的指导,走编写人员、专家、第一线教师“三结合”的教材编写的路子,真正使教材能够凝聚起集体的智慧。

2. 教材的框架体例

苏教版小学语文教科书的低年级各册大致有四个部分:培养良好的学习习惯、识字、课文和单元练习,一年级上册设有汉语拼音部分;中高年级各册亦有四部分内容:培养良好的学习习惯、课文、习作和单元练习。整套教材在结构上力求脉络分明、便教利学。

(1) 培养良好的学习习惯。该教材每册开头都安排了“培养良好的学习习惯”的内容,以图片方式呈现,将小学生应该养成的“听说读写”的习惯生动而又直观地展示给学生,如一年级上册安排了“保持正确的读写姿势”“爱惜学习用品”,一年级下册安排了“认真写字”“专心听讲,积极发言”,二年级上册安排了“勤于朗读背诵”“乐于课外阅读”,之后陆续安排勤查字典、读报、写日记、收集信息、整理资料以及多种渠道学语文等方面的内容。这样做意在有计划、分层次地指导学生养成良好的学习习惯。

(2) 汉语拼音。该教材汉语拼音教学的内容仍然安排在首册,但内容编排和呈现方式与众不同。

根据课程标准要求,汉语拼音的教学重点是:能读准声母、韵母、声调和整体认读的音节,能准确地拼读音节。声母、韵母、音节只要求正确书写,不要求默写。小学生一入学就要学习抽象的、对他们来说完全陌生的汉语拼音,显然是有困难的,也是枯燥乏味的。多数孩子入学以后很想学习汉字,但是前一两个月要面对繁而难的拼音。应当采取怎样的策略呢?课程标准说得很明确:“汉语拼音教学尽可能有趣味性,宜以活动和游戏为主,与学说普通话、识字教学相结合。”

为落实这一要求,苏教版小学语文教科书创设了帮助学习声母、韵母的情境图和语境歌。把学习拼音字母寓于故事之中,并辅以朗朗上口的语境歌,化难为易,寓学于玩,既增加了学习的情趣,又渗透了文化素质的教育。例如“b、p、m、f”一课,安排了四部分内容:一幅情境图,一组表音表形图,书写示例和拼读练习。情境图描绘了小朋友跟着爸爸上山看大佛,爸爸教育孩子要爱护大佛。教材配有一首语境歌——“爸爸带我爬山坡,爬上山坡看大佛,大喇叭里正广播,爱护大佛不要摸。”教学时可以看看图画,讲讲故事,读读儿歌,让学生轻松学会四个字母,并在愉快的体验中受到爱护文物的教育。

为有效解决学拼音与学汉字相脱节的矛盾,该教材在学习程序上采取了拼音、识字“双线并进”的编排方法,将最常用的80个汉字(大多是独体字),分五组分别安排在五个拼音单元中,每组16个字,四字一顿,合仄押韵,每字均配有精美图示。如“人口手足,舌牙耳目;金木水火,山石田土”。这样编排,意在让学生学会并掌握在老师的指导下独立识字和借助拼音识字两种方法,尽量做到先认字,多认字。同时通过拼读字音又巩固了拼音,从而收到拼识相互促进的协同效应。学生在开始时认识了这些部首字,就为他们今后进一步识字、查字典打下了基础。

(3) 识字写字。苏教版小学语文教科书的识字教学内容在编排上有两种形式:一是随课文识字,二是学“识字课文”识字。

“识字课文”是编者借鉴传统语文教育经验和多种识字方法而精心编写的识字教材。

骏马 秋风 塞北 杏花 春雨 江南

椰树 骄阳 海岛 牦牛 冰雪 高原

这是二年级上册的一篇识字课文中的内容,分开来看,是一个个相对独立又相互关联的词语,连起来读,又像是一首音韵和谐的描景诗。短短24个字,勾勒出一幅气势恢宏、景象万千的中华长卷图。学生学习这样的文字,既识了字,认识了事物,又可以在诵读过程中感受到祖国的辽阔和壮美。这样的课文在教材中还有一些,如描写自然风光的“春天 春风 春雨/柳树 小草 嫩芽/蜜蜂 布谷 燕子/桃花 杏花 梨花”;记叙儿童生活的“太阳 闹钟 小鸟/穿衣 下床 起早/刷牙 洗脸 早餐/上学 升旗 做操”;描述城乡风貌的“喷泉 雕塑 音乐厅/花坛 草坪 林荫道/大厦 电梯 停车场/轿车 地铁 立交桥”;等等。这些课文视野开阔、寓意深远,再配上精美的插图,洋溢着浓郁的文化气息,给人以强烈的审美感受,颇具几分马致远《天净沙 秋思》的神韵。

该教科书中的识字教材形式多样,集多种识字方法于一体,在汲取传统识字教材精华,学习国内识字教学成功经验,遵循儿童识字及汉字构造规律等方面做出了有益的探索。

苏教版小学语文教科书十分重视写字教学,把写字提到了育人的高度。低年级写铅笔字,中年级开始学写钢笔字和毛笔字,高年级将安排钢笔行楷字的练习。为方便教学,低年级教材不吝篇幅地展示了生字的书写笔顺。在教学策略上,该教材提出了“识写结合,描仿入体”的学习方式。实践证明这些编排是行之有效的。

(4)课文。课文是语文教材的主体内容,选文的质量直接决定着教材的质量。苏教版小学语文教科书的选文坚持三个方面的价值取向:

一是文化性,即在简约浅显的文字中蕴藏着丰富的人文内涵。比如一年级下册有一篇课文叫《陈毅探母》,写的是陈毅元帅回乡探望生病的母亲,为母亲洗衣服的故事。全文仅134个字,语言平白朴实,情感却动人心弦。教材反映领袖人物可以有多种视角,苏教版小学语文教材没有写陈毅元帅戎马倥偬、惊天动地的传奇故事,也没有写他作为政治家、外交家的丰功伟绩,而是选择了他生活中的一件平凡的小事,来表现他对母亲的拳拳孝心。这样做,不仅使得这位伟大的无产阶级革命家更加血肉丰满,收到了“于细微处见精神”的效果,而且增加了教材的亲和力,提升了教材的文化品位。

二是时代性。这里的时代性,不光是指选文中有像“香港回归”“北京申奥”这样的新题材,也不仅是指有“神州号卫星上天”“东方明珠电视塔”这样的新科技和现代化建设成果的展示,更重要的是指现代社会人们应有的意识和价值观的渗透。苏教版小学语文教材选文中,诸如“和平与发展”“合作与竞争”“珍惜资源、保护环境”“关注自然、关爱生命”等与现代生活息息相通的主题和观念有相当的比重。

三是审美性,即追求选文的美育价值。写人的务求真实可信,叙事的务求质朴平实,抒情的务求情真意切,描写的务求赏心悦目。使学生在读课文、看绘图的过程中获得审美体验,受到美的熏陶。

该教材选文还坚持“多编少搬”“人无我有、人有我精”的原则,教材中的课文大多是新面孔,少有传统课文。少用传统课文,并不是因为这些文章不好,而是编者们相信在中华文化的典藏中,在世界文明的宝库中,一定还有更好的东西,发掘文化精品、语言精粹奉献给儿童，这是语文教材编写者的天职。

（5）习作。苏教版小学语文教科书按照课程标准要求，在低年段安排了写话练习，中年级开始进行作文教学。为切实帮助教师搞好作文训练，提高作文质量，苏教版教材将作文部分编成独立的习作课文，使之成为与阅读训练并峙的一根“柱子”。

在编写思想上，首先强调“低定位”。小学生初学作文，要求不能太高。作文教材应贴近学生实际，让学生易于动笔，乐于表达。要重视培养写作兴趣和自信心，引导学生放胆作文，写自己的事，写喜欢的事，写自己想说的话。在此基础上要求学生把话说明白，把句子写通顺，把字写工整。其次，注意“读写结合”。阅读是写作的基础，阅读积累越多，写作的根基才越雄厚。苏教版教材在读写结合上，采取了“长短结合”“大小结合”的编写策略。所谓“长短结合”是说一方面要致力于长期积累，“多布云彩”，不急于求成；另一方面也要因“课”制宜，搞一些模仿性的迁移训练。“长线”贯穿始终，“短线”相机渗透。所谓“大小结合”是指课本既有专项的习作训练（大作文），也有随课文安排的小练笔（小作文）。大作文自成系列，小练笔机动灵活，从而构成整套教材的作文体系。再次，提出“从模仿起步”。儿童作文，需要经历一个由扶到放的过程，虽然学生口头语言已有了相当的积累，但要他们用准确的书面语言表达自己的意思，毕竟还有较大困难。实践证明，模仿起步能在理解与表达、学习与运用之间架设起一座桥梁，从而大大降低起步作文的难度。因此，苏教版教材在中年级作文中大都安排了“例文”。“例文”多来自小学生，用的是孩子的语气，写的是孩子的生活，抒发的是孩子的感情，且篇幅短小，格调清新，使学生读了倍感亲切。“例文”均排印在作文格纸上，也是为了对学生进行形式上的规范。到了高年级，学生的习作逐渐由“仿”到“创”，有的内容不再呈现例文。

（6）单元练习。苏教版小学语文教科书在每个单元之后都安排了一个综合练习。意在通过各种形式的练习，使学生复习巩固所学课文知识，懂得运用语言文字的一般规律，全方位地提高语文能力。

综合练习的编排自成体系，又与本单元所学课文有一定联系。每次单元练习大体包括“学习字词句”“写字”“读读背背”“口语交际”“综合性学习”几个板块。“学习字词句”主要是一些字词句方面的练习，小学阶段的语文基础知识穿插其中，不再是过去的组词、填空一类的机械练习，注重综合性和实践性，便于激发孩子的学习兴趣。“读读背背”主要安排两项内容，一是熟记成语，将成语按照一定的内在联系编写成语歌，让学生记诵，如“宁折不弯　义正词严　威武不屈　大义凛然”（二年级上册“练习 7”）；二是积累典范的语言材料，如格言警句、古今诗文、谚语对联、知识小品等。“读读背背”的安排意在丰富学生的积累，增强学生的文化底蕴。“口语交际”则强调交际活动的情境性和互动性，重视交际的文明态度和修养。教材选取了大量贴近生活的话题用于口语交际的练习。“综合性学习”是根据课程标准的要求而设的。主要体现为语文知识的综合运用，听说读写能力的整体发展，语文与其他学科的沟通，书本与实践活动的紧密结合。

3. 教材的主要特色

可以概括为四个字：新、实、简、美。

所谓“新”，一是指理念新，教材充分体现了“一切为了孩子的发展”的新课程思想。在学科属性上，既注重双基，又强调人文，追求“工具性”和“人文性”的统一；在教学观念上，倡导“学生是学习的主人”，“教师是学生学习活动的组织者和引导者”，“教学过程是师生之间的平等对话”等新理念，摒弃烦琐分析，提倡引导学生“少做题，多读书，好读书，读好书”，把学生培养成读书人。二是指体例新，这一点前文已涉及。三是指内容新，从拼音设计到识字编写，再到课文选择，一切都立足于走自己的路，不搞拿来主义。努力跳出“繁、难、偏、旧”的阴影。于是，过去老师们司空见惯的重点训练项目没有了，烦琐的课后练习不见了，几十年一成不变的传统课文换上了崭新的面孔；实验区的老师们说：“打开苏教版小学语文课程标准教科书，浓浓的文化氛围，清新的时代气息会扑面而来，确实令人有耳目一新之感。”

所谓“实”，也体现在三个方面。第一，教学目标的确定能从实际出发。小学语文教学肩负着多重任务，但最根本的任务是培养基础的语文能力。因此，苏教版小学语文教科书坚定不移地把重点落在读好书，写好字，养成良好的学习习惯等最重要、最基本的要求上。第二，教学内容讲求实用，课本语言追求平实。提供给孩子学习的东西应是对他终身学习和发展有益的内容；呈现给孩子阅读的课文力求通俗、简洁、平实，这样有利于学生对语言文字的吸收和掌握。第三，在教学操作上讲究实效。既反对架空分析思想内容，搞微言大义，也反对烦琐低效的机械训练。主张教学目标要集中，教学方式要多样，教学过程要扎实。苏教版教材中课文后面的练习突出了朗读、背诵和写字练习，在低年级段还展示了生字的笔画笔顺，这样安排有利于引导教师务实求是，把力用到刀刃上来。

所谓“简”，指的是简明、简洁、简约。苏教版小学语文教科书最显著的特点就是“简”。结构简明，内容简约，练习简便。崇尚简，其出发点是便教利学，使教材真正发挥规范、指导的作用。人类文化典籍浩如烟海，语文是综合的，涉及文化的方方面面，语文教材不必要也不可能穷尽所有的知识和领域。语文的功能也是多方面的，但刻意追求它的多重功能，往往会淡化或忽略基本点。因此，“明智的艺术，就是知道该放弃什么的艺术”（威廉·詹姆斯）。应当看到，在当前学生课业负担普遍较重的情况下，苏教版教材讲求简约有着更深刻的意义。

所谓“美”，是指教材的审美品质。苏教版小学语文教科书从儿童的年龄特点和认识规律出发，高度重视教材的绘图和装帧设计，力求让尺幅之地尽现美育价值。绘图作者和版式设计者钻研文字教材，领会编写意图，精心创作每一帧图、每一个标识，使课本图文并茂，显示出整体和谐的美感。编写者还重视对课文语言的打磨锤炼，注意突显文章内容的思想美和情感美，文章形态的格式美和韵律美，文章风格的质朴美和规范美。使学生在学习语文的过程中潜移默化地接受审美教育，陶冶审美情趣，提高审美能力。

全国中小学教材审定委员会的专家们对苏教版小学语文教科书给予充分肯定，他们在审查意见中写道：“该套教材符合新课程标准的精神，充分体现了‘标准’提出的基本理念，正确地把握了语文学科工具性与人文性相结合的基本特点。教材编写体系和练习形式提倡自主、合作、探究的学习方式，体现了学生的主体性，语文的实践性，学科的整体性。教材内容符合小学生的心理特点，让学生在美中学，在趣中学，在做中学，从而培养起学生整体的语文素养，并促使学生在学习语文的过程中，逐步形成正确的思想道德观念，陶冶健康的、积极的情感和审美情趣。这种开放而具活力的教材体现了语文教育最终是为学生终身发展打好基础的目标。因此,该教材为实验区语文教育实施、落实新课程标准提供了优质的凭借。”

（三）北京师范大学出版社出版的语文教材[①]

1. **编写思路**

依据《国家基础教育课程改革指导纲要》《全日制义务教育语文课程标准》的精神,总结以往语文教材编写的经验、教训,通过基础研究和对以往语文课程存在问题的研究,北京师范大学出版社以创新的精神编写了一套全新的教材。在该套教材的编写和实验中,力图解决三个问题:一是学习语文的兴趣问题,让学生喜欢语文:二是学习语文的方法问题,让学生会学语文;三是人文性和工具性的统一,让语文学习的过程既是学习语言文字的过程,又是学习现代文化知识的过程,还是启迪心灵、陶冶情操的过程。编写以“兴趣先导、学会学习、整体推进、文化积累”作为该教材总的指导思想。

“兴趣先导”指的是改变教材内容繁、难、多、旧和偏重书本知识的现状,加强教材内容与学生生活以及现代社会发展的联系,关注学生的学习兴趣(为拉近教材和学生的距离,提高儿童学习兴趣,教材设计了丁丁和冬冬两个儿童形象,这两个儿童贯穿全书,和学生一起学习,一起成长)。

“学会学习”指的是改变过于强调接受性学习、死记硬背、机械训练的现象,倡导在教师指导下自主、合作、探究的语文学习方式,让学生掌握语文学习的各种恰当的态度、习惯、策略和方法,逐步学会独立学习。教师要鼓励学生提出独立见解,突出培养学生的创新精神和能力,培养学生终身学习的愿望和能力,培养对社会和自然的责任感。

“整体推进”指的是全面提高学生的语文素养,综合培养学生的识字写字能力、阅读能力、写作能力和口语交际能力。

“文化积累”指的是让学生在掌握语言文字这个工具,获得语文能力的同时,继承发展中华文化,吸纳人类进步文化的营养。

依据指导纲要和课程标准的精神,参照基础研究结果,编写者在选编课文时主要考虑三个方面的需要。一是学生的身心发展和认识规律。在符合学生年龄心理特点和认、读、写要求的同时,加强课文与学生的经验世界和想象世界的联系,潜移默化地培养学生的创新能力和创新精神。二是现代社会发展的需要。课文要符合时代精神,要体现现代社会的思想、观念,特别是对人类、自然环境的关注和全球意识,以及对多元价值观的理解和尊重。三是民族优秀文化的继承与发展。重视课文的文化“含金量”,注重唤起学生的民族意识,加强人文精神的培养。编选课文的原则有以下五条:

(1) 内容形式精美,既符合小学低年级儿童认字、写字教学的需要,又具有一定的人文精神内涵。

(2) 体现学生的身心发展规律,贴近儿童生活,联系学生的经验世界和想象世界,潜移默化地培养学生的想象能力和创新精神。

(3) 符合时代精神,体现现代社会的思想、观念,使学生在学习课文的过程中受到爱国

---

① 北京师范大学新世纪版义务教育课程标准实验教科书小学语文编写组.(北师大)《语文》(1－6年级)教材的编写理念和特点[DB/OL].[2004－12－18].新学网网站.

主义、集体主义、保护环境等思想的熏陶。

（4）体现民族优秀文化和世界进步文化的精华，使学生受到中国优秀传统文化的感染和教育。

（5）诗歌与散文、现代与古代、中国与外国、主体课文与自读课文保持适当比例。

一册教材已用于首批国家课程改革实验中，实验区老师、家长普遍认为，教材课文较好地处理了传统与现代、文质兼美与学习兴趣等各方面的关系。课文来源大致分为如下几类：常学常新的传统篇目，如《小小的船》《乌鸦喝水》《人有两件宝》；选择最新当代儿童文学篇目，作适当修改，如《太阳》《小鱼的梦》；引进港台地区和国外语文教材的优秀篇目，如《学写字》《想飞的乌龟》《马莎长大了》；根据教学需要自编课文，如《冬冬读课文》《小母鸡种稻子》《冬天是个魔术师》，对这类课文，编写者集体字斟句酌、反复征求意见、反复修改；优秀并适合儿童的古代诗歌，如《锄禾》。从体裁来看，本册主体课文中，现代儿歌 17 首，童话 6 篇，浅近古诗 4 篇。与传统教材相比，教材选编了更多"新"编目，目的是希望儿童更有兴趣学习语文。

二册教材共 16 个单元，包括主体课文 33 篇，"语文天地"中的供学生阅读和背诵的现代诗文 12 篇，古诗文 8 篇。主体课文中，童谣、诗歌 11 篇，抒情、写景散文 5 篇，故事、童话 17 篇。所选编主体课文中，传统篇目 11 篇，新选编课文 22 篇，如《元宵节》《水乡歌》《春天的手》《插秧》《雨铃铛》《好事情》等。

三册教材共 16 个单元，包括主体课文 27 篇，"语文天地"中的供学生阅读和背诵的现代诗文 10 篇，古诗文 6 篇。主体课文中，童谣、诗歌 9 篇，抒情、写景散文 5 篇，故事、童话 13 篇。所选编主体课文中，传统篇目 5 篇，新选编课文 22 篇，如《火红的枫叶》《祖国在我心间》《比本领》《特殊的考试》《可爱的娃娃》《贺年片》等。

本套教材依据课程标准的要求及舒华《小学语文教材等级字表的研制》的研究成果和多年的课程改革实验，认为儿童阅读和习作所使用的汉字是不完全一致的，儿童认字与写字所遵循的认知规律也是不同的，从起始时间、字数、选字、指导方法、评价等通盘考虑，力图尽可能科学地安排识字、写字的教学序列。识字数量"上不封顶下保底"，第一册要求学生会写 150 字，认读 350 字；第二册要求会写 230 字，认读 430 字。

本套教材采用的主要识字途径有：借助汉字与图画的联系认识一点象形字和会意字；随文识字，在语言环境中识字；拼音识字；在生活中识字；韵语识字，通过儿童喜欢的现代儿歌识字。

简化汉字笔画名称，取消横折折弯、横折提等笔画的教学，直接称呼"走之儿""言字旁"。笔顺遵照"严而不死"的原则，放宽要求。笔画和偏旁的名称在没有错误的原则下，尊重教师的习惯用法。

本套教材对拼音教学的内容和位置做了调整，教材把汉语拼音教学放在第一学期第五单元至第八单元，改变了以往教材在第一册开始就学习拼音的安排，先让学生学习部分代表汉字文化的象形字和一些常用字。这样做的目的，一是解决了孩子学习语文一开始就学拼音，学生感觉枯燥无味、困难大的问题；二是突出了汉语文字的特点，让学生初步感知汉字文化；三是解决了幼儿园和小学衔接的问题。首批实验后，收到了很好的效果。

拼音教学之前的生字和"语文天地"也标注了拼音,目的是适应不同教师和学生的需要,教师可根据教学需要调整拼音教学时间。在拼音教学中,适当安排阅读、背诵等内容,边学拼音,边学汉字,力图拼音汉字相互促进。依据课程标准,本套教材降低了拼音教学的要求,减少了难点。第二册课本采用主体课文不标注拼音,生字和"语文天地"中阅读、背诵内容标注拼音的方式。

2. 编排体例和教材体系

本套教材采用"主题单元"的编排方式,首先确定贯彻1至6年级的主题领域,然后确定每个年级、每册的主题单元,每个主题单元一般有2~3篇主体课文(选择与主题相关的各种类型、各种体裁的作品)和一个"语文天地"。"语文天地"包括巩固及扩展的练习、课堂与课外的活动、"金钥匙"(学习习惯、方法、策略等)、"自检"(自我检查的意识、习惯和方法)等几项。一个主题单元构成一个相对完整的学习单位。这种编排方式突破了文选式体例对语文教学的束缚,使语文教学能够向课外延伸,向学生的生活、学校的活动、其他课程和社会延伸,突破了按表达组合教学单元的模式,有利于学生持续保持学习的兴趣,同时,使生字新词复现率更高,有利于及时巩固所学生字新词。"主题单元"的编排方式在首批课程改革实验中受到广泛好评。

本套语文教材包括学生课本、教师教学用书、学生同步阅读文库、写字本、教学挂图、学生识字卡片、教学识字卡片、录音磁带、学生成长手册等材料。各种教学材料共同构成扇形的、有机联系的、开放性的教材体系。教学辅助材料努力体现新教辅概念,以学生自主阅读材料为主体,改变应试题海的现状,把机械训练的内容减少到最低限度。

教师教学用书把学生课本的内容缩小放在版面中心,四周提示各种教学要点、教学难点、教学建议、活动组织建议,为教师提供尽可能详细的教学指导、教学选择,尽量不干涉教师的教学环节设计,为教师创造性地使用教材留下更大的空间。

四、香港地区小学语文教材

香港地区小学学制6年,种类繁多,体制不一,各学校有权决定所开设的课程科目。香港教育署鼓励各学校参照课程发展议会制定的共同核心课程框架,包括中国语文、英文、数学、常识、音乐、美劳和体育7科,根据学校和学生情况,加以适当调整,但中国语文是必须开设的课程。

香港地区小学语文教材的编写、出版、选用要经过以下过程:

(1) 编写。出版商约请资深专家和教师根据教育署及其课程发展议会制定的课程纲要以及考试局颁布的各类公开考试的各科考试纲要,编写各科教材。

(2) 审查。编写完成的小学语文教科书须送教育署课程发展处审查。审查通过的小学语文教科书分为符合要求的甲级和基本符合要求的乙级,列入推荐书目,印发至各学校。获准的小学语文教科书常有几种甚至几十种,由不同的书店或出版社负责出版印刷。

(3) 选择。各学校在教育署推荐书目中选择本校教学用书。一般先由小学校语文教师进行选择,再由校长或校务主任确定。学校若要选择教育署推荐书目外的课本,则要专门向教育署提出申请。

（4）采购。学校向每个学生分发一份各年级教科书目录，由学生自行去书店购买，也有学校采取集体订购的方式。

五、澳门地区小学语文教材

澳门地区的小学也是由学校自主确定课程设置与教学计划，因此学校体系呈现多元化格局。澳门地域小，人口少，难以形成教科书出版的规模经济，造成长期使用外埠教科书的局面。这种情况近年来有所改变。澳门小学语文教科书以引进为主，其中来自香港和内地的占多数。在澳门，教师自编的小学语文教材很少。在引进的小学语文教材中，出版的年份差别也很大。

六、台湾地区小学语文教材

台湾地区实行九年义务教育，其中小学为6年制。台湾小学语文教材大体涉及编写、审定、印行和选用四个方面。

（1）编写。编译馆是目前台湾地区最重要的各级学校教材编写机构。该机构聘请小学语文的专家、教育学者、教育行政人员，现任有经验的小学语文教师、馆内编审人员等组成编审委员会负责研究、编辑、审查教材的工作。

（2）审定。台湾地区1993年公布了小学新课程标准，1996年起，小学教科书全面开放，小学语文教材也随之开放。编译馆与民间书局可以同时编辑小学语文教科书。为避免编译馆自编自审的不合理现象出现，台当局将小学教科书审查权委托给台湾学校教师研习会办理。

（3）印行。编译馆编写的统编本小学语文教材，交由台湾书店、正中书局等数十家公民营书局印制。印制好的教科书，由台湾书店统一配发到使用学校。学生使用教材需要付费。至于审定本小学语文教材，则所有登记注册的出版公司、书局均有权印制和发行。

（4）选用。由编译馆统一编写的小学语文教材（即统编本），以及民间编写的审定本小学语文教材，可由各校自行决定选用。

第三节　使用语文教材的科学与艺术

教材是教师教学和学生学习的最重要的凭借，但是教材并不等同于全部的教学内容，教师教学也并不等同于教教材。历来没有尽善尽美的课程标准和教材，然而教师可以使自己的教学水平日趋完美。教师选择教材的权利是有限的，但使用教材的科学和艺术是无限的。这就需要教师树立正确的教材观：教师不是“教教材”，而是“用教材教”，同时掌握使用语文教材的科学与艺术。

一、统观全套教材，了解编辑意图

无论使用哪个版本的语文教材，都要首先研究它的编辑意图，包括整套教材的设计理念、整体结构及其各个局部的编辑意图。掌握教材的编辑意图和整体结构，是掌握使用教材的科学和艺术的关键，是决定教学成败的第一要素。只有了解清楚所使用教材的编辑意图，才能深刻地认识到教材内容的选择、学生活动的安排背后的原因，然后有的放矢，充分发挥教材促进学生发展的积极作用。

要树立全面的、系统的教材观，强化课标意识、整体意识，着重于从教学目标、教材编排规律、编者意图上整体把握教材，要认识教材各部分之间的有机联系。若是分析一篇文章，把它放到整个单元、整册课本、整套课本中去观照，在比较中去决定文章的重点与难点；若是单元知识，就应该联系本单元的几篇文章加以落实。

二、熟悉整册课本，明确教学重点

了解了整套教材的编辑意图之后，还要认真研究本学期将要使用的这一册课本的教学目标、整体结构、具体内容和重难点所在。只有这样，才能做好教学设计。

（一）根据教学单元制订学期教学计划

每册课本通常由八个单元组成，每学期授课时间 18 周左右。用两周的时间讲授一单元，共 16 周，剩下两周机动使用。每单元通常 8 ~ 12 课时，知识讲授 1 课时，阅读训练 8 ~ 9 课时，作文训练 2 ~ 3 课时。这是常规的学期教学计划制订的方法。在操作时，还应该具体情况具体分析，例如某些教材一册课本只有七个单元，某个学期只有 16 周时间等。另外，还要注意单元之间、各册课本之间、各学年之间和各学段之间的内在联系。

（二）处理好讲读课文、自读课文与课外自读课文三者之间的关系

在了解了教材编辑意图的基础上，对于同一单元中不同性质、不同作用的课文，需要做出不同的教学安排，包括课时、教学方法等各个方面。

讲读课文对于学生来说是“教材”，教师要起引导作用，需要通过精讲示范带领学生理解和掌握规律性的知识并发展能力。课内自读课文对于学生来说是“教材兼学材”，教师起指导作用，指出要达到的目标和方向、途径，让学生通过课内自读来完成。课外自读课文对于学生来说是“学材”，需要学生在课下通过课外自主阅读来完成，教师起监督作用。

（三）精心设计篇章处理艺术

篇章处理艺术最能体现教师的教学能力和教学风格。例如说明、议论类的文章要着重通过事理去启迪学生，文学作品类的文章着重用形象去感染学生。教不同作者的文章也要体现不同的特点，例如司马迁的文章是“无韵之《离骚》”，韩愈的文章“出入变化不可纪极”，李白恣肆汪洋，杜诗犹如史诗，鲁迅深沉犀利，郭沫若气势磅礴，茅盾细致入微，巴金亲切自然，等等。教师能够发挥自己的特长，面对不同的学生、不同的教材采用不同的方法，创造性地完成教学任务，也就显示了自己的教学风格。如一位教师在讲《五柳先生传》一文时，以“不”字为主线，引导学生探讨含有“不”的句子：不知何许人，不慕荣利，不求甚解。既点明

了该文的写作特点——多用否定句,又点明了文章主旨——作者言“不”,正突出了自己与世俗的格格不入,突出了对高洁志趣和人格的坚持,点出了五柳先生的隐者心境。学习这一课,通过对五柳先生思想性格、爱好、生活状况等方面的刻画,来赞美他安贫乐道的精神。通过对“不”的探讨,把学生引导到最主要的学习目标上来,这就是“教师带领学生走向知识”的教学艺术。①

三、钻研教材内容,研究教学策略

(一)根据主题进行教学

人教版课程标准实验教科书是新课程理念的一面旗帜,单元安排不以相同文体组合为参考,而是淡化文体,以文章反映的共同主题来安排课文。如八年级下册第三单元以不同题材,从不同角度来表达人们对生存环境的忧患与思考。《敬畏自然》重在议论“敬畏自然”就是敬畏我们自己;《罗布泊,消失的仙湖》则以调查报告的形式呼吁人类树立环保意识,搞好生态保护;《旅鼠之谜》用对话的方式卒章显志,警示人类;《大雁归来》是抒发对大雁的喜爱之情;《喂——出来》则以科幻小说的形式来警示世人。不同的体裁表现同一个主题——培养学生的科学理性精神和人文关怀。

(二)突出写作特点,加深理解

许多文章的写作特点,都是为表现特定的内容和特定的主题服务的,教师要做到不得真谛不教人。如王安石《伤仲永》,采用的是“寓情于事”的写法。标题以“伤”冠之,全文没有一个“伤”字,而且也没有直接的议论和抒情,只是叙述了仲永从“邑人奇之”到“泯然众人矣”的变化过程。把深刻的思想和强烈的感情蕴含在对具体事物的描述过程中,不但能使人懂得道理,而且能够受到感染,既有深度又有力度。教这篇文章能够抓住标题中有“伤”而文中无“伤”这个特点,就能把全文教活,而且得其真谛。许多文章的语言风格,就是全文基本思想感情的体现。例如宗璞的《紫藤萝瀑布》,最大的特点就是寓情于景,以写景来抒情言志,引起读者的人生思考;朱自清的《背影》以平淡见真情;冰心的《纸船》借具体的形象抒发对母亲的爱;等等。如能抓住写作特点帮助语文教学,就能把文章中智慧的闪光再现,使文章熠熠生辉。

(三)通过比较,加深理解

八年级上册第二单元有五篇课文,各有侧重,各具特色:鲁迅先生的《阿长与山海经》通过追忆手法深情地抒发了对这位劳动妇女真挚的怀念;朱自清的《背影》着力通过细节刻画了父子之间的深情;李森祥的《台阶》以农民儿子的身份作为故事的叙述者,在叙述中表现对农民的崇敬与怜悯;余秋雨的《信客》以其特有的文化特质及思想的重量打动着读者,同样是写人,风格别具。如能在比较中升华和感受本单元课文所表现的各种各样的“爱”,就能把理性的思考和感性的生命体验融合,从而达到陶冶情操的目的。

---

① 王慧香,宰艳芳.使用教材的科学与艺术[J].文学教育,2008(04):66,67.

(四) 化繁为简,化难为易

许多生疏的课文,特别是复杂的课文,怎样才能化繁为简,化难为易,使学生学得轻松愉快?有一位教师这样讲鲁迅的《故乡》。他避开对小说的人物性格、情节和环境的剖析,而是追寻“悲凉”,并以“悲凉”为据,提出了以下几个问题:第一,故乡的景色怎样?第二,闰土有哪些方面使我“悲凉”?第三,杨二嫂有哪些方面使我“悲凉”?第四,造成“悲凉”的深层原因是什么?这样,这位教师经过精心构思,以“悲凉”为线把复杂的材料贯串在一条简单明了的线索上,就化繁为简了。这种对比中见悲凉的结构特点显示了教师高超的运用教材的能力,这就化难为易了。

(五) 利用插图及多媒体增强教学效果

夸美纽斯说:“知识的开端永远必须来自感官。”所以,智慧的开端当然不仅在于学习事物的名目,而在于真正知觉事物的本身。文字和图像是教材借以展示教学内容的两种主要手段,图文并茂是教材追求完美的一个重要目标。语文课本中有许多配合课文内容的插图,包括记叙文、说明文、议论文的实物实事示意图,小说、戏剧等的生活原型图,诗歌、散文等的写意画风景画,等等。利用这些插图进行教学,可以给学生以直观的感受,培养观察能力、想象能力和鉴赏能力。如杜甫《七绝》,如果能根据“黄鹂”“翠柳”“白鹭”“青天”“雪”“船”等诗句,随手在黑板上勾勒出一幅彩色简笔画,比口头讲解的效果要好得多;余光中的《乡愁》如能配上罗大佑的《乡愁四韵》,则更能唤起学生的情感体验;《安塞腰鼓》如能再现激情澎湃的画面,则必能让学生体会置身于其中的震撼与思考。而这些都需要语文教师在驾驭教材的前提下倾心付出,灵活运用投影、录像等现代化教具,做到游刃有余。

四、灵活运用,适当调整

语文教材是相对稳定的因素,教师与学生则是活动着的因素;语文教材是大体划一的,教师和学生却是各不相同的。这需要语文教师灵活对待教材,时时引进时代活水,去适应变化着的教学对象和教学情境。主要方法有:

(一) 在历史性的教材中注入新的观点

苏轼在《石钟山记》中批判了李渤之陋和郦道元之简,提出“事不目见耳闻,而臆断其有无,可乎”是难能可贵的。但科学证明,只是“目见耳闻”还不一定能够认识事物的本质。经过现代考察,石钟山的得名与苏轼“目见耳闻”所得的结论还不一样。指导学生学习有关材料,写《石钟山得名新考》是很有意义的。又如《现代毛遂一自辞》《当代伯乐一改相马为赛马》等。在教材研究中要吸收新的研究成果,如评论现代史上有争议的人物章士钊、陈西滢、杨荫榆、梁实秋、胡适、杨度、周作人等,都有新的资料与解说。

(二) 自组单元,显示新意

如自组“读懂鲁迅”单元,通过原著、评述等有关文章和资料,理解鲁迅的生活经历和思想轨迹,获得精神财富。人教版语文教材,学生在六年的语文学习中要接触到古今中外名家200余人,其中鲁迅居首位。学生反映:“鲁迅的文章半文半白,读起来似懂非懂,却又觉得很有意思。”他的魅力究竟在什么地方呢?通过系统化的方法帮助学生读懂鲁迅作品,是一个重要课题。

（三）适当抽换教材

抽掉一些已经失去生命力的内容，补充一些时代感强的内容，这样才能保持教材的时代感和鲜活性，不但学生学习起来有积极性，教师也会教得更有劲。①

总之，教师要树立以下观念：教材是语文课程的载体，不是各科知识的拼盘；教材是语文历练的凭借，不是至高无上的圣经；教材是教学对话的媒介，不是教师表演的脚本；教材是建构学习的平台，不是语文试题的汇编。唯有如此，才能避免使自己沦为“教书匠”；唯有如此，才能走上成为教育家的康庄大道。

思考与练习

1．语文教材的功能有哪些？
2．简述语文教材的结构。
3．简述人教版、苏教版、北京师范大学出版社语文教材的特点。
4．如何使用好语文教材？

① 王慧香，辛艳芳．使用教材的科学与艺术[J]．文学教育，2008(04)：66，67．

第四章　识字写字教学

汉字源远流长，博大精深，是中华文化的语言载体，甚至可以说是中国文化之根。学习汉字的过程，就是学习文化的过程。对于中国人来说，掌握汉字是学习语文的起点，也是学习其他课程和促进个人发展的基础。

郭沫若曾说“识字是一切探求之第一步”，说明识字教学与人的发展关系重大。在中国历史上，自从有了汉字，便有了识字教育，识字教育和中华文明史同步地走过了漫长的道路。

第一节　现代识字与写字教学改革实验

新中国成立后的60多年里，中国识字写字教学改革实验开展得轰轰烈烈，取得了丰硕的实验成果，各地先后开展的识字教学实验达到60种以上。在本章节中，将对其中影响最大、最具代表性的几种方法进行介绍。

一、分散识字教学法与集中识字教学法

（一）斯霞“随课文分散识字”教学法

南京师范学院（今南京师范大学）附属小学教师斯霞创立的“随课文分散识字”教学法形成于20世纪60年代初，最大特点是“字不离词，词不离句，句不离文”。其基本原理是，汉字有一字多音、一字多义的现象，只有把它放到具体语境中，才有确切的含义和读音。基本方法是，首先教好汉语拼音作为识字的工具；然后教会60多个独体字，作为学习众多合体字的基础；做好这两项准备之后，开始结合课文进行识字教学，要依据课文实际和学生实际设计教法，没有固定程式。儿童识字初期，主要问题是了解字音和字形；但随着识字量的增加和阅读写作的需要，识字的主要问题是了解字义。儿童理解字义的基本途径是阅读和写作的实际运用，而不是靠记忆字典上的解释。

实验取得了理想的效果，实验班学生的识字量明显增加，阅读和写作能力也有相应的提高。其优点是：①符合儿童的认知规律和汉字规律；②强调语言环境，有助于儿童语言和智力的发展；③ 有利于减轻学生过重的课业负担，促进学生身心健康发展。

其不足之处在于:识字进度缓慢,低年级识字量不足,汉字构形规律没有得到充分重视,识字教学法本身没有构成完整的体系。

(二) 辽宁省黑山学校、北京景山学校实验的集中识字教学法

1958年辽宁省黑山县北关实验学校率先进行集中识字教学法实验,1960年以后,北京景山学校及其他地区的部分学校也相继开展了这项实验。实验主要依据汉字的构形规律,把生字归类集中,指导学生用比较类推的方法学习汉字。基本方法是集中教分散练,先识字后读书,即学一批字读一些课文巩固,再学一批字再读一些课文巩固。具体方法有看图识字,以歌带字,以四声带字,形声字归类,用基本字带字等。后期以基本字带字为主要特点,基本方法是根据形旁或声旁归类,根据意符所属理解字义。例如从"页"的字大多与头部名称及动作有关,像额、颊、颌、项等;从"王"的字大多与玉有关,如碧、玦、玛、弄等;从"心、忄"的字与心理活动有关,如情、思、慕、恭等。根据声旁归类如盏、浅、栈、践、残、贱、钱等,这一组字的共同特点是都有表音的声旁"戋 cán,jiān",加上不同的表义符号的形旁构成。可编成歌诀:"有皿是灯盏,有水还显浅,有木修客栈,有足去实践,遇歹便伤残,有贝分贵贱,有金就是钱。"这些方法有助于学生掌握构字规律,形成学习迁移。

集中识字教学法继承和发展了中国古代识字教学的优良传统,突出汉字的构字规律,以识别字形为主,建立形、音、义相结合的汉字认知体系。集中识字的局限性在于:脱离语言环境,影响识字效果;识字和阅读分开进行,势必延长从识字到阅读的转换过程,在一定程度上延误了书面语言学习的最佳时机。

1963年的《小学语文教学大纲》把集中识字和分散识字一并作为先进的识字方法加以提倡,并被各家教材编写者所运用。其实,分散识字中包含着相对的集中,小学低年级是大集中,把每篇课文中的生字、词集中起来教学是小集中;集中识字中也包含着相对的分散,分批就是分散。分散识字教学法突出字义,集中识字教学法突出字形,但都主张形、音、义相结合,都主张把识字写字教学与阅读教学和写作教学结合起来。

二、注音识字教学法与韵语识字教学法

(一) 注音识字教学法实验

注音识字教学法实验主要包括两次有益的尝试。

第一次是山西省万荣县利用注音识字推动扫盲工作的经验。万荣经验的主要特点是:第一步,学习汉语拼音,掌握识字工具;第二步,阅读识字课本,并进行抄写、写话、作文等写作练习。

第二次是1982年黑龙江省在佳木斯第三小学、讷河县实验小学等学校开展的"注音识字,提前读写"实验。实验设计是:"以汉语拼音为工具,使阅读和写作提前起步,寓识字于学汉语之中。以此为原则,建立小学语文教学先读书后识字,边读书边识字的教学体系。"实验的内容和方法是:第一,汉语拼音教学,培养学生熟练直呼音节和书写音节的能力,使之成为提前读写和语言训练的工具。第二,阅读教学,从阅读纯拼音课文开始,进而阅读用汉语拼音注音的课文,逐步过渡到阅读纯汉字的课文,从而达到提前阅读、扩大阅读量的目的,并进

而带动识字和听话、说话、作文能力的发展。第三，说话教学，把识字教学与发展学生的听话能力和说话能力结合起来。第四，作文教学，先用汉语拼音或拼音加汉字作文，再用汉字加拼音作文，逐步过渡到全用汉字作文，从而达到提前写作的目的。第五，写字教学，把识字教学与发展听说读写能力结合起来，通过说话和阅读提高“识”的能力，通过写字课提高“写”的能力，通过作文课提高“用”的能力。“注音识字，提前读写”实验，是在速成识字、分散识字、集中识字的基础上发展起来的，是把汉字的音、义、形结合起来，全面提高学生的听说读写能力的一项综合性实验，对识字教学和小学语文教学改革具有全面的深远的意义。因此国家教委先后发布文件，大力推进这项实验。

（二）韵语识字教学法实验

实验设计是，运用汉语韵文的方法，把小学语文教学大纲中规定的2500个常用字，先组成常用词，再用这些词编成句式整齐、合辙押韵、通俗有趣、短小精悍、含大密度生字而又能激发童趣的韵文，每篇韵文都围绕一个中心意思，并有一定的故事情节。每篇4～6句，每句5～7字，每篇生字率不低于60%，生字按基本字、高频字、次高频字的顺序出现。例如《家乡变新样》：“以往咱村离城远，要看戏剧非常难。如今有了电视机，精彩节目随便看。”就具体的阅读对象来说，全文28个字中含生字26个（“看”“了”二字已学过）；就编写课文的过程来说是“文从字”，即按识字教学的需要编写课文；就学生阅读课文的过程来说是“字从文”，即在阅读中识字。同时把识字、阅读与作文联系起来，每阅读一批课文，识一批字，就完成一种类型的作文训练。实验者据此编写了《新世纪素质教育课程实验教材·语文》一书。

这类识字教学法改革实验深入到汉字本身的特点——形音义结合，以音为主进行探索，深化了改革实验。主要优点是儿童可以借助拼音提前读写，在促进学习尤其是低年级学生的书面语言学习方面具有独特优势。其局限性在于：忽视汉字识记规律，没有建立起音形义的内在联系，字形认知的模糊状态制约了识字教学的质量。最明显的例子是长期处于这种实验的学生，错别字大量出现。

三、部件析形识字法、字族文识字法和解形识字法

（一）部件析形识字法

1965年到1980年，河北、湖南、内蒙古等地的一些学校进行了该项实验。实验设计是，根据汉字形体结构的规律，变一笔一画的教学为板块组合教学，简化识字过程。实验设计者认为，汉字的结构层次可分为三级：整字、部件、笔画。按笔画教过于烦琐，按整字教难于掌握，按部件教最为合理。所以，教学汉字的过程应该是：先看字形整体，分析字形结构；后根据字形结构确定不同的部位；再分析出部件；最终将部件组合成整体。例如，“分”字就是八字头刀字底，“闪”字就是门字框人字心。教学程序是“先教学单体字，次教学简单合体字，最后教学复杂合体字”。该项实验的主要意义是，按整体来识记汉字是模糊的，按笔画来识记汉字是烦琐的，按部件来识记汉字是简易的且是科学的、易于理解的。这种方法对愈是复杂和难于理解的字愈有意义，例如“翼”就是“羽”“田”“共”的组合，“夷”就是“大”“弓”的组合。

（二）字族文识字法

四川省井研县教育局于1991年开始进行“字族文识字法”教学实验。实验设计是，采用“字形类联，字音类聚，字义类推”的方法，把汉字分成“族”，按“族”编成课文，称为“字族文”。例如《皮字朋友多》：“有土堆成坡，有水波连波。碰石擦破皮，走路跛一跛。披衣床上坐，被子多暖和。菠菜营养好，玻璃用处多。”这就是用“字音类聚”的方法，把“皮”字的八个同“族”字编在一篇课文中。又如《小青蛙》：“江水清清天气晴，小小青蛙大眼睛。保护庄稼吃害虫，做了不少好事情。请你保护小青蛙，它是庄稼好卫兵。”这就是借助语境把“青”繁衍、派生出的“清、晴、情、请、睛”等字形成一个字族。用“字族文”识字，可以使大部分汉字都能够按类理解和识记，做到举一反三，触类旁通。同时，在不同的“字族文”之间，也能对不同类的汉字进行对照和比较。例如，形声字的声旁在识字教学中的辨音作用非常明显，如“杨”的右旁是声旁，韵母为 ang。这类字的韵母均为 ang，例如扬、疡、炀、汤、烫、钖、荡、砀等。而“易”作声旁的字韵母均为 i，如蜴、锡、踢、剔、惕等。实验者把这些“字族文”编成了《趣味规律识字读本》。

《教学研究》1994年第5期发表《“字族文识字”教学实验研究》一文，对该项实验作了全面介绍和评价。需要了解的是，不是所有的汉字都可以归进字族。和一般文章的字随意遣不同，字族文因字为文，作为儿童学习书面语言的凭借，还有较大的局限性。

（三）解形识字法

徐州彭城大学语言文字研究所所长杨洪清教授及其夫人朱新兰，在40多年的教学实践中，创造出一套以解形为本、偏旁带字、形音义结合的识字教学法。其要点有：

1. 解形为本

汉字是记录汉语的视觉符号，它的音与义来源于形，字形才是它的本体。汉字教学应该以汉字的本体为宗，即从字形入手。他们在教学实践中发现，学生识字难并且经常出现错别字，症结在于不理解汉字的构成原理，于是在语文教学中特别注意字形分析。例如，凡是与服饰有关的字即用“衤”旁，如袄、袖、衬、裤、袜、被、褥等；凡是与神鬼迷信和精神活动有关的字就用“礻”旁，如神、祀、祈、祷、福、禄、祯、祥、祁等。使学生能深明其理，并能举一反三。他们经过长期的实践和研究，逐步认识到汉字的形体也是一份宝贵的文化遗产，它能反映出上古社会生活和自然现象的许多信息。如“碗”字从石，正是石器时代用具的明证。组成“陶”字的“缶”，甲骨文形象地表现了先民用树棍捣制毛坯制陶的过程。表示颜色的“红”“绿”“紫”都和“糸”有关，透露出中国最早发明丝织乃至染色的宝贵信息。汉字逐渐由图形变成笔画，象形变成象征，体现了先民智慧的结晶和不断提高的认识水平。汉字虽是表意文字，但经过长期的发展演变，表意、表音功能已相当隐晦，加上一般字典只训音义，不讲字形，使字形变成了莫名其妙的笔画、偏旁的堆砌物，字音、字义也变成了无所依附的外来物。所以必须以解释字形为本，使识字教学变得系统而有效，简单而有趣。

2. 偏旁带字

汉字的字形是先由笔画组成数量很少的独体字，再由独体字作偏旁组成合体字，再由合体字组成数量繁多的复合体字。其中能做偏旁（形旁或声旁）的600多个独体字是关键，用它们能组成2500多个常用字。所以，用偏旁带字可以显示独体字与合体字之间的关系，可以帮助理解和记忆。例如“力”，作形旁可以组成劳、助、务、加、为等合体字，用这些合体字作声旁又可以组成捞、锄、雾、架、伪等复合体字。有些字（特别是简化字）直接由笔画组成，分不出偏旁，没有表音、表意作用，就称为“笔画字”，如“乡”。有些字虽然能分出偏旁，但也没有表音、表意作用，就称作“部件字”，如“归”。有些作偏旁的部件无表音、表意作用，就用字形分析的方法给以定名，如“勤”字的左旁定名为“革二连”，“卸”字的左旁定名为“午止连”。形存音废的字称为“存意字”，如“观”。音存形废的字称为“存音字”，如“宪”。有些简化字改变了繁体字的偏旁，就要“用简识繁”，如“惊”是由“驚”简化而来，原意是因惊恐而失控的马，“惊涛骇浪”就是形容浪涛如狂奔的野马。

3. **形音义结合**

汉字形音义结合的规律是，音生于义，义附于形。所以识字教学应该遵循的规律是，以形为本，因形解义，以义推声。如“舁”是四手共举，意思是“抬”，读yú，是众人抬重物时发出的号子声。又如“秉”为手持一禾。“兼”为手持二禾，是丰收，引申为一举两得或多得，再引申为一身二任或多任。“欠”为人在疲倦时大口吸气或长出气，体形向上或前倾，引申为倾斜或缺乏，如打哈欠、欠身、欠债等。“歉”是得不到应有的收获，引申为不安的心情，“抱歉”就是感到对不起人的心情。“耒”字是“二穿木”，是古代木叉状的木犁。“帮”字的形旁是“巾”，本意是鞋帮，引申为物体的两旁或周围的部分如“船帮”，再引申为“从旁辅助”如“帮助”。“辜”字的形旁是“辛”——古代的一种刑具，形似曲柄的刀，指代犯罪；声旁是“古”，所以“无辜”就是无罪。这样教学可以避免学生把下面写成“幸”，或把上面写成“吉”。杨氏夫妇编写出版的著作有《多功能解形说义字典》《快速识字字典》《现代说文解字字典》等。

这类识字教学法改革实验，深入到汉字本身的特点——形音义结合，以形为本进行探索，加强了识字教学的科学性和系统性，深化了改革实验。

四、字理识字教学法

字理识字教学法是湖南省岳阳市教科所主持的识字教学改革实验，形成于20世纪90年代。汉字是从图画发展起来的象形文字，并以象形文字为基础，用“六书”的方法把音形义三方面结合起来，成为表意文字体系。字理识字教学法就是运用汉字的组织结构和演变规律进行识字教学。

（一）独体字

独体字（象形字和指示字）运用“溯源—对照”的模式，找到它所像的物体或所指的事物，然后了解其字形是怎样演变来的。例如“盥”字的上端中间是水，两边是两只手，下端的“皿”是器皿，指盆类，合起来便是两手从盆里捧水洗涤的图画。“牟”是牛鼻子里呼出气来，模拟牛叫的声音。

（二）合体字

合体字（会意字和形声字）运用“分解—溯源—组合”的模式，先将其分解成几个基本意义单位，再找到它的本义或表示的读音，最后了解其组合起来所表示的新的意义和读音。具体方法有：

图示法：休——农夫倚树小憩图。

联想法：自——说我时同时指着自己的鼻子。

故事法：取——古代部落战争时割取敌人左耳回来报功的制度。

演示法：笔——毛笔的竹和毛。

推理法：人—从—众，木—林—森，水—沐—淼，火—炎—焱。

迁移法：将所学甲字的字理用于学习乙字。如手持肉为有，手持皮为求。形声字一般都能做到见其形而察其义、辨其声。教学中如果能揭示出这种内在联系，就能加强理解和识记效果。例如用“饣”（食）作偏旁的字（饭、馍、饼、饥、饿、饱）多与饮食有关，用“口”作偏旁的字多与吃、喝、叫、喊等有关。

比较法，猜谜法，歌诀法，点拨法等。如根据汉字的构字规律猜谜语，让学生通过猜谜语的方式来识字。“一块地，四方方，十字路，在中央”（田）；“画时圆，写时方，有它暖，无它凉”（日）。以上两例谜底是象形字，谜面描绘形象。“刀上有一点，有点刀就快”（刃），谜底是指事字，谜面记述字的特征。“火上加个盖儿”（灭），谜底是会意字，谜面说明字的结构。其他如“上不去下不来”（卡），“连月不开”（用）等。这种方法可以增强学生的学习兴趣。

汉字是形音义的结合体，但最终是为了示“义”。字理识字法要求在分析字形、确定字音的基础上显示字义，是实行识字教学科学化、艺术化的根本途径。但字理识字教学法在实践过程中有一定难度。这种实验要求教师首先要有丰富的文字学基础，全面了解汉字的产生和演变过程。例如由于字形演变，在形训中容易出现“望形生训”的弊端。在长期的历史过程中字音的变化很大，形声字的声旁只有三分之一左右还具有较准确的表音作用，搞不好会出现“秀才读字半拉音”的现象。

以上几种识字方法都有较高的理论和实践价值，但也都有一定的局限性。我们必须系统地把握汉字及汉字认知的特点和规律，理性地认识各种识字方法的特点和优势，扬长避短，综合运用，提高识字教学效益。①

第二节 识字与写字教学的目标与任务

一、识字与写字教学的目标

语文课程标准要求学生学会汉语拼音，能说普通话，认识3500个左右常用汉字，能正确工整地书写汉字、并有一定的速度。

1. 第一学段(1—2年级)

（1）喜欢学习汉字，有主动识字、写字的愿望。

① 王文彦.语文课程与教学论[M].北京：高等教育出版社，2007：170－178.

(2) 认识常用汉字1600个左右,其中800个左右会写。

(3) 掌握汉字的基本笔画和常用的偏旁部首,能按笔顺规则用硬笔写字,注意间架结构。初步感受汉字的形体美。

(4) 努力养成良好的写字习惯,写字姿势正确,书写规范、端正、整洁。

(5) 学会汉语拼音。能读准声母、韵母、声调和整体认读音节。能准确地拼读音节,正确书写声母、韵母和音节。认识大写字母,熟记《汉语拼音字母表》。

(6) 学习独立识字。能借助汉语拼音认读汉字,学会用音序检字法和部首检字法查字典。

2. 第二学段(3—4年级)

(1) 对学习汉字有浓厚的兴趣,养成主动识字的习惯。

(2) 累计认识常用汉字2500个左右,其中1600个左右会写。

(3) 有初步的独立识字能力。会运用音序检字法和部首检字法查字典、词典。

(4) 能使用硬笔熟练地书写正楷字,做到规范、端正、整洁。用毛笔临摹正楷字帖。

(5) 写字姿势正确,有良好的书写习惯。

3. 第三学段(5—6年级)

(1) 有较强的独立识字能力。累计认识常用汉字3000个左右,其中2500个左右会写。

(2) 硬笔书写楷书,行款整齐,力求美观,有一定的速度。

(3) 能用毛笔书写楷书,在书写中体会汉字的优美。

(4) 写字姿势正确,有良好的书写习惯。

二、识字与写字教学建议

(一) 教学建议

识字、写字是阅读和写作的基础,是第一学段的教学重点,也是贯串整个义务教育阶段的重要教学内容。

低年级阶段学生"会认"与"会写"的字量要求有所不同。在教学过程中要"多认少写",要求学生会认的字不一定同时要求会写。本标准附有"识字、写字教学基本字表",建议先认、先写"字表"中的300个字,再逐步发展识字写字能力。

识字教学要注意儿童特点,将学生熟识的语言因素作为主要材料,结合学生的生活经验,引导他们利用各种机会主动识字,力求识用结合。

要运用多种识字教学方法和形象直观的教学手段,创设丰富多彩的教学情境,提高识字教学效率。

按照规范要求认真写好汉字是教学的基本要求,练字的过程也是学生性情、态度、审美趣味养成的过程。每个学段都要指导学生写好汉字。要求学生写字姿势正确,指导学生掌握基本的书写技能,养成良好的书写习惯,提高书写质量。第一、第二、第三学段,要在每天的语文课中安排10分钟,在教师指导下随堂练习,做到天天练。要在日常书写中增强练字意识,讲究练字效果。

（二）评价建议

汉语拼音学习的评价，重在考查学生认读和拼读的能力，以及借助汉语拼音认读汉字、讲普通话、纠正地方口音的情况。

识字的评价，要考查学生认清字形、读准字音、掌握汉字基本意义的情况，以及在具体语言环境中运用汉字的能力，借助字典、词典等工具书查检字词的能力。第一、第二学段应多关注学生主动识字的兴趣，第三、第四学段要重视考查学生独立识字的能力。

写字的评价，要考查学生对于要求“会写”的字的掌握情况，重视书写的正确、端正、整洁，在此基础上，逐步要求书写流利。第一学段要关注学生写好基本笔画、基本结构和基本字，第二、第三学段要关注学生的毛笔书写，第四学段还要关注学生基本行楷字的书写和对名家书法作品的临摹。义务教育的各个学段的写字评价都要关注学生写字的姿势与习惯，引导学生提高书写质量。第三学段要求学生会写2500个字。

评价要有利于激发学生识字、写字的兴趣，帮助学生养成写规范字的习惯，减少错别字。

第三节 识字教学的策略

在识字教学过程中，合理地运用科学的教学策略，可以有效地提高识字教学的效率。

一、遵循儿童心理，激发学习兴趣

兴趣是最好的老师。在学习心理学中，兴趣是学习动机中最现实、最活跃的成分，是学习的重要动力。语文课程标准明确指出：“语文教学应该激发学生的学习兴趣”，要让学生“对学习汉字有浓厚的兴趣”。因此，在识字教学中，要遵循小学生的心理发展规律，激发学生的学习兴趣，有针对性地开展识字教学。

儿童的心理特征是好动、爱玩，不能长时间专注某一事物，喜欢接触形象的具体的有趣的东西，记忆力比较强，但易记也易忘。针对这种状况，在教学中，教师要采用多种手段，尽可能地采用实物、标本、模型、图画、幻灯片、录音、动作、表情或语言描绘等，把生字词的第一印象深深印在儿童的脑海里；还要调动儿童多种感官参与识字，引导儿童的眼、耳、鼻、舌、手等感官参与获得新知识的活动，瞧一瞧，听一听，闻一闻，摸一摸，尝一尝，做一做（躲、藏），胜过单纯地听、记、背。

为了更好地实现教学效果，教科书编写者在选择教材内容的呈现方式时也力求适应小学生的心理特征。例如人教版的教材在呈现识字教学的内容时就采用了古诗、对子、三字经的形式，激发学生的学习兴趣，增强教学效果。

在一年级至二年级上册的教材中，人教版教材一共安排了《一去二三里》《画》《静夜思》《春晓》《林居》《所见》《小池》《赠刘景文》《山行》《回乡偶书》《赠汪伦》11首内容浅显易懂、读起来朗朗上口的古诗。

一年级下册，在教小学生认识“雾、霜、朝、霞、夕、蝶、蜂、碧、紫、千、李、杨、秀”等字时，采取了对对子的方式，将这些要认识的生字以对子的形式出现："云对雾，雪对霜，和风对细雨，朝霞对夕阳。花对草，蝶对蜂，蓝天对碧野，万紫对千红。桃对李，柳对杨，山清对水秀，鸟语对花香。"

二年级上册中教学"神、州、川、涌、岛、隔、峡、与、陆、民、族"等字时，采用了三字经的形式："我神州，称华夏，山川美，可入画。黄河奔，长江涌，长城长，珠峰耸。台湾岛，隔海峡，与大陆，是一家。各民族，齐奋发，争朝夕，兴中华。"

在教学时，教师可以借助教材的精心安排，精心组织并开展富有儿童趣味的教学活动，提升教学效果。

二、识写分开，多认少写

识字与写字分开是中国传统识字写字教学的宝贵经验（中国从唐代开始就有专门用于识字写字的教材）。识字与写字分开至少有两点好处：对于识字而言，可以不受写字的牵累，保持较快的速度；对于写字而言，可以更加突出写字规律，让学生从最基本的笔画写起，练好基本功。

识字与写字是阅读和写作的基础。语文课程标准对识字教学提出了"认写分开，多认少写"的要求，这样有利于增加学生的识字量，让学生能提前读写，提前阅读。多认少写为尽快实现独立阅读创造条件，小学低年级尽快认一定数量的字具有战略价值。如果识字速度很慢，识字量很少，根本无法实现阅读的要求。时间拖得越长，学生的阅读兴趣和要求就越无法满足，会产生严重的不良影响。作为教师，首先要了解课程标准提出多认少写，识写分开这一做法的原因；其次，还应该明确识字、写字的具体要求，严格进行训练。

语文课程标准明确指出："识字、写字是阅读和写作的基础，是一、二年级的教学重点。"也就是说，识字是学生学习文化的开始，学生如果不掌握一定数量的汉字，就无法阅读和作文。要落实新课标的这一要求，就要在教学中突出这个重点，在教学时间、教学环节、教师指导、学生认记写等方面予以保证，特别是在阅读课上要防止只抓课文的阅读、理解，蜻蜓点水式地处理识字、写字的情况出现。识字，不仅是认识字的过程，还要加强字的印象，做到入眼、入脑、入心；写字，不仅是写出字的过程，还要写得正确，写得规范。在教学过程中，准确把握会认、会写这两类字的不同教学要求，是一个十分重要的问题。如果教学要求把握不准，把要求认识的字当成要求会写的字去教，提高认字的教学要求，不仅加重课业负担，而且会造成"认""写"相互掣肘，必然导致该认的不巩固、该写的写不好的结果。要求认识的字，只要求认识，在课文中认识，换个地方还认识，就可以了；要求会写的字，要能读准字音，识记字形，写得正确、端正，初步了解意思，并在口头和书面语言中练习运用。当前教学中，要严格按课标关于两类字不同的教学要求进行教学，把时间、精力以及教法的改革用在刀刃上。

三、引导学生发现汉字的规律

有人对人教版教材中要求掌握的2500个常用汉字进行分析，发现象形字136个，占5.4%；指事字31个，占1.2%；会意字422个，占17%；形声字1908个，占77%。显而易见，占比重最大的是形声字，其次是会意字、象形字和指事字。构字有一定的规律是汉字的显著特点之一，在识字教学中引导学生发现汉字的组构规律可以使学生认得清、记得准，提高识字教学的效率。另外，汉字数量多，笔画繁，结构复杂，难认、难写、难记。教师一个个地教，学生一个个地学，会导致教学效率低下。如果能让学生掌握识字的方法和规律，让学生举一反三，触类旁通，可以为自主识字、开放识字打下坚实的基础。

为了帮助学生更好地识记形声字，有的教师将形声字的特点编成简短押韵的歌诀帮助学生记忆：

形声字，真好记，音形义，有联系。

声旁帮着读字音，形旁帮着表字义。

学习形声字，辨认要仔细。

除此之外，还可以组织学生进行归类识字，如象形字归类识字、指事字归类识字等，通过这种方式帮助学生发现规律、掌握规律、运用规律。

四、多种感官识记，寓识字于游戏之中

小学生活泼好动、注意力很难保持长时间的集中，这就要求教师在教学过程中运用生动、活泼的形式，启发学生仔细观察字形，认认读读，认真听老师讲解和同学的发音，用心想想记记，并要用手写一写。这样，学生运用多种感官积极活动，就能提高识字效率。常用的儿童喜欢的识字方法有以下三种。

（一）儿歌识字法

“霉”字，编成口诀“每天下雨，屋里长霉”。“新”字，编成口诀“左边亲，右边斤，祖国面貌日日新”。“燕”字，编成口诀“草字头下一横短，北字分在口两边，四个点儿一排坐，合在一起就是燕”。“金”字：一个人，他姓王，口袋装着两块糖。“骛”字：文将军，手持长矛，骑马飞跑。

（二）字谜识字法

如字谜：“中间一个十字架，上边小口不算大，下边大口套小口，旁边一只软耳挂。”儿童猜谜时按谜面分析，中间是“十”，上边是“口”，下边是“回”，右边是“阝”，根据谜面提供的条件，就可判断谜底是“鄙”字了。

再如学“告”字，让学生猜“一口咬掉牛尾巴”；学“腾”字，让学生猜“夫人走娘家，头戴两朵花，住了一个月，骑马转回家”；学“臭”字，让学生猜“只因自大一点，惹得人人讨厌”；“胖”：一月长半斤；“树”：又在村中等。

（三）故事识字法

“熊”：一只能干的小黑熊，迈着 4 条小短腿，高高兴兴向我走来，想跟我玩游戏。

“游”：游泳要到水（氵）里去，游泳池是方（方）形的，大人（人）带着孩子（子）去游泳；一个小孩子（子），戴着游泳帽（人）在方（方）形的水（氵）池里游泳。

这些方法的运用可以调动起学生的学习积极性，并能帮助学生记忆字形、理解字义。在运用时，可以由教师给学生猜字谜、编故事，但是我们更加提倡由学生来编字谜、编歌诀、编故事。一方面，学生对自己编出来的故事、歌诀、谜语印象更加深刻；另一方面，学生编字谜、

歌诀和故事的过程就是他们自主地分析字形、理解字义的过程。这样不仅锻炼了他们的自学能力,同时学生的创新思维能力、语言表达能力也得到了锻炼。

五、自主识字,开放识字

(一)自主识字

语文课程标准特别重视对学生自主识字能力的培养,在各个学段的教学目标中都有明确的要求:

第一学段:学习独立识字。能借助汉语拼音认读汉字,学会用音序检字法和部首检字法查字典。

第二学段:养成主动识字的习惯。有初步的独立识字能力。会运用音序检字法和部首检字法查字典、词典。

第三学段:有较强的独立识字能力。

这就需要教师让学生成为识字的主人,让学生选择自己喜欢的方式识字。

小学生在入学前所受的教育有很大的差异,有的已经认识了一些字,而有的还是一张"白纸",且学生先天智力发育情况也有所不同。因此,识字教学尤其需要因材施教,鼓励学生用自己喜欢的方式识字是一条有效的途径。对于学生来说,课本中出现的生字,那些自己已经认识的字,就去考考别人或是做做小老师教教同学,那些自己还没有认识的字,就借助拼音或语言环境自学,或是与水平差不多的同学比赛,比比谁认识得多,认识得快。这样,只要学生能够尽快地记住汉字,方法不求统一,学生干自己喜欢干的事就不会觉得厌倦,而是一种满足,一种心理需求的满足。

(二)开放识字

有人对一个班的42个学生的识字途径进行过统计,结果发现生活中无意识字占50%。语文是母语教育课程,学习资源和实践机会无处不在,无时不有。教师应该树立大语文观,帮助学生利用好资源,开放识字的空间和渠道,指导学生在具体的与生活密切相关的语言环境中自主识字,从而提高识字效率。

1. 寓识字于家庭环境中

家庭教育是现代教育的重要组成部分,它相对于学校教育具有针对性更强、方式方法更灵活、更能切合学生生活实际的特点。家庭生活中处处都有学语文的机会,处处都有识字的契机。

教师可以指导学生家长在家庭环境中营造一种文字环境。在自己的卧室里设立儿童书架,摆放各种儿童读物;在墙壁上挂生字表;在家具、玩具上贴相应的词卡,如"沙发""茶几""电视机""火车"等。良好的识字环境能有效地激发孩子对文字的视觉分辨能力,培养识字的兴趣。孩子在这充满文字气息的环境里耳濡目染,能潜移默化地和这些生字词交上朋友。另外,孩子还可以在家长的指引下自主识字。如指导孩子听故事识字,孩子听家长对照着书讲故事,儿童凭借得天独厚的记忆力,对号认字猜读故事,通过"读"故事来识字。在这个过程中,故事对孩子的强烈吸引力也就变成了识字的内驱力。又如和家人一起看电视节目时,留意反复出现的节目片名、广告语等，并准备一个识字本，和父母一起记载自己在收看节目时认识的字。通过不断积累，看到自己认的字越来越多，兴趣也会越来越浓。

2. 寓识字于学校生活中

学校生活对于刚入学的孩子来讲是新奇的，校园良好的育人环境和丰富的学习生活也是引导孩子及早识字的一个条件。如把每日课程安排写于黑板一侧，学生对科目名称不断熟悉，从而逐步识记；放手让学生互相发放作业本，识记同学姓名；带学生参观校园，识别校训班训，认识办公室、教室门牌……把识字寓于学校生活中，既帮助了学生熟悉学校环境和校规，又积累了新的字词，可谓一举两得。

3. 寓识字于社会环境中

社会为孩子学习祖国文字提供了广阔的课堂。大街上的广告标语、商店门前的醒目招牌、广场边上的文化橱窗、购物架上的商品标牌，林林总总的文字无不显示了祖国文字的巨大魅力，也深深吸引了孩子好奇的视线。我们可利用这些有利资源，指导学生从中识字。

首先要引导学生对这些文字产生强烈的认知欲望，激发他们利用环境因素自主识字的动机；其次，在课堂识字教学时注意联系社会环境中那些"脸熟"的字，刺激学生记忆，使无意识记忆转化为有意识的记忆；再次，要指导学生把课堂中所学的识字方法运用于社会实践中，主动识记生活中自己感兴趣的字。鉴于学生学习风格和个性不尽相同，教师还应鼓励学生用自己最喜欢、最得力、最习惯的方法进行识字；最后，开展社会实践活动，如"社会用字调查""文字纠察队""搜集文字灾害"等，把识字同用字结合起来。

4. 寓识字于课外阅读中

在阅读中识字，能调动学生识字的主观能动性，有利于分散识字的难点，减轻识字带给学生的压力。把识字寓于课外阅读之中，是孤立识字无法与之相比的。

首先，要指导学生精心选择课外读物，这主要因孩子的年龄特点和兴趣而定，可以是短小精美的诗文、简短含蓄的寓言，也可以是丰富多彩的科普读物、妙趣横生的谜语笑话；其次，要在指导阅读的过程中培养主动识字的意识，使学生不仅只把注意力放在插图和故事情节上，还要自觉能动地选择汉字进行识记、积累，当儿童感到识字对阅读有用处时，识字的积极性、主动性、自觉性就一定会伴随着阅读能力和兴趣的提高而日益增长；最后，要努力激发和保持学生课外阅读的兴趣，教师组织多种形式的课外读书活动来激发学生的阅读热情，如成立课外阅读小组、开展读书竞赛活动、组织朗诵会故事会等。只有当学生从阅读中尝到乐趣，才会更加主动地识字，并使阅读成为自己精神生活中不可缺少的一部分。

（三）开放成果，巩固成效

为了巩固识字成果，更好地总结识字方法，教师还可以组织丰富多彩的检查、总结、交流的活动，使学生有机会展示自己的识字成果，交流识字感受，为自主识字形成良性循环。

1. 识字经验交流会

让学生在小组里或在班上讲述自己认识某一个字的途径、经过、方法，以促进学生之间相互交流，共享识字经验，扩大识字效果。

2. 识字竞赛活动

举行"识字擂台""识字大比拼"等竞赛活动，使孩子们有充分表现的机会，并带动在识字活动中还不够积极的孩子热情参与。

4. 自主识字本展示会

虽然在自主识字活动中我们遵循“顺其自然”的原则，可以只识不写，不规定硬性统一的任务，但为了把无意识地接触汉字变成有意识地认字，教师可以鼓励学生把自己主动识记的字作一些收集和整理工作。其中有一种方法深受学生欢迎，就是引导学生把日常生活中看到的报刊的标题刊头、产品介绍资料、食品包装等收集起来，从中选取自己感兴趣的字识记，然后剪下来（也可保持原貌），贴在自主识字本上，并进行编绘。这种自主识字本图文并茂、生动有趣，更能促进孩子对识字活动产生浓烈的兴趣。在自主识字本展示会上，孩子们尽情地展示自己的得意之作，相互交流，共享乐趣，既充分肯定了自己的劳动，又能从中感受到满足和成功。

识字教学中，通过各种途径和方法鼓励并引导学生自主识字，开放识字的渠道，学生可以从中感受到学习和创造带来的快乐，这样不但确立了学生在学习中的主体地位，还有利于培养学生自主学习的意识和习惯，而且还能在不断的“新发现”中满足学生的成功感，使“苦学”变成了“乐学”，激发他们的创新能力。

六、掌握三套工具

汉字是由音、形、义构成的统一体，要求会写的字必须使学生读准字音，识清字形，理解字义。这就要求学生掌握一些具体的方法。

（一）读准字音的工具

1. 借助汉语拼音读准字音

语文课程标准要求第一学段的学生能借助汉语拼音认读汉字。因此，借助汉语拼音读准字音既是学生必须具备的能力，又是读准字音最常用的一种方法。

2. 利用形声字的特点读准字音

在学生需要认识的生字当中，形声字占的比重最大，因此当遇到不认识的形声字时，可以根据形声字形旁表义、声旁表音的特点推测生字的读音。

3. 容易读错的字的教学方法

汉字中有非常多的同音字、近音字、多音字，这给学生准确地辨认字音带来了困难。为了帮助学生读准字音，对于多音字可以以词定音，例如乐、强、朝等有多个读音的字，将它们放在具体的语言环境中来辨析。对于同音字可以集中辨形，例如带、戴、代；脑、恼、瑙；作、做等读音相同的字，可以进行归类识字，通过辨析字形来确定读音。对于近音字可以定音析义，例如入、若；眺、笑；帮、攀等读音相近的字，可以将它们放在一起进行比较，辨析其读音和意义的不同，避免学生读错、用错。

（二）认清字形的工具

1. 笔画分析法

这是通过分析一个字由哪些笔画组成进行识字的方法，例如“日”字由竖、横折、横、横组成。这种方法适合学生刚学汉字以及学习独体字时用。教学时既要讲清这个字由哪些笔画组成，又要说明笔顺规则，还要指出每一笔画在田字格的位置。这种方法的好处是可以巩固对汉字的零件——笔画的认识，有利于掌握书写顺序，有利于正确认识字形。

2. 部首分析法

这种方法是通过分析一个字的部首，让学生牢固掌握偏旁部首的基本字。如“木、土、火、金、丝、水、手、心、示”等，尤其要使学生掌握它们偏旁化后的形体变化。

手—扌 心—忄 火—灬 水—氵

冰—冫 金—钅 衣—衤 示—礻

要讲清部首的本义，指出部首字的字形和意义之间的内在联系，帮助学生从意义上区别形似的部首，纠正错字。还可用这种方法区别声符相同、部首相似的字。如“氵”代表水和液体，“泉水清冽”的“冽”从“水”；“冫”代表冰，“冫”旁的字与寒冷、凝结等有关，如“北风凛冽”的“冽”。

同形的部首要进行区别，主要从部位上区别。如“阝”在左边是“阜”部，在右边是“邑”部。“阜”是土山，从“阜”的字与山、高有关；从“邑”的字与都城、封地有关。

对相似易混的部首进行归类、比较、分析、辨认。如字头易混的“宀”“冖”“穴”“艹”“⺮”等；左偏旁易混的“氵”“冫”“衤”“礻”等；右偏旁易混的“卩”“阝”“攵”“欠”等；字底易混的“儿”“几”“辶”“廴”等。如“盲”与“肓”，讲清了一个从“目”，一个从“月”，学生就不会混淆了。

有些易混的部首，可以记住少数，掌握一般。如“忄”与“十”易混，只要记住从“十”的字只有“协”和“博”两个字就行。

3. 造字分析法

这是利用汉字的象形、会意、指事、形声等造字规律帮助学生识记字形的方法。例如：

教“日、山、田、火”等字，可用象形作比较；教“上、下、本、刃”等字，可用指事规律教；教“尖、贫、暮、休”等字，可用会意规律教；教“抱、跑、袍、炮”等字，可用形声规律教。

把汉字造字的规律教给学生，可收到举一反三、触类旁通的效果，能使学生深刻地记住字形。

4. 结构重组法

即采用在熟字基础上（加、减、并）学新字的方法进行教学。

“加”的操作，在熟字教学的基础上加笔画或偏旁构成新字，如目→自；良→粮。

“减”的操作，在熟字教学的基础上减笔画或偏旁构成新字，如公→么；何→可。

“并”的操作，两个或几个汉字相并列构成新字，如禾、火→秋；门、口→问；木、又、寸→树。这样就简化了记忆程序，缩小了记忆单位的数量，扩大了组块记忆的容量，同样有利于降低识记字形的难度，提高识字效率。这种教学方法符合小学生的认知心理，有助于把握认知规律，变机械识记为意义识记，提高识字能力。

5. 形近字比较法

这是通过对形近字进行分析比较识记字形的方法。汉字中形近字多，有的笔画相同，位置不同，如“由”和“甲”；有的字形相似，笔形不同，如“处”和“外”；有的字形相似，偏旁不同，如“晴”和“睛”；有的字形相似，笔画多少不同，如“今”和“令”；有的字形相似，笔画长短不同,如“土”和“士”;有的结构单位相同,部件位置不同,如“部”和“陪”;有的音同形近,如“很”和“狠”;有的音近形近,如“很”和“恨”;有的形近音异,如“贪”和“贫”。引导学生通过对形近字字形差异的比较来识记字形,可以降低错别字出现的概率。

6. 口诀字谜法

即利用编口诀、猜字谜帮助识记字形。

口诀

渴了要喝水,喝水要张嘴。(渴—喝)

横折在耳上,右边反文旁。(敢)

字谜

一人躲在草木中。(茶)

一尺一。(寺)

这两种方法能较好地表现文字符号所表示的意义,也有助于儿童从多变的汉字中进行分析比较,发现某些规律,从而增强判断推理能力。

7. 直观形象法

例如,一位教师教“身”字,他把身子一侧,左脚向前一踢,对学生说:“大家看,这就是‘身’字的字形,‘身’字上面的一小撇,好像一个人的头部,中间部分是身子,身子里面有心、肺、肠、胃等器官,下面部分好像两只脚,一只脚站着,一只脚向前踢出去。”学生看了字形,又看看老师的姿势,会心地笑了。看图识字也是直观形象法的运用。

(三)用活字义的工具

汉字是表意文字,绝大部分汉字有独立的意义。字义教学对学生掌握字形有很大帮助,可以减少机械识记,增加意义识记。汉字具有同义、近义、多义、反义等复杂现象,所以从字的教学开始,就要帮助学生建立正确的概念,使之领会字义的内容、感情色彩和用法,不断丰富学生的词汇并能正确地运用于读写。字义教学要联系学生已有的知识经验和具体的语言环境,坚持直观性原则,选择恰当的教学方法,激发学生学习兴趣,使学生领会字的含义和用法。

1. 构字法

这是根据汉字的造字规律帮助学生理解字义的方法。如象形字“爪”,像手指状,教师根据字形稍加描绘,学生不但能了解字义,还能掌握字形;学习指事字“互”,教师告诉学生:“互”字上下两横的中间,竖折和横折相互勾连,相互靠在一起,表示互相依靠、互相帮助的意思;学习会意字“休”,教师告诉学生:左边是人,右边是木,表示人疲劳了,靠在树木旁休息;学习形声字,教师讲清偏旁部首表义,基本字表音的特点。这种方法既可使学生掌握汉字的构字规律,又能使学生正确理解字义,还可提高学生学习汉字的兴趣。

2. 直观法

这是通过观察实物、图画、表情、动作、实验、表演等帮助学生理解字义的方法。如教“尖”字,让学生看圆锥体,使其知道上小下大就是尖;教“拿”字,做手指一合就拿住东西的动作;教“灭”字,做火上加盖就灭的实验。这种方法形象直观,学生学了以后印象深刻。

3. 联系法

这是运用学生经验中熟悉的词语和具体事物来理解字义的方法。如学“昔”字，告诉学生就是我们平常所说的“从前”；学“潜伏”一词，可联系电影中有关的场面使学生懂得潜伏就是为了完成某种任务而隐藏、埋伏的意思。这种方法可以唤起学生已有的生活经验，达到牢固地记住字义的目的。

4. 运用法

这是通过组词或造句帮助学生理解字义的方法。在汉语中，词有单音词、复音词之分。当一个字同时也是一个词时，可以以这个字为单位进行教学；当一个字不能表示一个意思时，就必须和别的字组成复音词来教。有些字因组合的不同，意义也随之变化。如“恶”，组合为“凶恶、恶劣、恶毒、恶霸”时，读 è；组合为“可恶、深恶痛绝”时，读 wù。

有一些虚词或含义较深的字，必须通过造句才能准确地理解字义，如学习“好像”，可通过句子“我们的生活好像蜜糖一样甜”，使学生体会到“好像”是打比方的意思。再如语气词“啊、啦、呀、吗”的运用等。

5. 比较法

这是通过找近义词、反义词让学生理解字义的方法。教学时，对生字多分析，多比较，可以准确地理解字义，区分具体事物的细微差别，提高理解、运用语言的能力。汉字中有许多字，从意义上看是基本相同的，只是在程度、色彩和使用范围上不同，如“拿”和“取”、“赠”和“送”、“吃”和“食”。通过近义比较，既能帮助学生理解字义，还能使学生学会准确用词。汉字中还有许多反义词，如“苦”和“甜”、“进”和“退”、“正”和“反”。通过反义比较，学生对学过的生字易懂易记，还能加深对字义的理解。

6. 类推概括法

这是通过类推和概括的方法去理解字义的方法。类推法是通过熟悉的总概念去认识个别概念。例如食具是总的名称，根据各自不同的特征和用途，分为碗、匙、盆、碟等。学习“碟”时，可以告诉学生这是一种食具。概括法是通过熟悉的个别概念认识总概念。例如学“文具”这个词时，可以告诉学生，笔、墨、纸、砚都是文具。

虽然按字音、字形、字义三个方面分别介绍了一些具体的教学方法，但在实际教学中，彼此之间是互相渗透的，音、形、义的教学往往是紧密联系在一起的。教师可以根据学生的学习情况和生字的难易程度有针对性地选择某一种或几种方法使用。

第四节 写字教学的策略

小学语文是基础教育的重要学科之一，而写字教学是小学语文教学中基础之基础。它是中国义务教育小学阶段语文教学的重要任务之一，同时也是素质教育的一项重要的教学内容。学生通过长期的写字训练，可以受到美的熏陶，陶冶高尚的情操，培养审美观念和一丝不苟、爱好整洁等良好习惯。由于受过去应试教育的影响，许多学校虽然开设了写字课，但形同虚设,有的教师忽略了写字教学,把写字课挪为他用,有的只重形式,忽视过程,教学要求不严,对学生的书写指导不到位。因此,改进教学方法,提高教学效率,对于提高学生的书写能力,进而提高学生的语文素养,意义是非常深远的。

一、提高思想认识,重视写字教学

写字教学在小学语文教学中占很重要的位置,是听、说、读、写四大基础训练中的重要组成部分,是极其重要的基本技能之一。小学阶段的写字训练,影响学生一生的学习和工作。因此,加强写字教学是所有教师的共同任务。教师应提高对写字教学的认识,充分认识到写好字的重要性,明确写字教学的目的、意义。具体分析,写字教育有以下重要意义:第一,写字教学是巩固识字教学的有效手段;第二,打好写字基础,培养书写能力;第三,培养认真负责的学习习惯;第四,培养对祖国语言文字的热爱,进行审美教育。小学语文课程标准对各学段的写字提出了明确的要求。

第一学段:掌握汉字的基本笔画和常用的偏旁部首,能按笔顺规则用硬笔写字,注意间架结构,初步感受汉字的形体美。

第二学段:能使用硬笔熟练地书写正楷字,做到规范、端正、整洁。用毛笔临摹正楷字帖。写字姿势正确,有良好的书写习惯。

第三学段:硬笔书写楷书,行款整齐,有一定的速度。能用毛笔书写楷书,在书写中体会汉字的美。

二、培养学生的写字兴趣

兴趣是学习的巨大动力,也是学生最好的老师。学生如果能有浓厚的兴趣学习,便会由被动变成主动,心情变得愉快,注意力就能变得持久,观察力也能变得敏锐,想象力也会变得丰富,也容易保持兴奋的学习劲儿。

写字,是以汉字为载体的,具有独特的抽象性,是人与人之间交流的一种方式,亦是书写者传达自己思想感情的外在流露,因而它又具有思想性和工具性。正是写字所具有的种种特性,使学生常常会感到比较枯燥和乏味,对写字产生厌倦。写字是借助于线条的切割和计黑当白的空间分布来表现的,它不能像绘画那样呈现五彩缤纷的形象世界,再加之学生年龄小,自控能力较差等种种因素,为此,兴趣便成为决定写字教学成败的重要前提,在写字教学的起始阶段就应当十分重视对学生写字兴趣的激发和培养。那么,我们该如何行之有效地去培养学生的写字兴趣呢?

(一)让学生明确写字的目的

使学生认识到写好字不仅能准确顺利地交流思想、互通信息,而且写字也是一门艺术,能给人以美的享受,陶冶人的情操。

(二)使写字教学富有趣味性

写字的对象是汉字,而每一个汉字又都是抽象的文字符号,具有一定的固定模式,故而学生常常会陷于机械的书写过程,使写字在单调、连续的操作中成为一种消极的过程,因此,写字教学中强调快乐学习更为重要。

（1）善于从写字教材和写字实践中挖掘出一些有趣的东西，如在教学中适当渗入一些幽默化的语言和某些生动形象的动作，可以使学生感受到写字是一种享受，从而乐于学习。

（2）运用直观生动且比较贴近生活的实物作为被书写的对象，把抽象化的文字符号转变为具体直观的形象化实物线条。

（3）讲述古今中外书法家的故事，介绍他们的主要事迹，学习他们勤奋好学和持之以恒的精神，养成坚韧不拔的学习态度。

（4）根据儿童好胜心强、自尊心强的特点，举办多种形式的作业展览，组织各种形式的书法比赛，有意引进"竞争"意识，激发学生的学习兴趣，调动学生学习的积极性。

（5）在写字时学生容易产生疲惫烦躁的情绪，放些悠扬的轻音乐，无疑会使学生们心情舒畅，心境开朗，从而使注意力重新回到练习中去。

（三）让学生体验成功的快乐

苏联教育家苏霍姆林斯基说过："你在任何时候也不要给学生打不及格的分数，否则容易使儿童产生自卑感，从而失去学习的兴趣。请记住：成功的快乐是一种巨大的情绪力量，它可以促进儿童好好学习的愿望。"教师要随时注意心理效应，要善于发现学生的闪光点，并加以肯定，使学生产生一种愉快的情感体验，比如在作业批改上，每次要加以适当的表扬，一定会有效地支撑学生奋发向上，增强克服困难的勇气与自信心。

三、培养学生良好的写字习惯

写字教学对小学生来说，关键是打基础，而写字姿势和执笔方法又是基础中的基础，教师在教学中切不可忽视。尤其是低年级学生，从小对他们进行良好习惯的培养，将会让他们受益终生。

（一）使学生掌握正确的写字姿势

培养良好的写字习惯，就要从认真写铅笔字开始，从保持正确的写字姿势开始。让孩子保持正确的写字姿势，仍然是当前语文教学中比较突出的薄弱环节。语文教师应从实施素质教育的高度，从培养学生良好的学习习惯和促进学生身心素质全面发展的高度，义不容辞地承担起指导、督促学生始终保持正确读写姿势的任务。

正确的写字姿势是：身体坐正，两肩齐平，头正，稍向前倾；坐直，胸挺起，胸口和桌沿离开一拳左右，两脚平放在地上。右手执笔，左臂平放在桌面上，用左手按纸。本子要端端正正放在桌上，当字写到每页的三分之二时，把本子往上移一移，以免把肘臂移到桌下，影响把字写好。眼与纸面不可过近，保持一尺左右。开始练习时，这样的姿势很难维持，要经常提醒纠正，养成习惯。指导学生正确的写字姿势，可用标准姿势的挂图，讲清正确姿势对健康和写字的重要意义，可把挂图挂在墙上，让学生经常对照。还可以把写字姿势要领编成儿歌，让学生经常唱着记牢："头摆正，肩放平，身子挺直稍前倾，两腿并拢脚放平。"

（二）指导儿童执笔方法

执笔正确与否，直接影响到书写的速度与质量。以往教学中，许多教师对写字姿势的理解只停留在“三个一”上，对最为关键的执笔方法，往往不能提及。正确的执笔方法应该是：右手执笔，在离笔尖约一寸的地方，大拇指与食指的关节自然弯曲，中指在内侧抵住笔杆，无名指和小指依次自然地放在中指旁，并向手心弯曲。笔杆斜靠在虎口上，虎口呈扁圆形，笔杆和纸面呈三十五度左右，只有保持这个倾斜度，才能看清自己写的字，就不会歪着头，趴在桌子上，无法保持正确的坐姿。

开始练习时，要让学生摆好写字姿势和执笔姿势以后再写字，教师逐个检查，对于不合要求的地方，不能轻易放过，要耐心纠正，具体指导。在写字过程中要教育学生养成爱惜和节约书写用具的习惯，指导学生保管好书写用品，并且有条不紊地使用学习用具，尽量少用橡皮、涂改液、改正纸。对写字的要求，数量要适度，不能要求学生一下子写很多字，尤其是初入学开始写字时，要写慢、写好，逐步提高写字数量。除此之外，还要争取家长的配合，注意矫正儿童不正确的姿势，并根据家庭情况，尽可能地给儿童创造良好的学习条件。

（三）教给学生写字的方法技巧

1. 笔画的指导

笔画是汉字结构的最小单位，是组成汉字的基本要素。所以，学会基本笔画，是练字的基本环节。在学习新字之前或同时，要让学生先认识笔画的名称，再结合有关事物的图像，让学生认识基本笔画的形态特点。可以用笔画的运笔图帮助学生掌握基本笔画的写法，或者把笔画的写法编成歌诀，引导学生掌握规律，提高书写基本笔画的自觉性。对于低年级要充分利用田字格，帮助学生找到起笔、收笔的位置。

2. 写好字，笔顺规则不可忽视

汉字书写的笔顺规则常见的有七条：先横后竖；先撇后捺；从上到下；从左到右；从外到内；先里头后封口；先中间后两边。

首先，在教师指导下，先让学生观察分析笔画正确的书写顺序，丰富感性认识，比较相同点，再帮助学生概括笔顺规则，提高理性认识；其次，让学生阅看课本的生字表，寻找适合的字例，扩大认识范围；最后，指导书写，使之回到书写实践，巩固提高，训练学生能自觉地按照笔顺规则来写字。

3. 对田字格的书写指导

田字格是儿童初学写字时使用的，它的四个区域和横竖两条中线，可以帮助儿童安排好字的间架结构，将字写得正确工整。教师要指导学生特别注意田字格中的横中线和竖中线，以掌握字的中心，并且写字时注意不要把格子都占满，四周留一点空隙。

在写字前，用手或铅笔边说边指出田字格部位，引导学生注意各种结构单位搭配时的比例，让学生把握田字格方位。

综上所述，写字教学是继承和弘扬中华民族传统文化的一项基础工程，对提高学生科学文化素质，促进学生身心健康具有直接影响，对学生意志的磨炼、情操的陶冶、坚强品格的培养都会产生潜移默化的作用。“字如其人”“字正人正”，教师应该摒弃那种“熟读唐诗三百首，不会作诗也会吟”的传统的机械练习的陋习，而代之以科学的、合理的、有效的教学方法，使写字教学既新又活。

思考与练习

1. 现代识字写字教学改革实验有哪些?
2.《全日制义务教育语文课程标准》对小学阶段学生的识字写字能力有哪些要求?
3. 如何提高识字写字教学的效果?
4. 阅读以下案例,作简要点评。

案例1《自选商场》①(人教版语文第一册识字二 第二课)

师:听说日新超市正在搞促销活动,有的商品可以免费赠送。想要免费商品吗?(学生纷纷说想)

师:闭上眼睛老师带你去。(教师通过课件展示商品。学生睁眼,欣赏商场里琳琅满目的商品)

师:看到这些商品你想说什么?(学生说东西真多,等等)

师:课件出示,自选商场里东西真多。(学生自拼,自读,指名读)

师:"东""西"两个字认识吗?在哪儿看到过?

(说明:"东西"连起来是一个词,指物品)

师:我看有些小朋友迫不及待想获得免费商品了,可我听说并不是所有商品都免费,到底什么商品免费呢?有什么要求呢?我们去看个明白。(课件出示"商场海报"与物品照片)

师:呀,还要过关,有信心吗?开始闯关!第一关,请你看拼音,读出免费商品名称!

miàn bāo	xǐ yī fěn	qiān bǐ
niú nǎi	yá gāo	huǒ tuǐ cháng
zuò ye běn	chǐ zi	máo jīn

(指名拼读,齐声拼读,齐声直呼)

师:第二关,请你直接读出免费商品名称。

面包	洗衣粉	铅笔
牛奶	牙膏	火腿肠
作业本	尺子	毛巾

(生:先在小组内互读,认读有困难的组员互相帮助。然后各组派一位代表认读)

师:第三关,请你想办法记住下面的字。

包 笔 奶 牙 作业本 尺 毛巾

(记字形,记住了哪个字就说哪个字,结合学习新偏旁"女"和"竹",并说说由"女"组成的合体字还有哪些,用"笔"扩词)

师:我们终于拿到了免费商品,让我们交给收银台的阿姨,请她包装一下。可收银台阿

① 张海燕."自选商场"识字教学案例[DB/OL].[2014-07-21].百度文库.

姨说:"小朋友,请你帮忙分类,我好分类装袋。"(学生分类说理由)

师:今天到自选商场购物大家都很感兴趣。我们在自己教室里也办一家超市,好吗?

(1) 教师当"总经理",佩戴"总经理"牌子。

(2) 请各小组的组长佩戴"销售经理"牌子。

(3) 招聘营业员,佩戴"营业员"牌子。

条件:基本读准教师准备的商品名称,并会用一两句话介绍商品。

(4) 各小组模拟超市连锁店,学生摆出各自准备的商品包装袋,超市开张。

促销活动:

(1) 顾客基本认准包装袋上的商品名称,就算买到商品。

(2) 文明的顾客由"销售经理""营业员"奖励小红星一颗。

(3) 顾客凭小红星到"总经理"处领小礼物一件。

案例 2

创设情境:聪明的小朋友,想让花儿开得快些吗?来,我们请小雨点来帮忙吧!(教师顺次贴出写有生字的"小雨点"卡片:"擦""抄""拾""摔""拨""拦""摸")

师:小朋友们,和我们的生字宝宝问个好吧。

生(全体):擦,你好!抄,你好!

师:剩下的生字一起问声好吧。

生:拾,摔……你们好!

师:你想教大家认什么字?用什么方法记?

生:猜字谜,手在发抖(拨)。

生:兰兰有一双胖乎乎的小手(拦)。

师:能把学过的知识加以运用,真不错!

生:我想教大家认"抄",用换一换,把"沙"的"氵"换成"扌"。

生:我用加一加,兰州的"兰"加上"扌"。

师:你认识的地方可真多!

生:我记"擦",五一桥附近有个检察院,检察院的"察"加上"扌"就是"擦"。

师:我要表扬你,因为你平时很注意观察周围的事物,真是一个聪明的孩子!

师:这些字有什么特点?

生:都有"扌"。

师:你们的心可真齐,都想到一块儿去了。再给你们一分钟记生字。(学生记生字)

师:下面我们一起来做个游戏,老师做动作,你们来猜猜是哪个生字。(学生根据动作猜生字)(师指生字,余生做动作,指名二人猜)

师:下面的同学也很重要,你们做好动作,他们才能猜得出来。(游戏结束)

师:为你们也为大家鼓鼓掌,小蜜蜂被你们的合作精神感动了,又为你们开出了花瓣。(师贴花瓣)

案例3

师：小朋友们，这节课我们来做个转盘游戏。（出示“包”）你们认识吗？
生：（异口同声地说）是“包”字。
师：这个“包”可神奇了，它可以和许多偏旁组成新字。（出示“火”“艹”“饣”“氵”）
（生自由读）
师：谁先记住这些字，就让他当小老师带领大家做游戏。
师：我开始转转盘，包与火组成什么字？
生：这是“炮”。
师：什么炮？
生：火炮。
师：什么是火炮？（出示图片理解火炮）
师：你怎么记住“炮”？
生：炮遇到火就着，所以部首是火字旁。
生：火加包就是炮。
生：炮与火药有关，所以是火字旁。
师：方法不错。转盘又转了，组合成“苞”字。
师：这是什么字？
生：这是“花苞”的“苞”。
师：这个字是什么偏旁。
生：草字头。
生：这个“苞”一定和植物有关系。
师：见过花苞吗？没开放的花朵，正要开放的花朵。（简笔画释义）
（教师转转盘组合成“饱”字）
师：这是什么字？指名读。（出示“饱”，饱满）
师：“饱”还可以组哪些词呢？
生：吃饱。
生：饱和。
生：饱满。
师：“饱满”是什么意思呢？我们看这是什么？（出示豆荚）谁到前面来摸一摸？
生：我来。（生跑到前面摸豆荚）
师：你感觉怎么样？
生：摸在手上感觉豆荚胖胖的。
师：胖胖的，就是我们经常说的“丰满”。
师：“饱满”的意思明白了吗？
生：知道了，“饱满”就是“丰满”。
师：今天，我们小朋友上课精神很饱满。那这个饱满也是丰满吗？

生：我知道老师，不是，这里的饱满是“充足”。

师：你真聪明。“饱满”这个词在字典中的解释是：①丰满；②充足。我们要根据不同的句子理解词语的意思。

（师继续转转盘，认识“泡”）

师：这是什么“泡”？

生：“水泡”的“泡”。

师：我们看图画，小鱼在吐泡泡呢！

师：小朋友你们看，它们什么地方相同？

生：都有“包”。

师：也有不同的地方，你看出来了吗？

生：部首不同。

师：老师告诉大家，其实啊，它们都是形声字家族的，形旁表义，声旁表音。我们一起来记住它们的名字。（齐读）

师：小朋友真棒！记住了这些字并理解了意思，轻松一下做个猜字游戏好吗？

（生齐声说“好”）

师：火字旁边站，一声火炮响。它是谁？

生：炮。

师：草帽头上戴，像朵荷花苞。它是谁？

生：花苞的苞。

师：加点白米饭，肚子撑得饱。它是谁？

生：饱。

师：左边加三点，爱把水泡冒。它是谁？

生：泡。

师：小朋友真厉害。包不仅和草字头、食字旁、三点水、火字旁交朋友，它还和提手旁、衣字旁等都交上了朋友。

（师出示“袍”“抱”等词语，引导学生识记）

案例4

哈尔滨市师范附属小学小王老师勇于探究，善于创新，创造了在生活中自主识字的经验，值得借鉴。①

一年级新生刚入学，小王老师就给每个学生制作了一张名片。火柴盒大小的一块硬纸板，描上花边，贴上学生的寸照。照片下面写上各自的姓名。再用一张泡沫塑料板将全班学生的名片粘好，固定在教室后面的黑板上，名曰“群英谱”。每当课余，学生不约而同地聚集在“群英谱”前，有的介绍自己的姓名，有的寻找同桌的大名，有的指点伙伴的照片，有的说明自己名字的含义。一时间，好不热闹。在愉悦的气氛中，孩子们既认识了汉字，又结下了纯

① 白金声．自主识字教学一例［J］．小学语文教师．2010(07)：84，85．

真的友谊。

小王老师说:“一年级小学生刚入学,对身边的小伙伴不熟悉,他们好动、好奇、好胜、好玩,我顺着儿童的天性,不失时机地抓住其心理,将‘群英谱’推出来,在入校月余学完汉语拼音的同时,孩子们不知不觉地就认识了一二百个汉字,其中不乏生僻的姓名用字。虽然这些字他们不会讲、不会写、不会用,但在孩子们色彩斑斓的世界里,这些文字符号已深深地刻在了他们幼小的心灵里。这叫无师自通生活识字。我举一个例子:学习教科版一年级下册《太空生活趣事多》这篇课文,在认读生‘宇航员’的‘员’时,一个学生站起来说,这个‘员’是多音字,也念 yùn,是我们班长员小兵的‘员’。此时,员小兵抢着说,这个字也读 yún,用于人名,中国历史上有个名人叫伍员。”

第五章 阅读教学

阅读教学是语文教学的基本环节,是形成学生语文能力的重要基础,是母语教育的主要载体。在小学语文课堂教学中,阅读教学比重最大,用时最多。阅读教学的效果直接决定着语文课程教学的效果,决定着人才培养的质量。

第一节 阅读教学的目标与任务

一、阅读教学的目标

语文课程标准在总体目标与内容部分提出:具有独立阅读的能力,学会运用多种阅读方法。有较为丰富的积累和良好的语感,注重情感体验,发展感受和理解的能力。能阅读日常的书报杂志,能初步鉴赏文学作品,丰富自己的精神世界。能借助工具书阅读浅易文言文。背诵优秀诗文240篇(段)。九年课外阅读总量应在400万字以上。

1. 第一学段(1—2年级)

(1) 喜欢阅读,感受阅读的乐趣。养成爱护图书的习惯。

(2) 学习用普通话正确、流利、有感情地朗读课文。学习默读。

(3) 结合上下文和生活实际了解课文中词句的意思,在阅读中积累词语。借助读物中的图画阅读。

(4) 阅读浅近的童话、寓言、故事,向往美好的情境,关心自然和生命,对感兴趣的人物和事件有自己的感受和想法,并乐于与人交流。

(5) 诵读儿歌、儿童诗和浅近的古诗,展开想象,获得初步的情感体验,感受语言的优美。

(6) 认识课文中出现的常用标点符号。在阅读中体会句号、问号、感叹号所表达的不同语气。

(7) 积累自己喜欢的成语和格言警句。背诵优秀诗文50篇(段)。课外阅读总量不少于5万字。

2. **第二学段(3—4 年级)**

(1) 用普通话正确、流利、有感情地朗读课文。

(2) 初步学会默读,做到不出声,不指读。学习略读,粗知文章大意。

(3) 能联系上下文,理解词句的意思,体会课文中关键词句表达情意的作用。能借助字典、词典和生活积累,理解生词的意义。

(4) 能初步把握文章的主要内容,体会文章表达的思想感情。能对课文中不理解的地方提出疑问。

(5) 能复述叙事性作品的大意,初步感受作品中生动的形象和优美的语言,关心作品中人物的命运和喜怒哀乐,与他人交流自己的阅读感受。

(6) 诵读优秀诗文,注意在诵读过程中体验情感,展开想象,领悟诗文大意。

(7) 在理解语句的过程中,体会句号与逗号的不同用法,了解冒号、引号的一般用法。

(8) 积累课文中的优美词语、精彩句段,以及在课外阅读和生活中获得的语言材料。背诵优秀诗文 50 篇(段)。

(9) 养成读书看报的习惯,收藏图书资料,乐于与同学交流。课外阅读总量不少于 40 万字。

3. **第三学段(5—6 年级)**

(1) 能用普通话正确、流利、有感情地朗读课文。

(2) 默读有一定的速度,默读一般读物每分钟不少于 300 字。学习浏览,扩大知识面,根据需要搜集信息。

(3) 能联系上下文和自己的积累,推想课文中有关词句的意思,辨别词语的感情色彩,体会其表达效果。

(4) 在阅读中了解文章的表达顺序,体会作者的思想感情,初步领悟文章的基本表达方法。在交流和讨论中,敢于提出看法,做出自己的判断。

(5) 阅读叙事性作品,了解事件梗概,能简单描述自己印象最深的场景、人物、细节,说出自己的喜爱、憎恶、崇敬、向往、同情等感受。阅读诗歌,大体把握诗意,想象诗歌描述的情境,体会作品的情感。受到优秀作品的感染和激励,向往和追求美好的理想。阅读说明性文章,能抓住要点,了解文章的基本说明方法。阅读简单的非连续性文本,能从图文等组合材料中找出有价值的信息。

(6) 在理解课文的过程中,体会顿号、逗号、分号、句号的不同用法。

(7) 诵读优秀诗文,注意通过语调、韵律、节奏等体味作品的内容和情感。背诵优秀诗文 60 篇(段)。

(8) 扩展阅读面。课外阅读总量不少于 100 万字。

二、阅读教学建议

(一) 教学建议

阅读是运用语言文字获取信息、认识世界、发展思维、获得审美体验的重要途径。阅读教学是学生、教师、教科书编者、文本之间对话的过程。

阅读是学生的个性化行为。阅读教学应引导学生钻研文本，在主动积极的思维和情感活动中，加深理解和体验，有所感悟和思考，受到情感熏陶，获得思想启迪，享受审美乐趣。要珍视学生独特的感受、体验和理解。教师应加强对学生阅读的指导、引领和点拨，但不应以教师的分析来代替学生的阅读实践，不应以模式化的解读来代替学生的体验和思考；要善于通过合作学习解决阅读中的问题，但也要防止用集体讨论来代替个人阅读。

阅读教学应注重培养学生感受、理解、欣赏和评价的能力。这种综合能力的培养，各学段可以有所侧重，但不应把它们机械地割裂开来。

在理解课文的基础上，提倡多角度、有创意的阅读，利用阅读期待、阅读反思和批判等环节，拓展思维空间，提高阅读质量。但要防止逐字逐句的过深分析和远离文本的过度发挥。

各个学段的阅读教学都要重视朗读和默读。各学段关于朗读的目标中都要求"有感情地朗读"，这是指，要让学生在朗读中通过品味语言，体会作者及作品中的情感态度，学习用恰当的语气、语调朗读，表现自己对作者及其作品情感态度的理解。朗读要提倡自然，要摒弃矫情做作的腔调。

应加强对阅读方法的指导，让学生逐步学会精读、略读和浏览。有些诗文应要求学生诵读，以利于丰富积累、增强体验、培养语感。

在阅读教学中，为了帮助理解课文，可以引导学生随文学习必要的语文知识，但不能脱离语文运用的实际去进行"系统"的讲授和操练，更不应要求学生死记硬背概念、定义。

要重视培养学生广泛的阅读兴趣，扩大阅读面，增加阅读量，提高阅读品位。提倡少做题，多读书，好读书，读好书，读整本的书。关注学生通过多种媒介进行阅读，鼓励学生自主选择优秀的阅读材料。加强对课外阅读的指导，开展各种课外阅读活动，创造展示与交流的机会，营造人人爱读书的良好氛围。

（二）评价建议

阅读的评价，要综合考查学生阅读过程中的感受、体验和理解，要关注其阅读兴趣与价值取向、阅读方法与习惯，也要关注其阅读面和阅读量，以及选择阅读材料的能力。重视对学生多角度、有创意阅读的评价。语文知识的学习重在运用，其概念不作为考试内容。

能用普通话正确、流利、有感情地朗读课文，是朗读评价的总要求。根据阶段目标，各学段的要求可以有所侧重。评价学生的朗读，可从语音、语调和语气等方面进行综合考察；评价"有感情地朗读"，要以对内容的理解与把握为基础，要防止矫情做作。

诵读的评价，重在提高学生的诵读兴趣，增加积累，发展语感，加深体验和领悟。在不同学段，可在诵读材料的内容、范围、数量、篇幅、类型等方面逐渐增加难度。

默读的评价，应从学生默读的方法、速度、效果和习惯等方面进行综合考察。

精读的评价，重点评价学生对阅读材料的综合理解能力，要重视评价学生的情感体验和创造性的理解。第一学段可侧重考察对文章内容的初步感知和文中重要词句的理解、积累；第二学段侧重考察通过重要词句帮助理解文章，体会其表情达意的作用，以及对文章大意的把握；第三学段侧重考察对文章表达顺序和基本表达方法的了解领悟；第四学段侧重考察理清思路、概括要点、探究内容等方面的情况，以及读懂不同文体文章的能力。

略读的评价，重在考查学生能否把握阅读材料的大意。

浏览的评价,重在考查学生能否从阅读材料中捕捉有用信息。

文学作品阅读的评价,着重考查学生感受形象、体验情感、品味语言的水平,对学生独特的感受和体验应加以鼓励。第一学段侧重考查学生能通过朗读和想象等手段,大体感受作品的情境、节奏和韵味;第二学段侧重考查在阅读全文基础上对重要段落和语句的细致阅读,具体感受作品的形象和语言;第三、第四学段,可通过考查学生对形象、情感、语言的领悟程度,以及自身的体验,来评价学生初步鉴赏文学作品的水平。

评价学生阅读古代诗词和浅易文言文,重点考察学生的记诵积累,考察他们能否凭借注释和工具书理解诗文大意。词法、句法等方面的概念不作为考试内容。

要重视学生课外阅读的评价。应根据各学段的要求,通过小组和班级交流、学习成果展示等方式,了解学生的阅读量和阅读面,进而考察其阅读的兴趣、习惯、品位、方法和能力。

第二节　对话理论与阅读教学

学生是语文学习的主体,教师是学习活动的组织者和引导者。语文教学应在师生平等对话的过程中进行。

一、有效对话的特征

从发生学的角度来看,对话作为一种重要的活动形式,最早可追溯到古希腊以及中国的春秋战国时期。对话既是当时学者的一种思维方法,同时也是学者之间进行学术研讨、思想交流和感情沟通的一种重要方式。

以古希腊苏格拉底的对话为例。苏格拉底认为一切知识均从疑难中产生,愈求进步疑难愈多,疑难愈多进步愈大。他认为知识是人们原来已经具有的,人们已在心上怀了"胎",不过自己还不知道,苏格拉底像一个"助产婆",帮助别人产生知识。所以他的教育方式又被称作"产婆术"或"助产术"。

苏格拉底的"助产术",表现在他经常采用"诘问"的形式,以提问的方式揭露对方提出的各种命题、学说中的矛盾,以动摇对方论证的基础,指明对方的无知。

请阅读案例,并思考以下两个问题:

1. 苏格拉底的"助产术"的积极意义体现在哪些方面?
2. "助产术"的实施有没有前提条件的制约?

案　例

一位名叫欧谛德谟的青年,一心想当政治家,为帮助这位青年认清正义与非正义问题,苏格拉底与这位青年进行了下面的对话。

问:虚伪应归于哪一类?

答:应归入非正义类。

问：偷盗、欺骗、奴役等应归入哪一类？

答：非正义类。

问：如果一个将军惩罚那些极大地损害了其国家利益的敌人，并对他们加以奴役，这能说是非正义吗？

答：不能。

问：如果他偷走了敌人的财物或在作战中欺骗了敌人，这种行为该怎么看呢？

答：这当然正确，但我指的是欺骗朋友。

问：那好吧，我们就专门讨论朋友间的问题。假如一位将军所统帅的军队已经丧失了士气，精神面临崩溃，他欺骗自己的士兵说援军马上就到，从而鼓舞起斗志取得了胜利，这种行为该如何理解？

答：应算是正义的。

问：如果一个孩子有病不肯吃药，父亲骗他说药不苦、很好吃，哄他吃下去了，结果治好了病，这种行为该属于哪一类呢？

答：应属于正义类。

问：如果一个人发了疯，他的朋友怕他自杀，偷走了他的武器，这种偷盗行为是正义的吗？

答：是，他们也应属于这一类。

问：你不是认为朋友之间不能欺骗吗？

答：请允许我收回我刚才说过的话。①

苏格拉底的"助产术"是通过对话的方式来实现的。在对话的过程中，思想的闸门被打开了，彼此相互启发，相互碰撞，许多新的观点就会跳跃出来。因此，有效对话的实质就在于有新的意义生成。那么，有效对话是不是在任何时间、任何场合都可以进行呢？显然不是的，它受到一些前提条件的制约，例如环境的宽松、地位的平等、心态的自由等。

二、教学实践中容易出现的不良倾向

正是由于通过对话可以激发思维、丰富知识、发展能力、体验情感，所以语文课程标准特别重视对话在阅读教学中的运用。然而反观教学实践，却非常容易出现两种不良倾向：缺乏对话和虚假对话。

（一）缺乏对话

1. 文本解读的应试化倾向

许多教师在分析具体文章的时候，完全按照考试题型的框架进行讲解。教师还会由此编制出模拟试题，对学生进行强化训练。考试的阅读题型，成为语文阅读教学的出发点和归结点。凡是与考试题型有关的内容，就会在课堂上被无限地放大，并且将得到强化训练；而与考试题型无关的语文基本能力训练，就会草草收场，甚至被偷梁换柱。

① 色诺芬. 回忆苏格拉底[M]. 北京：商务印书馆，1984：112.

2. 教学方法的模式化倾向

巴金先生的《灯》在结尾处写道："想着想着，我不觉朝着山的那一边笑了。"对于这句话的理解，教学参考书中的解读是："山的那一边"指的是解放区，是延安，理由是文章写于1942年的桂林。1942年是抗日战争时期，当时的桂林是国统区，因此"山的那一边"指的就是解放区，就是延安。[①] 但是巴金没有在任何一个场合、任何一篇文章中谈到曾经用了这么一个隐喻。

这样的例子在语文教学中并不少见，师生的活动大多被"公共思维"的套子套住手脚。尤其表现在对"文本"的解读常局限在现成的条条框框里。"唯专家观点""唯权威意见""唯教参解读""唯标准答案"基本上成了学生语文学习的目标所在。众所周知，"有一千个读者，就有一千个哈姆雷特"。对于一篇课文的解读不必定于一尊，学生完全可以根据自己的情感世界、个人经历、生命体验去作合理的阐释与解读。学生有了自己的见解、主张、个性、解读，从而也从不同程度上发展了人。

3. 有机整体的破碎化倾向

文章是一个有机整体，一个词、一个句子、一个段落、一个层次，都与整个文章有着内在的、千丝万缕的联系。可是在一些语文教师的课堂上，常常把一个活生生的文章整体肢解得零散破碎。这种做法会丢失许多宝贵的文章的思想和灵魂，也会使文章的局部和碎片失去活力和生命。

4. 主题理解的单一化倾向

主要表现为文章解读的三部曲，即主题思想、层次结构和写作特点。主题思想的概括也有明确、固定的句式。在分析议论文的结构时，往往是老三段：提出问题、分析问题和解决问题，或者说是绪论、本论和结论。对于写作特点的分析，也常常千篇一律地从语言、修辞、表达方式等方面进行分析和概括，而缺乏文体的独特视野。

（二）虚假对话[②]

1. 掩盖真实意图的对话

案例《董存瑞舍身炸暗堡》

因为是借班上课，上课伊始，年轻的女教师为了活跃气氛，便问学生："你们最崇拜的人是谁？"学生纷纷举起了手，有的说崇拜球星罗纳尔多，有的说崇拜影星赵薇，有的说崇拜棋圣聂卫平……学生交流结束后，教师反问："你们猜，我最崇拜谁？"话音刚落，学生们异口同声地说："老师崇拜董存瑞。"一听这么整齐的回答，坐有近百位听课教师的多媒体教室顿时爆发出一阵哄笑。

2. 游离主题的对话

案例《论雷峰塔的倒掉》

上课后教师问学生要求讲什么，学生问："鲁迅花那么多笔墨讲吃螃蟹的事情，有这个必

---

① 倪文锦. 运用互补观点，正确处理语文教学中的多种辩证关系[J]. 语文教学通讯，2005(03)：6.

② 刘徽，李冲锋. 警惕语文教学中的"假对话"[DB/OL]. [2006-7-11]. 中国课堂教学网网站.

要吗?”教师接过话来说:“好,这堂课我们就讨论这个问题。”于是,学生争来争去,一堂课倏忽过去了。

3. 不具实质的对话

案例《刘胡兰》

师:这篇文章是写谁的?

生:是写刘胡兰的。

师:你怎么知道的?

生:题目就是“刘胡兰”。

师:这个故事发生在什么时候?

生:1947年1月4日。

师:你怎么知道?

生:课文第一句就是这么写的。

师:这个云周西村在什么地方?

(有学生答是在陕北,有学生答是在延安)

师:云周西村在革命根据地。课文中有敌人对刘胡兰说了这么一句话:“你说出一个共产党员给你一百元钱。”谁知道那时发什么钱?

(有学生答是发银圆,有学生答是发铜板,另一个学生则说,那时候的钱中间是有窟窿的)

师作总结说:反正那时候的钱比现在的钱值钱。

4. 独白式的对话

案例《乡愁》

(教师设计了一个提问导语,目的是想让学生说出课题来)

师:如果有个人到了一个遥远的地方,时间一长,他开始想念自己的亲人,这叫作什么?

生:多情。

师:可能是我问得不对,也可能是你理解有误。好,我换个角度再问,这个人待在外乡的时间相当长,长夜里他只要看见月亮就会想起自己的家乡,这叫作什么?

生:月是故乡明。

师(有点急了):不该这样回答。

生(回答的语气显然不太自信了):举头望明月,低头思故乡。(抬头一看教师已是满脸阴云,连忙换了答案)月亮走我也走。

师(继续启发道):我只要求你用两个字回答,而且不能带“月”字。

生(嗫嚅):深情。

好在此时下面有学生接口:叫作“乡愁”,教师才如释重负。

案例《向沙漠进军》

师:作者竺可桢写这篇文章为了什么?

生:是为了改造农田。

师:不全面。

生:为了加强环保。

师:太时髦。

这时有人插话道:为了多拿钱!

教师(很恼火,大声命令):卞某某,你给我站起来!(这一站,就是半小时……)

最后,教师给定的标准答案是——为人民服务!

5. 自说自话、互不碰撞的对话

案例《愚公移山》

甲:我认为愚公是智慧的。

乙:我认为愚公是愚蠢的。

甲:不,你听我说。愚公是智慧的。

乙:现在你听我说,愚公是愚蠢的。

甲:愚公的智慧表现在三个方面……

乙:愚公的愚蠢也表现在三个方面……

阅读教学中的对话是学生面对文本,在教师的组织和引导下,自主感知文字编码运载的信息,调用已有的知识经验与之碰撞、融合、重组,并在表达交流中充实、修正,逐步提升交际能力、接受人文熏陶的过程。对话有三个要素:学生、教师、文本。其中,学生是语文学习的主人,教师是语文学习活动的组织者和引导者,文本是语文学习最为重要的资源之一。

阅读教学中的有效对话是建立在教师、学生积极参与的前提下,紧紧围绕文本内容展开的,因此无论是无视学生主体地位的缺乏对话还是空有对话形式而没有新的意义生成的虚假对话都不是阅读教学所提倡的。

三、如何开展有效对话

(一) 营造环境

如前所述,有效对话的开展受一些前提条件的制约,因此在开展对话之前需要营造适合的环境氛围。

1. 信任与互爱

教师与学生应该共同创设信任与互爱的教学环境。信任与互爱渗透在对话的整个过程与方方面面。教师要相信学生能有自己的见解,将学生视为学习的主人,学生要尊敬教师、相信教师,愿意与教师分享自己的想法。

2. 对话情境与氛围

要开展理想的教学对话,就应善于创设对话情境,形成支持性的氛围。所谓支持性的氛围指的是学生的思维处于被激发的自由状态,问题的答案是多元、开放的,教师对学生的回答耐心倾听并给予恰当引导。

3. 把握时机

于漪老师说过："在课堂教学中，要培养激发学生的兴趣，首先应抓住导入课文的环节，一开课就要把学生牢牢地吸引住。"魏书生老师也说过："好的导语就像磁铁，一下子把学生的注意力聚拢起来。"因此，语文教学要根据课文特点，采用适当的方式导入，像磁铁一样把学生牢牢地吸引住。[①] 上课伊始，就是对话展开的最佳时机。

如教学《晏子使楚》一文时，这样导入："晏子访问楚国，一开始不但没有受到热情招待，而且遭到楚王的侮辱，那么楚王是怎样侮辱晏子的，晏子又是怎样巧妙回击楚王的呢？"这则导语抓住课文的重点，巧布疑阵，而且还明确告诉学生答案就在文中，让学生对课文有兴趣，对解疑有信心，在课的一开始就使学生进入最佳的学习情境，引导学生主动学习。[②]

4. 选好话题

在阅读教学中开展有效对话，话题的选择至关重要，好的话题应该具备以下特征：

（1）话题可以引发整体性阅读，而非"是非题"。例如，请学生为《中国石拱桥》添加副标题，用一个字概括《皇帝的新装》的故事情节，学生思考的过程同时也是再次整体感知文本、深化对文本的理解的过程。这样的话题比简单地问"对不对""是不是""好不好"这样的是非题更能促进学生思维能力的发展。

（2）话题对课文内容和教学过程有内在牵引力，有"牵一发而动全身"之效。钱梦龙老师教《一件小事》时，先让学生自读课文，要求学生按课文后的习题所提示的几个方面理解课文，并提出疑难问题。这时，有学生提了一个问题："文章里的'我'是不是一个自私的剥削者？"不少学生认为，"我"穿的是"皮袍"，出门要坐黄包车，老女人摔倒后"我"又表现出种种自私的心理，因此认定"我"是"剥削者"。但也有不少学生持不同的意见。

钱老师意识到，这个问题不仅是理解课文的难点所在，而且是一个"牵一发而动全身"的关键问题，而学生中存在对立的意见又有利于激发学生争论的热情。于是钱老师要求学生带着这个问题进一步细读课文，尽可能从文章里找出支持自己的观点的根据，然后以《谈谈〈一件小事〉中的"我"》为题写一个发言提纲，准备在课堂上针对不同意见进行辩论。

在整个辩论过程中，教师不作"权威性"的发言，只是在学生争论不决的关键时刻，提出一些启发性的问题供学生思考。如对"我"抓出"一大把铜元"这一行为的理解，有的学生说这是"剥削者"怜悯穷人的一种"施舍"行为，有的学生则认为是"我"被车夫的精神所感动的表现。钱老师对此没有表态，只是建议争论的双方注意：不要孤立地评价"我"的某一行动，而要把课文前后联系起来思考，每发表一个意见都要以课文为依据。

最后，学生从进一步阅读课文中明确：从上文看，"我因为生计关系，不得不一早在路上走"，说明"我"并非有钱人，况且"我"抓出的也不过是一大把"铜元"而已；而抓的时候，"我"是"没有思索"的，说明这是"我"受了车夫的感动以后情不自禁地做出的一种反应。从下文看，"我"又为这一大把铜元而深深自责："这一大把铜元又是什么意思？奖他么？我还能裁判车夫么？"这又说明"我"自觉没有权利"裁判"一个在精神上比自己高大的人，因而深感不安，这就充分表现了"我"严于解剖自己的思想品质。

---

① 贾明海. 激发学生兴趣　提高课堂效果[EB/OL]. [2010-05-05]. 人民教育出版社课程教材研究所网站.

辩论引发了学生深入理解课文的动力，对课文的深入理解又提高了辩论的质量，最后学生取得了共识："我"是一个有爱国心和正义感、又能时时"熬了苦痛"解剖自己并向劳动人民学习的进步知识分子。①

这样的话题就是具有"牵一发而动全身"的作用的话题，它决定着学生能否正确地理解作者写作的用意，能否恰当地定位文中的人物形象。

（3）话题可以促使学生鉴赏语言，发展思维。名家名作往往用词精炼、含有深意，像这样的文章总有一些非常值得推敲的句子和词语，这就需要教师引导学生在充分品读的过程中，不失时机地抓住可能成为思维焦点的语言，设计开放性的话题，引起学生的认知失调。

例如学习寓言《赫尔墨斯和雕像者》，有两种话题的设计方式：

话题设计一：同学们，从"赫尔墨斯想知道自己在人间受到多大的尊重"这一句中，你能看出赫尔墨斯是个怎样的人？

话题设计二：第一句能否改为"赫尔墨斯想知道自己在人间是否受到尊重"？

通过对比分析可知，第二种话题设计的方式更能启发学生的思维。可见，好的话题可以促使学生鉴赏语言，发展思维，而抓住文中的关键词语、句子设计话题是提高阅读教学效果的一条有效途径。

（4）话题要有指向性。教师设计话题时目的要明确，不要随意发问。例如，教学朱自清的《春》时，请学生以简洁生动的语言给文章的几个画面命名。设计这个话题的目的在于既促使学生细读文本，又使得他们赏析画面，确定重点，命名过程中又运用了语言，锤炼了语言。

（5）话题要有开放性。话题的答案应该是多元的、开放的，唯有如此才能使学生的思维处于自由的激发状态，才可能开展有效的对话。

（6）问题要有语文性。话题的展开应该是紧扣文本并且具有学科特征的，不要做远离文本的过度发挥。例如有教师在教学《背影》时和学生讨论父亲过马路是不是违反交通法；教学《珍珠鸟》时谈把鸟关在笼子里是不是违反动物保护法。这样的做法使语文教学丧失了学科特征，看起来似乎很民主、很开放，实际上却偏离了正常的教学轨道。

5. 警惕对话"陷阱"

有教师执教《孙悟空三打白骨精》，让学生说说自己对课文中角色的看法，有学生说：白骨精身上也有优点，她屡败屡战，不怕困难。老师当即表扬：你的见解很有新意！于是，又有学生说：白骨精还有孝心，吃唐僧肉还不忘老母亲！老师说：你的看法很有道理！

所谓陷阱，指的是使人难以提防、极易被骗的状况。要避免落入陷阱，需要教师有高度的敏感性，准确把握阅读教学的原则，掌握开展有效对话的形式。促进有效对话的形式有：

（1）角色转换。例如，在教学《走一步，再走一步》时，可以抓住"应怎样面对困难"及"当别人遇到困难时怎么办"两个重点，请学生扮演课文中的某个人物，谈谈面对困难时自己该怎么办，别人需要帮助时自己又该怎么办。

（2）自创作业。作业往往是教师给予的，其实这个权利也可交给学生。例如学习了

---

① 钱梦龙."语文导读法"的探索过程[EB/OL].[2007-11-17].中国教师站.

《〈论语〉十则》,可以给学生出情境型填空题:当你的朋友因为被人误解而伤心时,你可用孔子的哪句话安慰他?同样的,让学生也出题考老师或同学,他们一定很有兴趣。

(3)微型写作。例如可以请学生为《春》《济南的冬天》《秋》等课文中描写的画面命名,提高其语言的运用能力。学习古代诗歌,可以根据诗句发挥想象,用语言描绘诗歌所表现的内容画面,以了解诗歌所蕴涵的意境。

(4)配插图,列图表。例如教学《核舟记》,为了加深学生对文章中人物方位的把握,可以让学生画苏轼、佛印和黄庭坚三人的姿态简图。通过绘画能特别有效地记忆与理解。在学习说明文时,可以让学生尝试以列图表等策略促进学生有序、有法、有效地与文本对话。

6. 提高素养

实施有效对话对教师素养提出了较高要求。在对话过程中教师要做到耐心等待,有效倾听,多元评价,有效激励。对学生进行评价时忌"全盘否定",重肯定激励;忌"夸大其词",重强调示范;忌"丧失原则",重思维引领;忌"评而不点",重内容拓展。

总之,有效对话集中体现在三个方面的要求上:

时间要求——在单位时间内,对话始终围绕教学内容展开。

效益要求——在对话后,学生对文本的解读或阅读能力有提升与进步。

体验要求——整个对话的过程中,学生表现出的应该是一种积极的愉悦的情感状态。

第三节　多元解读与阅读教学

语文课程丰富的人文内涵对学生精神世界的影响是广泛而深刻的,学生对语文材料的感受和理解又往往是多元的。因此,应该重视语文课程对学生思想情感所起的熏陶感染作用,注意课程内容的价值取向,要继承和发扬中华优秀文化传统和革命传统,体现社会主义核心价值体系的引领作用,突出中国特色社会主义共同理想,弘扬以爱国主义为核心的民族精神和以改革创新为核心的时代精神,树立社会主义荣辱观,培养良好思想道德风尚,同时也要尊重学生在语文学习过程中的独特体验。

阅读是学生的个性化行为。阅读教学应引导学生钻研文本,在主动积极的思维和情感活动中,加深理解和体验,有所感悟和思考,受到情感熏陶,获得思想启迪,享受审美乐趣。要珍视学生独特的感受、体验和理解。教师应加强对学生阅读的指导、引领和点拨,但不应以教师的分析来代替学生的阅读实践,不应以模式化的解读来代替学生的体验和思考;要善于通过合作学习解决阅读中的问题,但也要防止用集体讨论来代替个人阅读。

一、什么是多元解读

多元解读指的是,读者能够透过作品的语言体系,在理解其中的社会、历史、传统的蕴涵的基础上,对其做出具有个性色彩的种种有说服力的可能的阐释与解读。它是针对传统阅读教学追求阅读理解的整齐划一提出的。

西方谚语有“有一千个读者就有一千个哈姆雷特”，我国古人也有“仁者见仁，智者见智”“诗无达诂”的说法。这些都是多元解读的表现，可见多元解读是一种客观存在的阅读现象。但是，长期以来，由于受应试的干扰，片面追求“唯一答案”的“一元解读”一直是中小学阅读教学的主要价值取向。例如读《从百草园到三味书屋》，必然是对封建教育制度的深刻反思与批判；读《宋定伯捉鬼》，必定是人定胜恶；读《荷塘月色》，少不了对于小资产阶级知识分子的苦闷情绪的批判；读《骆驼祥子》，就是个人奋斗没有出路。这种做法不仅异化了阅读教学，而且泯灭了学生的个性。

正是在这种背景之下，语文课程标准提出了多元解读。这就要求我们对传统的阅读教学的价值观进行重新审视，从过去按照教参的“定论”进行强制灌输的“一元解读”，转变为在教师、学生、文本对话的基础上的“多元解读”。

二、如何进行文本多元解读

（一）发扬民主教学，建构文本多元解读平台

和对话理论在阅读教学中的运用一样，在阅读教学中体现多元解读的理念同样受到一些条件的制约，因此形成信任与互爱的师生关系、营造支持性的氛围也是进行文本多元解读的前提。

（二）善于抓住文本切入点，有效进行多元解读

1. 从文本内容入手

莫怀戚的《散步》是一篇玲珑剔透、秀美隽永、蕴藉丰富的精美散文，也是一曲由580字凝成的真善美的颂歌，讲的是一家人祖孙三代，在初春的田野上散步，和和美美，相亲相爱的故事。读这篇文章的历程，是人的心灵在亲情、人性、生命这三点构成的轨迹上的一次愉悦而高尚的旅行。学生熟读课文后，获得了美好的阅读印象，完成了对课文的整体感知。在就文本内容进行交流时，有的学生谈到了一家人互相包容、互相体谅的精神，有人谈到了可贵的亲情、温馨的气氛，有人谈到了尊老爱幼的美德，有人谈到了春天美丽的景色、生命的气息……

再如，教学《我的第一本书》，在学生自读文本、尽情触摸文本后，教师问：你了解到了哪些内容？学生的答案是丰富多彩的，有的说：我了解到了社会黑暗；有的说：我了解到了友情的珍贵；有的说：我了解到了父爱；有的说：我知道了父亲心灵手巧；等等。

这些都是对文本内容的多元解读，虽然学生解读的结果各不相同，但都是建立在尊重文本、与文本真诚对话的基础上的，只要有理有据，能够自圆其说，就都值得肯定。

2. 从文本语言入手

汉语具有朦胧、模糊、多义的特点，这为文本的多元解读提供了可能性。

例如，《我的第一本书》末句“人不能忘本”的“本”在这里指什么？根据“本”字的多个义项，可引导学生概括出父亲的教育、父亲的希望、友情的重要、亲情的温馨、生活的艰辛等。

再如，《盲孩子和他的影子》末句“我们都是光明的孩子”如何理解？由于“光明”一词具有多义性，因此对这句话的解读也是多样的：我们都是幸福的孩子；我们都感受到生活的光

明和美好;我们都是美丽的、品质高尚的孩子;等等。

这些解读也都是建立在尊重文本、与文本真诚对话的基础上的,因此只要有理有据,能够自圆其说,也都值得肯定。

3. 从文本主旨入手

例如对《从百草园到三味书屋》的主题的理解有以下三种观点:

(1) 用百草园的自由快乐衬托三味书屋的枯燥无味,揭露和批判封建腐朽、脱离儿童实际的私塾教育。

(2) 用百草园的自由快乐同三味书屋的枯燥无味作对比,表现了儿童热爱大自然、喜欢自由快乐生活的心理,同时对束缚儿童身心发展的封建教育表示不满。

(3) 通过对百草园和三味书屋的回忆,表现了儿童时代对自然的热爱,对知识的追求,以及天真、幼稚、欢乐的心理。

这几种理解都建立在仔细阅读和分析文本的基础上,也都可以从文本中找到依据,因此也都是正确的。

4. 从人物形象入手

文学作品中的人物形象生动、丰满且具有鲜明的性格特征,但就像西方谚语所说的"有一千个读者就有一千个哈姆雷特"一样,对于这些人物形象的解读也往往是多元的。

例如在教学《皇帝的新装》时,教师让学生读课文之后,给文章加个副标题——"一个什么样的皇帝"。学生们的积极性很高,发言踊跃,有的拟为"一个愚蠢的皇帝",有的拟"一个虚伪的皇帝",有的拟"一个不可救药的皇帝""一个昏庸的皇帝"……这个过程就是学生以文本为依据,从多个角度对人物形象进行多元解读的过程。

5. 从补充文本"空白"入手

例如,《最后一课》的高潮部分写道,韩麦尔先生站起来,"'我的朋友们啊,'他说,'我——我——'但是他哽住了,他说不下去了。"

教师要求学生尽力回归到韩麦尔先生当时的心情,用心去读这一句话,力图创设一种情境,唤起学生情感共鸣。接着教师发问:韩麦尔先生究竟想说什么?那是怎样的难以言状的痛苦?是一种怎样的思想感情的潮水在他的心头汹涌澎湃?请你做一回韩麦尔先生,说出他没有说出的话。

有学生说:我——我——我的朋友们,我的孩子们,你们要永远记住法语,她是世界上最美丽的语言,是我们民族的根,记住她就有了根,谁也不能使我们屈服。

有学生说:我——我——我的朋友们,我的孩子们,虽然我走了,但我今天把爱国的种子撒下了,希望它在你们心中生根发芽。

有学生说:我——我——我的孩子们,我犯下不可饶恕的罪过,在应该好好教育你们的时候却不负责任,我愧对你们!

有学生说:我——我——我的朋友们,我的孩子们,不要悲伤,不要绝望,留着一份信仰,那就是对法兰西的爱。

有学生说:我——我——我的孩子们,这是最后一课,却是你们人生的起始课,你们将从这里走向成熟。

学生们的回答精彩纷呈,这里有主旨的多义性以及解读的生成性,与小弗郎士一样,他们也在经历人生一课:面对失去,我们应该怎样;一个人的心灵是如何成熟的;什么是生命中的根;人要有忏悔意识;等等。

三、多元解读的底线

从“满堂灌”到“满堂问”到“随便说”,无论是文本解读的单一向度,还是文本解读的诠释过度,对学生来说都是一种误导。前者蔽塞了学生理解的多向通道,使学生思维单一,思路刻板;后者则对文本解读牵强附会,使学生断章取义,扭曲了文本的真实意义,使文本意义严重超载。片面强调“多元的个性化阅读”往往致使教学中的文本对话或失之过浅,或失之过深,或失之过偏,甚至出现远离文本的虚假对话、胡乱对话以及无效对话的现象,使语文教学走向盲目和浅薄,它既不能全面落实语文教学的目标,也不符合语文教学的实际。

因此,“多元解读”并不意味着可以无限衍义、漫无边际地乱解乱读,并不意味着可以有绝对的“弹性”,而必须以文本为阅读和批评的中心,必须有一定的价值取向引导和解读范围的限定。读者的主体作用不是万能的,它理应向文本靠拢与挺进。

(一)多元解读要尊重文本,与文本真诚对话

1. 尊重文本,学习文本

文本是作者生命运动的结果,是作者价值观、生命观、审美观的体现。生命的价值是多方面的,它综合地包含在文本中,自然又会多层次、多侧面地折射出来。解读文本,首先必须直面文本,以文本为基础、为前提,整体感知,抓住关键语句,进而深入理解文本。也就是说,解读务必立足于文本,紧扣文本语言,切忌离开文本架空分析、主观臆想。

2. 精研文本,读懂本意

学生只有真正亲近文本,走进文本描述的情感世界,才能产生真实的体验和交流的愿望。从而在主动积极的思维和情感活动中,感悟思考、体验理解,进而获得情感的陶冶、思想的启迪和审美的熏陶。只有这样,阅读教学才能成为学生有意义的学习过程。

漠视文本自身提供的信息,容易导致学生对作品内容的曲解和误读。比如刘成章的散文《安塞腰鼓》中对“黄土高原啊,你生养了这些元气淋漓的后生;也只有你,才能承受如此惊心动魄的搏击!多水的江南是易碎的玻璃,在那儿,打不得这样的腰鼓”的理解,作者只是将江南与黄土高原的特点进行比较,突出了对黄土高原的热爱,对安塞腰鼓的热爱。但有的学生对“多水的江南是易碎的玻璃”理解不当,认为作者言语间有贬低江南的意思,其实作者并没有这样的意图,这就显然违背了作品的原意,是一种误读,而不是我们所提倡的“多元解读”。

因此,在教学中教师首先要给学生充分的阅读时间和独立思考的时间,虚心平气,熟读精思,尽可能让他们用经验、情感对文本进行自主解读;其次要开放阅读空间,创设对话的情境,引导学生对文本进行整体感知、整体把握,以便完整、全面、深刻地认识文本所表达的思想、观点和情感,不至于获得“瞎子摸象”式的阅读体验;再次要注重帮助学生在阅读过程中进行多角度、有创意的阅读,进行批判性、反思性的阅读,不人云亦云,不迷信权威,通过自己的独特感受和个性体验进行自主的探索,吸取那些值得取的,排除那些不足取的,自己才会

渐渐地成长起来。

对于教师自身而言,应对经典文本进行一定程度的赏读。只有当教师首先打开精神空间,被文本感动,同时用自己的生活阅历、文化底蕴来补充课文的知识背景,展现文章语境,才能帮助学生走进文章。同时应深入思考这样几个问题:文本的内在思想核心是什么?文本中是否包含着作者本人尚且未能发掘出的更深层的人文思想?文本的价值该如何体现?文本是用来做“例读”用还是做“引读”用?如果是“引读”,那么,拓展的目的是什么?如何通过拓展来深化思想?

(二)做到“多元有界”,切实提高多元解读效果

1. 多元解读不能脱离语文学习的底线

语文课上学生的阅读毕竟不同于一般的文学作品欣赏,文学作品欣赏时,对作品意义的建构可以更多地发挥读者的主体性和创造性。语文课上学生的阅读是一种在教师指导下有目的的学习行为。学生由于阅读能力、理解水平有高有低,他们对文本的解读自然也有高低之分、深浅之分、正误之分。阅读教学不仅要帮助学生读好课文,更要通过学生的阅读实践培养和提高他们的阅读能力,使学生学会怎样品味语言,怎样捕捉文字背后的隐含信息,怎样获得审美的愉悦,怎样对文本做出既富有创造性又符合文本实际的解读等。因此,作为语文阅读教学中的“多元解读”,它绝不应是“阿Q革命”:想什么就是什么,想怎样就怎样。

对生活阅历还不够丰富、鉴赏水平还有待提高的学生而言,最重要的是先学会倾听、学会领悟、学会吸收。因此,引导学生进行阅读的时候,教师首先是抱着学习的态度,要尊重作者,而不是本着批判的态度去读。

2. 多元解读要注意教学内容的价值取向

语文学科的人文性决定了语文教学担负着对学生的价值观念进行引导的任务。文学艺术的审美,包括对弱小的怜悯,对恶者的贬斥,对崇高的敬仰。在阅读教学中,教师可以以此为契机教育学生弘扬爱心,热爱祖国,健全人格,远离恶习。

同时,教师还要有较强的敏感性。学习《孙悟空三打白骨精》《狐狸和乌鸦》,当学生在课堂上说白骨精屡败屡战,不怕困难的精神值得学习,以及自己要做一个像狐狸那样聪明的人时,教师应该意识到如果社会上真的涌现出一批像白骨精和狐狸这样为达目的不择手段的人,我们的社会将会出现怎样的局面。

可见,多元解读是有底线的,倘若越过这条底线,则搅乱、歪曲了语文学科的人文内涵,有悖于语文教育育人、立人的宗旨。

3. 多元解读不能忽视文本“体裁”的底线

并不是所有的文本都允许或应该提倡“多元解读”。一些文学作品,如小说、诗歌、散文、戏剧等,这些文学作品的主题和人物形象,存在多元解读的可能。而一些非文学作品,如应用文、说明文、政论文等,对于这些作品的主题或形象进行解读,多元就会大大地受到限制,更应该追求一种科学、准确的理解。如果对非文学作品的解读出现了多元倾向,则应引起教师的重视和重新审视,看看是否是一种误读。

如学习《愚公移山》一课时,有的学生认为愚公“挖山”不如“搬家”,愚公缺乏经济头脑;有的学生认为愚公“移山”破坏生态平衡,应该制止。又如《南辕北辙》一课中,说到“楚国在

南方,他的马越快,他的路费越多,他的车把式越有本领,他就会离开楚国越远”。有学生提出质疑,说:地球是圆的,楚国人可以围绕地球一周后到达楚国。这种解读,似乎不无道理,也不乏创意。然而,只要我们静下心来,仔细审视文本的体裁——寓言,就不难看出这种解读的偏颇之处。

寓言,重在劝喻、训诫。其寓意往往通过一个“虚构”的故事来体现,比喻、夸张是其主要表现手法。因此,阅读寓言不应在“故事”的真伪、“事件”的发展上进行推敲与判断,而应把重点放在对寓言的整体把握、对寓意的深度理解上。

有些题材则给学生留有一定的余地,允许学生开展想象,对文本的内容再“加工”,生成“第二文本”,对文本中的人物从不同角度进行思考、分析。如一些童话故事,可以让学生续写。例如学习《皇帝的新装》,可以让孩子展开想象,思考这些问题:故事会怎样发展下去?那个皇帝以后会怎么样?

4. 多元解读不能脱离文本具体时代背景的底线

孟子提出的“知人论世”论,强调对作品的解读一定要联系作者身世和写作背景,只有“知人论世”,才能正确解读文章主题。而不能脱离作品所反映的时代背景,以今律古。

在教学中有这样的现象:有人认为施耐庵的《武松打虎》中武松屠杀动物,违反了《野生动物保护法》;有人从《背影》(朱自清)中解读出“父亲”行为“老土”,“违反交通规则”……这样的做法显然是以现代人的眼光、理念来衡量和要求先人的行为。殊不知,在封建社会,人们保护自然、保护动物的意识还没有萌芽,与武松谈保护动物,无异于对牛弹琴;而对父亲“违反交通规则”的解读,显然是不了解20世纪初旧中国的交通状况和公众的交通安全意识。

总之,在教学中,鼓励学生对作品做出多元的解读,能够有效地培养学生的创新思维。但是我们也应该注意到,纵然“一千个读者眼中就有一千个哈姆雷特”,但他只能是“哈姆雷特”,我们总不能把他解读为“林黛玉”或其他的什么人。教师要引导学生深入文本,抓住主体“哈姆雷特”,将他“读懂”,学生的语文综合能力才能得到有效的培养,在此基础上,学生才能谈得上对文本有个性化的理解和独特的感悟。多元理解而不离文本,个性飞扬而不随心所欲,思维驰骋而不胡思乱想,这才应该是我们所要追求的语文阅读教学。

四、多元解读阅读教学对教师素养提出的新要求

(1) 更新语文教育教学观念,树立以人为逻辑起点、以人的持续发展为实践归宿的服务宗旨,为学生个性的彰显,思想的解放营造充足的心理空间。

(2) 完善自己的知识结构与心理素质,有强烈的发展意识,关注当代社会广阔的信息环境,适应学生从多角度提出的各种问题。

(3) 不要过分突出教师的主导意识,淡化自己的权威形象,构建民主的课堂气氛。

(4) 根据自己的个性特点彰显个性化教学的魅力,打破传统教学中压制教学个性的几步法、几段式“标准化”课堂构建模式,向“无模式”教学境界升华。

(5) 充分肯定有发展价值的解读途径与结果,让学生在被肯定中调动主人意识,树立信心,敢为人先,标新立异,发展自己的个性特长,完善自己的个性品德。

(6) 充分考虑阅读主体对客体的个性化需求。尽管今天的教材向一纲多本发展,但教材编选受学历培养目标与编者意志限制,不可能满足阅读主体的个性需求,因此我们应创造条件为学生提供健康高雅的个性阅读材料,营造更广阔的阅读空间,培养学生良好的阅读习惯与优秀的文化品质。

第四节　阅读教学的策略

一、树立大语文观,关注学生语文素养的提高

大语文观要求我们把语文学习和学生的终生发展结合起来。何为语文素养?语文素养是指或者说主要是指书面语的语文修养。学生在学校学习,不是为了学说话,更重要的是为了识字、学文化、掌握好书面语。一个人只有掌握了书面语才能不断接受高素质的教育,包括文化科技教育和道德品德教育。一个人也只有掌握了书面语,才能用娴熟的书面语准确的表达自己的思想观点、情感态度。书面语水平提高了,也将有助于提高自己的口头表达能力。先前吕叔湘先生和朱德熙先生都曾这样说过:你别看胡同里的老太太,农村里的老大爷,说起话来一套一套的,也可能很风趣,很幽默,而且说得可溜着呢,但这只能说他们很会说话,而不能认为他们有语文修养,因为他们都是文盲。

那么具体如何衡量一个人语文修养的高下呢?首先要有较好的知识结构——除了专业基础知识外,要有一定的文学素养,有关汉语字词的知识要掌握得比较好。这里所说的字词知识,不是指词汇学的知识,而是——就字而言,是指尽可能掌握每个汉字的形音义;就词语而言,不但知其义,还要尽可能知其用法。知识是语文修养的基础,但是仅仅有知识并不一定就具有深厚的语文修养。语文修养是在对语文工具的运用和实践中逐步培养起来和不断提高的。语文修养主要表现在阅读能力、表达能力和纠错能力。

就阅读能力而言,不仅能知道读的文章或书说了些什么,而且能一下子抓住要义,更能有一定的鉴赏能力。

例如,薛法根老师在教学课文《匆匆》时,对于"燕子去了,有再来的时候;杨柳枯了,有再青的时候;桃花谢了,有再开的时候"的研读教学,给我们以很大的启示:

师:作者没有直接写日子一去不复返,而是写这一句:"燕子去了,有再来的时候;杨柳枯了,有再青的时候;桃花谢了,有再开的时候。"我们一起来读一读。

师:老师这样排列,你能看出什么特点?

燕子去了,有再来的时候;
杨柳枯了,有再青的时候;
桃花谢了,有再开的时候。

生:这是排比句。

师:你注意了句式的特点,除了排比句,在内容上有什么发现?

生：前面都是讲了什么事物去了，后面都讲这个事物又回来了。

师：你讲得很好。无论是燕子，杨柳，还是桃花，它们去了，都能再回来。那叫失而复得。你来读一读。

……

师：你注意到了这三样事物去了可以再来，它们都会在时间上留下痕迹。

师：日子去了也可以回来吗？

生：不可以。

师：日子与桃花、燕子、杨柳比有什么不同？

生：日子一去不复返。

师：作者为什么还这样写？

生：作者为了突出时间的一去不复返。

师：表达了作者怎样的情感？

生：他很渴望时间回来。

师：是啊，他很留恋。（师板书：留恋）

生：他很无奈。

（师板书：无奈）

师：读书后能知道作者为什么这样写，蕴含了怎样的感情，这叫会读书。请大家把那种留恋、无奈、怅然若失的感觉读出来。

师：我相信，此刻你再来读这一段，感觉就不一样了。

薛老师的教学举重若轻。教学中他直奔内容，抓住燕子、杨柳、桃花、日子的回与不回，进行对比，让学生一下子抓住了本句理解的关键，读出作者内心的情感，简洁明快，顺畅自然。通过教学，激发了学生的阅读兴趣，在引导学生理解文字“写了什么、怎么写的”的同时，完成鉴赏名句、品读名句的指导。

二、让语文课回到语文本身，让学生学会阅读、学会表达

依据新修订的课程标准要求，阅读教学要重视语文学习的完整性、实践性和学段性，让语文课回到语文本身，通过教学，让学生学会阅读、学会表达。

一段时间以来，小学阅读课教学的过程设计有两种：一种是文本解读型，就是以解读文本的思想内容为主线，在解读过程中插入语文知识和语文方法的教学；另一种是技能掌握型，就是遵照语文知识或者技能学习的规律来设计教学过程，文本解读只是教学过程中的一个环节。前者很容易滑到教课文，后者容易变成语文知识和能力的训练课。

我们可以把两者结合起来，完成这样的教学过程：第一步，首先带着学生去学习作者用他的语言文字写出了一个什么样的内容；第二步，再回头看看，作者是怎样用语言文字表达出这个内容的。

其中，第一步教学，按年级不同，比重可以不同。例如，三年级，教一篇精读课文需要两课时，可以用三分之二的课时，带着学生走第一步；四年级可以一半对一半；五年级可以半课时讲内容，一个半课时讲表达。

（一）单元求整

人教版教材的编写，是以单元为教学板块编写的。在研读教材时，要把整组教材进行合理规划，整合所有有用的资源，在不同块状教学中，梳理出一个序列来。

1. 明确两条主线

具体说，就是要通过研读这一单元的课文和相关信息，梳理教学的两条主线。其中，这一单元贯穿的课文的主题作为一条纵线，横线就是本单元语文知识点训练目标。本单元几篇课文的教学，要在主题的牵引下盘活，有效地完成单元教学任务。

例如，三年级上册第六组“壮丽的祖国山河”有四篇课文：《古诗两首》《美丽的小兴安岭》《富饶的西沙群岛》《香港，璀璨的明珠》，这里面只有一篇略读课文——《香港，璀璨的明珠》。这个单元的主题线是赞美祖国物产丰富、景色迷人，这是一条主线（纵线）。横线有两条：第一，通过朗读体会“美”是用哪些词句写的，无论是古诗还是散文，优美词句都是这个单元的重点，让学生不但能找出来，而且要体会好在哪里。例如“富饶的西沙群岛，一半是水，一半是鱼”，美妙的修辞方法，该讲就讲，该读就读，让学生读出为什么这么美，怎么写得这么美，哪个词语让人觉得这么美。第二，体会文章结构的精妙之处。《美丽的小兴安岭》，首尾呼应；《富饶的西沙群岛》怎么富饶？特点：海水、岛屿、物产、鱼……《香港，璀璨的明珠》，大城市的繁华怎样写？这一单元学习完后，孩子们学习到：写景要抓住特点写，可以首尾呼应，写特点可以按时间顺序写，也可以按方位顺序写。“语文园地”要求介绍一处景物时，学生就不会为难了，顺利地完成了读写结合。

2. 盘点单元教学

下面以一组课文为例，说明怎样把一组课文盘点起来。人教版五年级上册第七组“勿忘国耻”，这个单元有两篇精读课文：《圆明园的毁灭》《狼牙山五壮士》；两篇略读课文：《难忘的一刻》《最后一分钟》。几篇不同体裁的文章，几个典型的事例，引导学生干什么？不只是爱国主义，还应该有正视中国近代史上的耻辱这一层。怎样进行爱国主义教育？让学生正视我们中国曾经有一段被欺辱的历史，让学生感受到国不强是不行的，要强国就得每个人都站起来为国出力。怎么做呢？一个训练点是：去体会这耻辱是用什么样的方法写出来的，如何用这样的方法写出来。《圆明园的毁灭》是一种悲剧之美，把原来圆明园的美丽写得这么充分，最后毁灭在我们面前，使我们感觉更痛心；《狼牙山五壮士》是一种悲壮之美。这两课教完后，后两课让学生自己去感悟：国家不富强，就要受欺辱。另外一个训练点是：了解为了突出文章中心，材料是如何安排的。第三个训练点是：进行完第一个训练点之后，通过悲剧之美、悲壮之美，让学生感受到我们经受的耻辱之后，写一篇读后感，这样学生才能有感而发。

（二）单课求速

具体来讲，精读课文、略读课文要区别对待。

1. 精读课文的教学

精读课文承载的是本单元阶段目标的呈现和把握的任务，所以讲究的是精细、充分、透彻的阅读。所谓的精细、充分、透彻，绝对不是逐段、逐句地去细致分析，而是在我们整体感知文章之后，快速切入本单元的重点所体现的段落和语句中，到了这里就要给学生充分、单纯的阅读空间，让学生在各种读的形式中，通过词句、各种表达方法去感受文章的主题以及文章主题的表达方法。

新课标主张课堂上教师不要过多地教授，要采用谈话形式，但现在课堂上更多的是问答形式，这样的方式也不可取。例如，某位教师教授《孙悟空三打白骨精》，谈话变成了一问一答，教师说上半句，学生说下半句，简单问题学生回答，难的问题教师阐述，课堂充满了这样的问答，学生没有思维的时间和空间。所以，"单元求速"快速切入重点之后，一定要给孩子单纯的、充分的读的时间。读是各种形式的读，可以是朗读某一段，朗读全篇；还可以是默读、勾画、眉批；还可以是分角色朗读；更可以是自由读。但是，每一种读的练习都要能达到某个目的，目的是让学生感受文章的主题思想和表达主题的方法。

2. 略读课文的教学

略读课文是本单元训练项目的实践，是精读习得能力的迁移。现在对于略读课文教学的处理有误区，认为略读课文读读就行，生字词学会了就行。这样是不对的。所谓略读课文，略的是除了应该迁移能力之外的全部，生字词可以略掉，但从精读课文中学习到的能力，必须要在略读课文中加以实践，这一点要细细去做，其他跟重点无关的全部可以略掉，不必深究。

（三）读与练同行

新修订的课程标准提出"语文课程是一门学习语言文字运用的综合性、实践性课程"，语文课的本质是要培养学生的语文素养、语文能力。

以往，语文课程标准倡导的对话式教学，常常被我们演绎成了光说不练，这是应该规避的一种极端主义。

"练"指的是什么？不能只认为"写"就是"练"，这是狭义的理解。所谓的"练"是指语文学习的实践活动，"练"的形式可以是写，可以是说，也可以是读，还可以是看，我们说的"练"应该贯穿在每一课的学习中，不管是什么形式。"练"的点在哪？把握不好的话，就关注课后练习题，有的是学法训练点，有的是基本功训练点，请不要忽略了，它往往比课标中的学段目标更细化、更具体。

阅读既是心灵感悟的过程，也是语感实践的过程。在教师指导下的"读与练"同行，使"读"有了具体的目标和内容，有了深刻感悟的读，是心灵的阅读，是培养学生语感的重要途径。

三、重视在优秀诗文的诵读中培养想象力

想象力是智力发展的一个重要组成部分，它对儿童的学习起着重要作用。没有丰富的想象，学生不可能深刻领会所学的内容，也不可能全面提高语文能力和发展语文素养，更无法运用所学知识进行创造性活动。而优秀的诗文具有想象丰富隽永、清新自然的特色，其强烈炽热的情感总是借助想象以创造丰富多彩的形象，描绘生机盎然、优美新奇的意境，是发展学生想象力的好教材。

这次课标的修订，在第二学段的阅读目标"诵读优秀诗文，注意在诵读过程中体验情感，

领悟内容”中加入了“展开想象”，正是出于对想象力培养的充分重视。在具体的教学中我们可以咀嚼“诗眼”，在辨析揣摩中诱发想象；整体把握，在品味意境中引发想象；含蓄“留白”，在余韵补白中挖掘想象；改编续写，在拓展训练中促进想象。

如教授《望庐山瀑布》，使学生理解体会“生”（升腾之意）、“挂”（化动为静形象地表现了倾泻的瀑布在远看中的状态）、“飞”（给人以瀑布急流飞奔的感觉）、“直下”（突出气势）等词，同时一边引导学生透过语言文字理解诗句，一边使其联想平时熟悉的“日照、香炉、紫烟、瀑布、银河”等表象，并在头脑中进行加工改造，这样就能组合成一幅美丽壮观的庐山瀑布的形象，从中受到美的陶冶。又如教授“金沙水拍云崖暖，大渡桥横铁索寒（《长征》）”，透过“暖”“寒”等重点词的理解，就可想象到红军巧渡金沙江后的欢悦情形以及红军飞夺泸定桥的惊险悲壮场面，红军那种革命乐观主义精神和大无畏的革命英雄主义形象自然地展现了出来。

四、重视“非连续性文本”的学习，让语文学习回到生活本体

什么是非连续性文本？非连续性文本不是由段落构成，它基本是由数据表格、图表和曲线图、图解文字、凭证单、使用说明书、广告、地图、清单、时刻表、目录、索引等组成的。非连续性文本具有直观、简明、醒目、概括性强、易于比较等特点，非连续文本阅读主要要求进行说明、解释和讨论等。非连续性文本与我们的生活息息相关，会经常遇到，使用频率相当高。试想看不懂地图，想要到达目的地就有困难了；看不懂使用说明书，就会有意外发生（电器烧毁、服药过量等等）……所以，非连续性文本的阅读指导很重要。

案例 1

一个英国伊顿公学研修团来北京游学。车开到东直门，老师就要求首次来北京的十三四岁的孩子们都下车，40 分钟内自行赶到天安门，但不许乘坐出租车。导游担心出问题，老师却觉得多余，因为孩子们“学过使用地图”。

案例 2

一位记者在美国国家科技馆看到，很多美国中小学生有仔细阅读说明牌的习惯，静静地看一会儿，然后试着按步骤依次操作，结果出来后再思索一番，这就达到了参观、参与的目的。记者联想到在中国的科技馆，这样的小观众可不多。很多初中生成群涌进来，不看说明，不按步骤，上来就用力转手轮，捅按钮，结果当然出不来，于是大家嘟囔着“没意思，没意思”，再涌向下一个项目接着“毁”。

这两个案例放在过去，会用来讨论“孩子的自主性问题”“孩子的纪律问题”。而今天用来谈“非连续性文本的阅读指导问题”非常合适。在案例 1 里，教师教会学生使用地图，并在生活实际中不失时机地给学生提供运用非连续性材料的机会。学用结合，这个理念非常好，让孩子懂生活、会生活才是教育的真正目的，如果阅读教学与生活剥离，学生的能力肯定得不到一丁点提高。在案例 2 里，表面上是个纪律问题，往深层里想，是孩子们没有受到相关的教育和训练。比如：观看前该做哪些准备，以怎样的顺序观看比较好，先看说明再尝试，最

后解决心中的疑惑，这些都是属于“非连续性文本阅读指导”的范畴。如果事先有这方面的指导，学生一定会在参观中收获到许多的。

这两个案例在提示着我们：对非连续性文本的阅读指导，我们可以密切联系学生的学习生活实际，充分挖掘学生学习生活中的因素，来训练和提高学生的能力。

下面就具体的非连续性文本阅读教学提出一些尝试性建议：

（一）在教学、作业中积极补充非连续性阅读文本，增加学生这方面的阅读活动与能力训练

除了数据、表格等材料外，可以引进包含图示、地图、曲线图等的文章，增加学生阅读非连续性文本的兴趣。比如，教六年级的时候，整理课文重点是学生最烦的，费时费力，容易让学生引起厌烦情绪。如果指导孩子用图表的形式来整理知识点，让学生把课文重点用自己喜欢的形式记录，用这样的方式来提炼观点、归纳摘录等，既省力，又能把关键的内容显现出来，孩子们很喜欢这种练习。同时，孩子们的学习效率也提高了不少。

生活中的素材也同样可以拿来用，适当增加非连续性阅读文本练习，以全面提高学生的阅读素养。比如，随着年级的增高，学生已经挂着月票牌自己坐公交上学了，这可是个不小的挑战！可设置这样的情景，出示一块公交站牌，指导学生阅读，并能够通过阅读解决下面的问题：坐几路车？行车方向怎么看（不会看的话，会离目的地越来越远）？哪一站是目的地？等等。让孩子学会看懂公交站牌，看清楚了，才不会坐错车，顺利到达自己想要去的地方。当然，纸上谈兵是不行的，我们更要帮孩子争取实际锻炼的机会。

（二）在阅读方法指导上，要更关注学生自主学习能力的获得，鼓励学生多使用工具书

不会读、不理解的字词要勤查字典、词典，同时，读书中遇到问题，进行探究性学习时有了课题，教师也要鼓励学生从《十万个为什么》《辞海》等经典著作中寻找答案与理据。

重视非连续性文本教学，还要关注检索能力的培育。未来生活与今后工作常要面对海量的信息、爆炸式增长的知识，读什么，怎么读，必须有所为有所不为，因此需要学习筛选，需要根据问题、需求去作有方向的“访问”、有目的的“检索”。

义务教育语文课程标准修订版在阅读教学方面提出了全面、深刻的建设性指导意见，本章节仅就某几方面的问题谈了几点粗浅、不全面的看法，还望同行批评指正。今后，我们要在工作中进一步学习和解读新课程标准，准确把握课标精神，并积极付诸语文实践，创设诗意的语文课堂文化，带领孩子们学习语文、享受语文，健康成长。①

思考与练习

1. 《全日制义务教育语文课程标准》对小学阶段学生的阅读能力提出了哪些要求？
2. 对话的实质是什么？如何在教学中开展有效对话？

---

① 全国中小学教师继续教育网．2011年版义务教育课程标准解读小学语文［M］．北京：中国轻工业出版社，2012：87－95．

3. 什么是多元解读？如何在阅读教学中进行多元解读？

4. 阅读教学的常用策略有哪些？

5. 阅读以下案例，作简要评析。

案例1《火烧云》教学片断

师：课文中有一句话告诉我们什么样的云叫“火烧云”，找到这句话用波浪线画下来。（生默读、勾画）

生：在第2自然段的开头，天空的云从西边一直烧到东边，红彤彤的，好像是天空着了火。

师：完全正确！还有谁找对了？（学生纷纷举手）

师：大家都找对了！谁再来读一读？

生：天空的云从西边一直烧到东边，红彤彤的，好像是天空着了火。

师：为什么这样的云，叫它“火烧云”呢？（学生纷纷举手）

生：因为这种云从西边一直烧到东边，红彤彤的，好像是天空着了火。

师：你只是把这个句子又读了一遍，刚才咱们读过了，你怎么知道它叫“火烧云”？

生：因为这句话中说，这个云好像是天空着了火一样，所以就叫它“火烧云”了。

师：天空的云从西边烧起来，一直烧到东边，就好像整个天空着了火。这是一个原因，还有吗？

生：因为天上的云是红彤彤的，一般燃烧着的东西会是红彤彤的，所以才会得名“火烧云”的。

师：我想，这一句话，你一定能读得更好。请你试试。

生：天空的云从西边一直烧到东边，红彤彤的，好像是天空着了火。

师：读得多好！你突出了火烧云的什么？

生：颜色，红彤彤的。

师：红彤彤是火烧云的基本颜色，对吧？这是第二点，还有吗？（板书：颜色）

生：就是它变化很多，比如说，变化的形状很多，一会儿变成马，一会儿变成老虎，一会儿变成狮子。

师：你已经从这一句话中，想到了后面的有关内容去了，不急，待会儿我们再讨论你说的这部分内容，好吗？同学们，“天空的云从西边一直烧到东边”，请把“一直”这个词语圈下来。想一想：为什么要用这个“一直”呢？（老师边读边做“一直”的手势）

生：只有火烧得很大，它才能烧得很快，从西边一下子就烧到了东边来了。这个火烧云烧得这么红，它就像一团熊熊烈火一样，从西边一直烧到东边去。

师：对呀，从西边一直烧到东边，你看，时间之——

生：短。

师：速度之——

生：快。

师：景色之——

生：奇(美)。

师：火烧云时间之短，速度之快，景色之奇，由“一直”这个词语可见。现在你明白为什么叫它“火烧云”了吧，你觉得“火烧云”这个名字怎样呢？

生：这个名字很形象，让人能想象出火在天上燃烧的景象。

生：“火烧云”很生动，云从西边一直烧到东边，红彤彤的。

生：一般我们见到的云的名字有“白云”“乌云”“红云”，这里叫它“火烧云”，很特别，也很有意思。

师：是呀，对我们这些生活在城市里的孩子来说，“火烧云”真是太神奇，太特别了。让我们再来一起朗读——

生：天空的云从西边一直烧到东边，红彤彤的，好像是天空着了火。

师：你看，就这一句话，我们通过读读，画画，圈圈，品品，就体会到了火烧云的特点。

案例2《圆明园的毁灭》(于永正)

第一课时

师：现在上课。知道学哪篇课文吗？

生(齐)：《圆明园的毁灭》。

师：书读了几遍？

生：两遍。

师：有看三遍的吗？

生：我。(三五个举手)

师：好，请坐。有超过她的吗？你看了四遍，很好。看一遍是预习，看两遍就不错了。看四遍更不得了。这叫自学，自觉地学习。请同学们把右手抬起来，咱们一起写课题好不好？圆，写得潇洒一点；的，上齐下不齐；毁，注意笔顺；灭，上面一横长一点。请大家读一读。(生齐读课题)

(评：教师在黑板上写的字流露的是情感、责任、体贴。于老师寓写字教学于课题板书之中，不仅能使学生确立“提笔即是练字时”的意识，同时有利于学生美好情感的形成)

师：请大家打开书本。读书要学会做记号。请拿出笔。别人做记号是留下他思考的痕迹。读书做记号是留下你思考的痕迹。请默读一遍，留下你思考的痕迹。在写得特别好的地方，作者感受特别深的地方做记号。(教师巡视)我发现大多数同学把第三段最后一句画下来了。(教师巡视)

(评：于老师要求学生读书做记号、写批注，留下自己思考的痕迹。通过调动多种感觉器官感悟课文内容，不失为一种很好的读书方法)

师：默读完的同学请朗读课文，要读得正确流利，能读出自己感受更好。自己试一试。(教师指导)

师：把书放下。读了两遍课文，现在我发现每位同学脸上的表情与刚才(上课前)完全不一样了，咱们读了这篇课文的感情统统写在了每位同学的脸上。现在我问大家，读了这篇课文后，你心里是什么滋味？

生：我觉得英法联军是无耻的强盗！

生：我痛恨英法联军！

师：他读出一个英法联军无耻，他读出一个痛恨。

生：我觉得英法联军简直毫无人性！

生：圆明园的毁灭体现了当时清政府的腐败无能！

生：对于圆明园的毁灭我很难过，因为这是中国历史上的耻辱！

师：他读出一个难过、痛心、恨。（板书"恨"字）注意"恨"这个字的写法，竖心，先两边后中间。这位同学说了，他一恨英法联军，二恨腐败无能的清政府。同学们，你读到课文哪一段最恨？

（评：时时不忘写字教学，在写字评析中提升情感）

生：第5自然段。

师：读到第5自然段最恨，请同学们再把第5自然段读一读，把你的恨读出来。

（学生自由读课文第5自然段）

师：请你读第5自然段。

（一生站起来读）

师：请坐。看黑板，（板书"掠""搬""毁""放火"）价值连城的国宝统统掠走，这个"掠"活化了侵略者的嘴脸，这是第一可恨。二可恨，人拿不动的就用牲口搬。三可恨，实在运不走的就任意破坏。同学们，任意破坏的是无价之宝呀！最可恨，他们企图放火烧毁罪证，罪行是活的东西，销毁的了吗？同学们再看书，这是帝国主义的嘴脸，一齐把最后一段读一读，1860年10月6日——读！

（生齐读）

（评：课文朗读，于老师没有从技巧上指导，感情是体会出来的，是感悟出来的。学生通过悟，体味出了一个"恨"，学生读得很到位）

师：请告诉我，为什么英法联军毁了一座圆明园，就激起我们那么大的恨，那么大的怒？读课文2、3、4自然段，用一句话回答问题，边读边做记号。要会读书，会读书的人能把三段话读成一句。如果你发现了请做记号。这三个自然段，总体写了什么？（教师指导）

师：一边读，一边思考"读书切忌在慌忙，潜于功夫兴味长"。要静心、专心读书。（教师指导）

（评：文章的字里行间流露着作者的思想感情，只有通过反复读才能品味出来。于老师让学生通过细细体会来理解文章蕴含的思想感情）

师：为什么英法联军毁了一座圆明园，就激起我们那么大的恨？

生：因为它是当时世界上最大的博物馆、艺术馆。

师：书读了一半。

生：因为圆明园不但建筑宏伟，而且收藏着最珍贵的历史文物。（板书："不但……而且……"）

师：看黑板，这就是2、3、4自然段告诉我们的。它不但建筑宏伟而且是最大的博物馆、艺术馆，收藏着最珍贵的历史文物。所以它毁灭了，使每一个中国人痛心，使每一个中国人都会对英法联军、对当时腐败无能的清政府痛恨。读一读，这叫会读书，告诉我，课文哪几个部分写的是建筑宏伟？谁来读，请你读。

（一生读2、3、4自然段。生边读师边讲解）

师：停，大家想象一下，它有三个大圆组成。大家一齐读，它由哪三个大圆组成。

（生齐读）

师：停，想象这三个大圆周围有许多小圆，这就叫什么？

生：众星拱月。

师：这一段主要写圆明园的什么？

生：圆明园的地理位置。

师：还可以怎么说？

生：圆明园由三个大圆和三个小圆组成。

师：继续读。

师：这两节重点介绍了圆明园的建筑宏伟，里面用了两个“有……也有……”，谁站起来把第3自然段读一读。

（一学生读这一节）

师：停，蓬莱瑶台，有知道的吗？

生：我在电视上看的，说蓬莱岛上住着许多神仙。

师：书上这样说的，海上有三座神山，其中一座叫蓬莱，还有一座叫方丈，还有一座叫瀛洲，神话传说中说的，海上三座神仙住的山，其中一座叫蓬莱。瑶台你懂了吗？就是山上的建筑，神仙住的地方。这是根据古代诗人的文章、神话传说中的景物来建造的，这是想象。

师：武陵春色，有懂的吗？我看谁书读得多。

生：大概指张家界的武陵源吧。

师：张家界的武陵源是根据陶渊明的一篇文章《桃花源记》来命名的。这一部分是根据古代诗人的诗情画意建造的，是想象。继续读。

（评：于老师教学生理解字、句的意思，不是简单地灌输，而是循循善诱，相机点拨，授之以渔，提高学生理解的能力。这个做法值得仿效）

师：流连其间——读！

（一生读，师鼓励并指导）

师：你再读一遍，不要着急，第三遍读不好还有第四遍，再读一遍。

师：我给你拿着，读——

师：不是很好，看来人与人需要互相帮助。读了五遍终于读好了。掌声鼓励一下。（掌声）请坐，读不好是正常，一遍读好了是超常。三遍读不好是正常。

（评：“教书育人”。教书是手段，育人是目的。在教给学生知识的同时，要重视学生非智力因素的培养。于老师不断给这位学生鼓励，并暗示互助对学习的帮助。可见，于老师对课改有着准确而深入的理解）

师：同学们，如果圆明园现在还完好地保存着，你会以一种怎样的心情去读2、3段？

（学生自由读）

生：我会以十分自豪、十分高兴的语气去读。

师：请你以自豪的语气把第3自然段读一读，注意把自豪的语气读出来。开始读。

师：我发现这位同学的表情非常好，真是非常自豪。请你站起来读，表现跟刚才一样。

师：真好。可惜圆明园被英法联军毁灭了，让我们记住这一天——1860年10月6日，把书拿起来，再次读这一段，把我们的恨、怒读出来，读——

师：我发现每位同学的表情都在告诉我，你们心中燃烧着恨。如果圆明园的文物还完好无损地放在那儿，我们应该以怎么样的心情读第4自然段？

师：最后一句再读一遍。

师：很好。齐读，“所以”——读！

师：如果它完好无损地保存着，我们每个中国人现在看了该是多么自豪。可惜，它被英法联军掠走了，搬走了，毁掉了。让我们记住这一天，1860年月10月6日，这是中华人民的国耻，拿好书读。1860年——读！

（评：于老师巧妙地将两部分截然不同的内容让学生进行比较，体会感情，再通过诵读表达出来）

师：记住中华民族的奇耻大辱。休息一会儿。

第二课时

师：我发现同学们有两大优点。第一，读书非常投入，越读越好，越读越懂，越读感情越真挚。第二优点，读书会做记号。有许多同学把第2、3、5段画了许多波浪线，而且有人在旁边写了一句话。喜欢第3自然段的能不能把原因告诉我。

生：因为这一段主要讲了我们中国各个地方的美丽景色。

生：圆明园很美丽，它是中国劳动人民艺术、智慧的结晶，是中国人民的骄傲。

师：好，这是他说的几句话。这就是会读书。这一点给我留下深刻的印象。我还知道为什么有的同学在第5段做了记号，因为你读了两恨，一恨，英法联军；二恨，清政府。这两点给我留下深刻的印象。继续上课。

师：课文2、3、4、5段都读了，唯独第1自然段没读，谁站起来读给大家听一听？

（师纠正“估量”的“量”读第四声不读第二声）

师：一齐把这一节读一读。

师：圆明园的毁灭仅仅是个损失吗？（板书“？”）你对作者对这一部分的议论有意见吗？同学们，听我说，英法联军，还有后来的八国联军，他们用中国人发明的指南针指引着他们的舰队不远万里驶入中国领海，用中国人发明的火药制成的枪弹、炮弹屠杀中国人，然后，逼迫清政府在中国人发明的纸上签订不平等条约——割地赔款。这仅仅是损失吗？我想每一个中国人读了这篇课文一定都有很多话要说。对自己，对别人，甚至对至今还在搞霸权主义的国家说。把此时此刻要说的话写下来，待会儿交流交流。愿意对自己说的对自己说，愿意对别人说的对别人说。（师巡回看）

师：看了课文的插图，那样好的皇家园林变成残垣断壁，你难道不想说什么吗？

（学生自由写作，师来回指导）

（评：《语文课程标准》降低了学生写作的门槛，要求学生乐于将自己想说的写出来，愿意与人交流。于老师摒弃了千人一面、千篇一律的写作方法，学生不受限制，可以自由表达，这样的写作合乎学生心理。于老师这种做法与语文新课程标准不谋而合）

师（边走边问）：有写诗的吗，咱们班有诗人吗？

（评：于老师不经意的一句话，看似提问，实是引发，是对诗意的追寻。这种暗示是教学的机智）

师：把自己写的意思读出来，读出你的情。再读一遍，发现问题自己改。（请坐端正）我们交流一下各人的感受。

生：英法联军、八国联军真是丧尽天良。我们祖国现在强大起来了，再也不怕你们到我们的国土上胡作非为！

师：我们今天强大起来了，他们再来胡作非为已是不可能了，历史不会重演！

生：圆明园的毁灭不仅仅是中国及世界文化史上的一种伤害，一种深刻的教训。帝国主义，罢手吧，这是世界每个渴望和平、渴望平等之人的呼唤。我最想对自己说的是：落后就要挨打，朋友们，站起来吧，让我们的祖国更加强大起来吧！（掌声）

师：代表了所有中国人的心声，小小年纪，说出了所有中国人想说的话。

生：我恨，他们凭什么在中国的领土上烧杀抢掠；我恨，当时的清政府为什么那么无能。团结起来吧，用我们的行动告诉那些狂妄自大的人们：今天的中国很强大，明天的中国更强大，让帝国主义在我们面前发抖吧！（掌声）

（每一个发言的孩子都充满激情）

（评：这是本课的又一高潮。学生之所以情绪高，正是这一环节的设置。先是读，后是写，现在又读，环环相扣，环环都围绕一个中心——言语训练）

师：同学们说的话，表达了所有中国人共同的心声，英法联军可以把圆明园从中国的版图上抹掉，但是，圆明园将留在每个中国人的心中。我建议每个人把第3自然段背诵下来，让这举世闻名的皇家园林永远留在我们心里。我给大家四分钟的时间，背的时候注意这些关联词。记住这些关联词，记住层次有助于你背诵。

（教师巡回指导）

（评：背诵切忌死记硬背。于老师指导学生背诵的方法，自然成诵，这样学生会记得更长久）

师：请你背这一段，你叫什么名字？

生：施帅旗。

师：率领的率？

生：元帅的帅。

师：什么旗？

生：红旗的旗。

师：看你能不能起表率作用。当好一面帅旗。（对旁边一学生耳语：如他背不出来提醒一下）

（评：一种关爱在不经意间流淌）

师：相当了不起！（鼓掌）还有谁想背的？好，请你。

（一女生再背，同样耳语）

师：（掌声）时间关系不背了。

师：英法联军可以把圆明园从中国的版图上抹掉，却不能从中国人民的心中抹掉。

师：今天，我又发现大家很会背书，很会写文章。下面请大家认真读、看课文后面的生字，这就是字帖。所谓读帖，就是认真观察每一笔的笔顺，起笔、落笔，边观察边书写。不出声，看在眼里记在心中。读完了，请观察这四个字：苏、艺、奉、唐。现在推荐四个小书法家上来分别写这四个字。

（四位学生上黑板写，态度认真，近乎虔诚）

师：字写得好的圈红圈。

师：这个字哪里圈红？要圈就圈这里吧。（在“艺”字的折处圈了一下）

师：下面看于老师写一个苏，江苏人要把“苏”写好；艺，上面小一点，下面大一点；奉，一撇一捺要写得夸张一点。请大家坐好，我送大家一句话：“堂堂正正地写字，做堂堂正正的中国人。”

案例3《圆明园的毁灭》（王崧舟）

师：同学们请举起你写字的手，我们一起来写《圆明园的毁灭》。这里的“圆”是圆满无缺的“圆”，“明”是光明普照的“明”，“园”是皇家园林的“园”，读“圆明园”。

生：圆明园。

师：再读。

生：圆明园。

师：再读。

生：圆明园。

师：一个完美无缺、光明普照的皇家园林却被两个强盗给毁灭了。（补写：的毁灭）再读课题。

生：圆明园的毁灭。

师：再读。

生：圆明园的毁灭。

师：再读。

生：圆明园的毁灭。

师：打开课文，自己读课文，边读边想：读了课文你知道了什么？

（学生自由读课文，教师在一旁巡视，了解学生的读书情况）

师：读了课文的开头，你知道了什么？

生：读了课文的开头，我知道圆明园被毁灭了。

生：读了课文的开头，我知道了圆明园的毁灭是不可估量的。

师：这里的“量”不读 liàng，而是读 liáng。

生：不可估量。

师：你把文章中的这句话读一下。

生：圆明园的毁灭是祖国文化史上不可估量的损失，也是世界文化史上不可估量的损失。

（黑板上板书：不可估量　不可估量）

师：作者在文章的一开头就连用了两个“不可估量”，你读了后心情是怎么样的，有什么滋味？

生：我感到很悲痛。

生：我觉得很可惜。

生：很伤心，很痛恨！

师：痛恨？你痛恨谁啊？

生：我痛恨英国人和法国人，是他们烧毁了圆明园。

师：能用“人”去称呼他们吗？

生：不能。

师：他们简直不是人，是禽兽，是强盗，是畜生！这样的悲痛，这样的伤心可以估量吗？

生：不可估量！

（教师在黑板上又板书：不可估量）

师：那么读了课文最后一节，你又知道了什么呢？

生：我知道了圆明园被大火给烧了，最后化为了灰烬。

师：那是什么化为了灰烬？

生：艺术瑰宝化为了灰烬。

师：具体是什么艺术化为了灰烬？

生：建筑艺术的精华。

生：园林艺术的瑰宝。

师：还有什么化为了灰烬？

生：还有圆明园里面的各种珍宝和文物化为了灰烬。

（教师根据学生的回答在黑板上板书：化为灰烬　化为灰烬　化为灰烬）

师：是呀，这么好的皇家园林化为了灰烬，一起读最后一节。

师：文章在“化为灰烬”四字处戛然而止，你们悲痛吗？

生：悲痛。

师：再读文章最后一句。

生：我国这一园林艺术的瑰宝，建筑艺术的精华，就这样被化为了灰烬。

师：除了文章的开头和结尾，你还知道了些什么？

生：我知道了，英法两军把圆明园里的很多文物给运走了。

师：这刚才有同学提到了，你想再说一遍是吗？（学生点头）

生：我知道了那时候外国人对我们中国人很藐视，没把我们中国人放在眼里。

师：关于圆明园你还知道了些什么？

生：圆明园它是万园之园，里面有各种风景名胜，还有各种珍贵的文物。

师：其实所有这些，课文中已经有一句话写出来了，是哪一句？

生：圆明园在北京的西北郊，是一座举世闻名的皇家园林。

（教师板书：举世闻名）

师：谁知道举世闻名的意思？

生：就是全世界的人都知道。

师：圆明园凭什么举世闻名呢？

生：圆明园凭珍贵的文物举世闻名。

（师板书：珍贵文物）

生：圆明园凭各种风景举世闻名。

师：还凭什么举世闻名呢？

生：还凭它的宏伟建筑，它一共有圆明园、长春园、万春园组成，里面还有各种国内外的著名建筑。

（师板书：宏伟建筑）

师：课文中哪些地方写了圆明园的建筑宏伟，并找一找这些句子中一共用了几个“有”。找到一个圈一个，不要漏下一个啊，漏下一个就是漏掉了一处著名的景点，漏掉了一个著名的园林啊！

（学生读课文）

师：课文里有几个“有”？

生：一共有7个“有”。

师：大家好好地把这7个“有”读一读，等一下看谁能一口气告诉大家圆明园中的7个“有”。

生：圆明园中有……

师：我们一起来读一读圆明园中的7个“有”。

（生齐读课文中的7个“有”）

师：你们说圆明园中有几个“有”呢？仅仅只有7个吗？

生：有无数个。

师：大家再好好地读读课文，你又从课文的哪些地方找到了“有”？

生：我从课文的省略号中看出圆明园里还有很多这样的建筑、景观。

生：课文讲圆明园里有很多的殿堂，那里面一定还有很多的宝贝。

生：圆明园是世界各地景观的浓缩，课文只是列举了这些，应该还有很多。

生：我从“饱览了祖国的大好河山”看出圆明园里还有许多的美丽景观。

师：来，我们一起走进圆明园，一起去看看这些诗情画意的“有”，这些奇珍异宝的“有”，这些宏伟建筑的“有”。

（学生齐读这一节）

师：漫步园内，置身其中，你仿佛看到了什么？

生：我仿佛看到了很多的风景。

师：能不能具体点？

生：我仿佛看到了平湖秋月。

生：我仿佛看到了小桥流水。

师：想看看这一个园林吗？(看图片)

师：再一起读这句话“漫步园内，饱览着中外风景名胜，……幻境里。”

师：多好的园林啊，可是这一切已经都不存在了，这一切早被那些强盗的一把火给烧了。同学们，此时你还有什么想知道的？

生：我觉得很可惜，为什么当时没有人去阻止他们呢？我们的军队呢？

师：问得真好啊！是啊，当时我们的军队，我们的政府在哪里呢？你们还想知道什么？

生：我想知道圆明园它是用来干什么的。

生：圆明园它有多大？

生：圆明园它的遗址具体在什么地方？长大了我想去看一看。

师：我手里有一份资料，是我从网上收集的，可能可以帮助你解决一些问题。

(发材料)

师：快速读材料，然后说说短文什么地方震撼了你。

(学生快速地默读材料)

师：来告诉大家，文中什么地方震撼了你？

生：圆明园中的生肖铜像震撼了我，那时就能做得那么好。

师：这里面的哪个数据吸引了你？

生：在拍卖时的价格为9000万元。

师：是啊，这4个铜像还只是圆明园中珍宝的九牛一毛啊。继续说。

生：圆明园的独一无二震撼了我，从园内的那些珍宝就可以知道圆明园是不可估量的。

生：我被圆明园的建筑时间震撼了。

师：可是这么好的万园之园却被英法联军的一把火给烧了。

(播放《火烧圆明园》的视频片断，最后出示：这把火烧毁了)

师：这把火烧毁了什么？请你把它写在纸上的任何一个空白地方，把它写到你的心上。

(学生写自己的感受、理解)

师：来，告诉大家，这把火烧毁了什么？

生：这把火烧毁了我国的园林艺术的精华。

生：这把火烧毁了我去游圆明园的梦想。

生：这把火烧毁了中国人的自豪和骄傲。

生：这把火烧毁了世界闻名的皇家园林。

生：这把火烧毁了中国人心中的天堂啊。

生：这把火烧毁了中国最珍贵的文物、珍品。

师：这把火可以烧毁举世闻名的圆明园，却烧不毁侵略者的滔天罪行，烧不毁中华民族的仇恨，更烧不毁中国人民的勤劳与智慧！

板书：

圆明园的毁灭

不可估量　不可估量　不可估量

举世闻名　建筑宏伟　珍贵文物
化为灰烬　化为灰烬　化为灰烬

案例4《皇帝的新装》(周益民)

师：在上课开始之前，咱们玩一个游戏，不用胳膊不用腿，只动大脑和小嘴。第一个词语背对背。谁能猜到，什么是词语背对背？

生：反义词。

师：完全正确。听好——真。

生：假。

师：异口同声。听好——真实。

生；虚伪。

生：虚假。

师：到底虚什么？

生：虚假。

师：真诚。

生：虚伪。

师：真情。

生：假意。

师：咱们不要假意，要真情。再听——真心实意。

生：虚心假意。

生：虚情假意。

师：请听第二个游戏，词语开花。玩过组词吗？谁知道？

生：用一个字组很多词。

师：老师要求你们用“真”“假”说两个词。

生：真真假假。

……

师：刚才我们说了那么多真和假的词语。今天我们就来打假，到底怎么打呢，就到《皇帝的新装》看一看。你最早是什么时候听说过这个故事的？有什么感想？

生：五岁时我爸爸讲这个故事。我觉得这些人很可笑。

师：你是用耳朵读的。

生：在我上一年级的时候，看安徒生童话。我觉得国王很傻。

师：看来同学们老早就熟悉这个故事了。这个故事让大家觉得很好玩，非常好笑，是不是？老师想请大家从这个故事里选一个你觉得最好笑、最有意思、最好玩的小片断读给大家听。

（生读书）

师：交流一下。

生：我读皇帝把身上的衣服都脱光了，两个骗子装作把他们做好的新衣服一件一件……

师：最好玩的是哪一句？

生：皇帝在镜子面前转一转身姿，扭了扭腰肢，挺好笑的。

师：还要扭一扭，多好笑。你好像看到那样子了。

生：所有的百姓都说……我必须把游行大典进行完毕……

师：你为什么觉得这里好笑？

生：他觉得衣服不存在。还摆出骄傲的神气，他很要脸面。

生：我要读诚实的老部长到那儿看一看，皇帝想只有才能看……

生：我觉得皇帝很相信骗子的话，皇帝很蠢。

师：再请一个同学读一个片断。

生：这是一个怎么回事，老部长想：眼睛睁得碗口那么大……可怜的老大臣的眼睛越睁越大……

师：可笑的是什么？

生：老大臣没有相信自己，被假象所迷惑。

师：你再把写老部长的眼睛两句读一下。

（生读）

师：再强调一下。

（生读）

师：眼睛像碗口那么大，越睁越大，看见了吗？一无所见，却还是看见了。但老大臣还是说好。

（生读）

师：刚才有个小地方没有读好，再来试一试。

（学生再读）

师：这个故事里还有哪里让你觉得可笑？他们为了显示自己的聪明都是怎样做的？

（生读国王去看布时的句子，谈看法）

师：这个可笑的故事，每个故事都有前因后果。这个可笑的故事在它的发生、发展过程的每个环节都有前因后果。请你们找一找。

生：皇帝想穿新衣服了，所以被人骗了。

生：因为大臣都不承认自己愚蠢或者被别人说自己不称职，所以说自己看见了那件衣服，非常漂亮。

生：因为这两个骗子的手段非常高明，所以皇帝和大臣都被骗了。

生：因为织布衣上什么都没有，所以老大臣看不见。

生：因为皇帝有新衣服，所以他要举行游行大典。

师：想想，我觉得是不是把这个原因，说得更清楚一点？他才要举行大典？

师：因为他觉得这个衣服怎么样，才要举行游行大典？

生：因为他觉得这个衣服很漂亮，所以才要举行游行大典的。

师：很奇特，他要举行游行大典。

生：因为皇帝贪图享受，所以受了骗子的骗。

生：因为他每天每一点钟都要换一件新衣服，所以人们总是说皇帝在更衣室里。

师：你还从哪看出了前因后果？

生：因为小孩子诚实，所以他才说皇帝什么也没穿。

生：因为皇帝爱慕虚荣，所以骗子才成功骗走了许多东西。

师：在这么多"因为……所以……"中，哪一对才是问题的关键所在？

生：因为皇帝和内臣都爱慕虚荣，很虚伪，所以才被骗子大骗特骗。

生：因为皇帝爱美，所以被骗了。

师：爱美之心人皆有之，为什么到皇帝身上，这爱美就不对了？皇帝也是爱美一族啊！

生：皇帝爱美得太过分了。每隔一点钟就要换一件新衣服，我觉得他铺张浪费。

生：爱美是可以的，但是要有度，不可以超过度。

师：哪里超过度了？

生：他把所有的钱都花在衣服上，钱都买新衣服，这是不可以的。

生：因为皇帝买新衣服，连军队都不关心了。别的国家来侵犯的话，他就没有军队来抵抗了。

师：皇帝不理朝政，一天到晚在更衣室。这个国家要灭亡了。他不是一般爱美，是臭美。

师：刚才我们讨论了这么多，你有没有想一想，是什么原因让这个故事得以发生？

生：我觉得因为他们都怕别人说自己不聪明，不称职。

生：我觉得因为皇帝太爱美了。

生：我觉得是因为骗子太聪明了，其他的人太傻了，傻得没有了判断力。

师：我不明白，为什么好端端的一群人怎样都变傻了。

生：因为他们相信了骗子的话。

生：因为他们怕别人说自己不称职，不聪明。

生：因为他们想讨好皇帝。

……

师：总之是骗子的话在起关键的作用，让我们来读一读骗子的话。

（生读）

师：从骗子的话中我们读出了，如果你能看出这布就说明——

（生回答）如果你看不到这布就说明——

师：自从这个故事发生后，就成了人人茶余饭后讨论的材料。你们想一想，当时的每个人，会怎样来给别人讲这个故事？

生：他们会站在自己的立场上来讲这个故事。

师：每个人讲这故事时，心情都是不一样的，例如说皇帝、大臣、骗子、小孩。你想想：这四种人分别在讲这个故事时，心里会怎么想？我想请你们想他们的心理，讲一讲这个故事。今天老师专制一点，强行分一下工。给同学们分个组。第一组皇帝，第二组骗子，第三组大臣，第四组很幸运，你们就是纯真的小孩子。准备两分钟，说一说。可以小声地说，也可以大声地说。

(生练习)

师:先来骗子吧!来个女骗子吧!(两个学生上台)

生:我们走近他一点,问他……(学生讲得绘声绘色)

师:采访一下,你知道骗皇帝的罪有多大吗?

生:知道。

师:那你为什么敢去骗皇帝?

生:我们来这个城市,就要先对皇帝有了解,我们已经知道了,他非常爱虚荣。

师:知己知彼,百骗百胜。

师:两位骗子骗得不错。忠诚的老大臣。谁来?你们推荐一位。女部长。

生:这是怎么回事?这是什么布料,我怎么什么也看不见?我能让别人知道我不称职吗?不成!不成……我用眼睛瞅了半天……

师:请问:知道皇帝为什么叫你先来吗?

生:因为我一直很忠诚。

师:皇帝对你是信任的,叫你去看你怎么可以辜负他的信任呢?

生:如果我告诉皇帝,说我没有看见布料,那皇帝更不信任我,说我是愚蠢的人了。

师:你是身不由己?

生:是呀!

师:下面应该轮到谁了?是小孩子。谁来?推荐。

生:咦,这个皇帝怎么什么也没穿?光着身子?真是太奇怪了。

师:看到这一切,你决定怎么办?

生:我决定喊出声来。

师:你不怕别人说你愚蠢吗?

生:我才不管呢。

师:好,那你就喊吧!

生:可是他什么衣服也没穿!

师:喊得不够大声,一起喊吧!

(生齐喊)

师:各位大臣们,老百姓们,你们听了小孩子说的话,你们想对小孩子说什么?

生:这个小孩真大胆,要是我,我可不敢说。

师:老百姓们,还想说什么?

生:这个小孩太诚实了。

生:这个小孩真天真,他把我想说的话都说出来了,他非常好,非常诚实。我自愧不如。

师:有时,许多大人在小孩面前真是自愧不如。这里的大人们应该用掌声,满怀敬意,欢送这个小孩子回到座位上。(掌声)

师:最后应该谁了?

生:皇帝。

师：(一个女生站起来说)原来是个女皇。

生：天啊，这两个家伙是怎么回事，让我颜面扫地……

师：皇帝还很讲究。你刚才说的是跟骗子的对话。据我所知，故事最后，小孩子发出一声惊天动地的呐喊后，你心里震撼了一下，但你还是摆出一副骄傲的神态走下去，为什么？

生：因为我是国王，不会错的。要错我也要一错到底。

生：我是国王，老百姓不能和我比，我是至高无上的。

师：你的错也是正确的。

生：我不能因为小孩而下不了台，我应该把游行举行完毕，这个小孩子错了。为了尊严，也要把丑剧演下去。今后，我拿什么来服众啊！

师；你自己也知道是一场丑剧啊！

生：我们要让人们相信我穿了一件好衣服。

师：当游行结束，皇帝回到朝中，仔细想了这个事件的前后经过，心里窝囊透顶了，原来的论功行赏，最后变成了论罪行罚。这个事件中，谁是第一责任人？

生：我们。我们骗了许多人。

师：他认为自己是骗子。

生：我们。

师：你们是大臣。

生：如果我们不告诉皇帝美丽的花纹，告诉皇帝我们什么也没看见，皇帝自己去看也不会相信骗子。因为他自己穿衣服时，也会知道什么也看不见的。

师：你们觉得没告诉皇帝事情的真实所在。有道理。

生：他们。

师：谁？

生：大臣。如果没有他们相信骗子的话，皇帝是不会相信的。

生：我觉得也是大臣。大臣是非常诚实的，受信任的。如果大臣说什么也没看到，皇帝也不会相信。

师：接下来说不同的观点。

生：我们。

师：你们是皇帝。

生：因为如果皇帝不爱美，不这么爱慕虚荣的话，就不会上骗子的当了。

师：还有没有不同的？除了皇帝、骗子、大臣后，还有没有？有时事情发展往往是出乎意料的。

生：皇帝会怪罪孩子。让他颜面扫地。因为他揭穿了皇帝没穿衣服的事情，一定会觉得非常窝火。

师：所以就决定——

生：惩罚这个孩子。

师：你给他定个什么罪？

生：我觉得他应该会怪老百姓。老百姓不说自己不穿衣服的事，老百姓都不诚实。

师：我想听罪名。

生：我觉得这个皇帝，为了穿衣服不惜花掉所有的财产，他会胡搅蛮缠的，他肯定不知道定什么罪，只好定欺君犯上的罪。

师：那就是岳飞的罪名——莫须有。

生：我想，一个小孩怎么可以侮辱圣上，他怎么可以说我没穿衣服呢？他是看不到我的新衣服的。

师：小孩啊，犯的是说真话的罪。同学们还要犯罪，还要治罪。说真话容易吗？

生：不容易。

师：所以说真话是了不起的，所以那个小孩了不起。许多大人在小孩面前是要脸红的，要感到自愧不如的。

师：各位同学，咱们今天讨论了一个有意思的话题，有意思的故事。你们有没有想过，在故事的背后，在它不远处，还有一个人，还站着一个人？

生：安徒生。

师：就是故事的作者，他站在那儿，给我们讲述这个故事时，他脸上的表情是怎么样的？

生：应该是严肃的。

生：复杂的。为诚实的小孩而高兴，很敬佩他；为皇帝而脸红。

生：我觉得安徒生的心情复杂，表情复杂。他也为大臣们自愧不如，他讲这个故事时，为大臣们不说真话而自愧。

师：到底是一种什么样的表情？

生：我觉得他讲到皇帝时应该笑，但这种笑是嘲笑和讥讽。我估计他在讲到大臣时，为大臣不说真话而可悲。

师：可悲的表情应该是忧伤。严肃的表情可能是沉思的。

师：安徒生的故事是一个笑剧，是一个喜剧，说它是笑的，我们应该可以理解。但是说它是沉思的，是忧伤的，这个问题可能深奥了。也许现在就不能理解了。但我们可以等待若干年后，再来思考这个问题。那我们就下课吧！

（学生深思）

师：下课呀

（学生还是深思）

第六章 习作教学

第一节 习作教学的目标与任务

一、学段目标与内容

语文课程标准在总体目标与内容中提到，要求学生能具体明确、文从字顺地表达自己的见闻、体验和想法。能根据需要，运用常见的表达方式写作，发展书面语言运用能力。

（一）第一学段（1—2 年级）

写话

（1）对写话有兴趣，留心周围事物，写自己想说的话，写想象中的事物。

（2）在写话中乐于运用阅读和生活中学到的词语。

（3）根据表达的需要，学习使用逗号、句号、问号、感叹号。

（二）第二学段（3—4 年级）

习作

（1）乐于书面表达，增强习作的自信心。愿意与他人分享习作的快乐。

（2）观察周围世界，能不拘形式地写下自己的见闻、感受和想象，注意把自己觉得新奇有趣或印象最深、最受感动的内容写清楚。

（3）能用简短的书信、便条进行交流。

（4）尝试在习作中运用自己平时积累的语言材料，特别是有新鲜感的词句。

（5）学习修改习作中有明显错误的词句。根据表达的需要，正确使用冒号、引号等标点符号。

（6）课内习作每学年 16 次左右。

（三）第三学段（5—6 年级）

习作

（1）懂得写作是为了自我表达和与人交流。

(2) 养成留心观察周围事物的习惯,有意识地丰富自己的见闻,珍视个人的独特感受,积累习作素材。

(3) 能写简单的纪实作文和想象作文,内容具体,感情真实。能根据内容表达的需要,分段表述。学写读书笔记,学写常见应用文。

(4) 能修改自己的习作,并主动与他人交换修改,做到语句通顺,行款正确,书写规范、整洁。根据表达需要,正确使用常用的标点符号。

(5) 习作要有一定速度。课内习作每学年 16 次左右。

二、习作教学建议

(一) 教学建议

写作是运用语言文字进行表达和交流的重要方式,是认识世界、认识自我、创造性表述的过程。写作能力是语文素养的综合体现。写作教学应贴近学生实际,让学生易于动笔,乐于表达,应引导学生关注现实,热爱生活,积极向上,表达真情实感。

关于"写作"的目标,第一学段定位于"写话",第二学段开始"习作",这是为了降低学生写作起始阶段的难度,重在培养学生的写作兴趣和自信心。

在写作教学中,应注重培养学生观察、思考、表达和创造的能力。要求学生说真话、实话、心里话,不说假话、空话、套话,并且抵制抄袭行为。

为学生的自主写作提供有利条件和广阔空间,减少对学生写作的束缚,鼓励自由表达和有创意的表达。鼓励写想象中的事物,加强平时练笔指导,改进作文命题方式,提倡学生自主选题。

写作教学应抓住取材、立意、构思、起草、加工等环节,指导学生在写作实践中学会写作。重视引导学生在自我修改和相互修改的过程中提高写作能力。

要重视写作教学与阅读教学、口语交际教学之间的联系,善于将读与写、说与写有机结合,相互促进。要关注作文的书写质量,要使学生把作文的书写也当作练字的过程。

积极合理利用信息技术与网络的优势,丰富写作形式,激发写作兴趣,增加学生创造性表达、展示交流与互相评改的机会。

(二) 评价建议

写作的评价,应按照不同学段的目标要求,综合考查学生写作水平的发展状况。第一学段主要评价学生的写话兴趣;第二学段是习作的起始阶段,要鼓励学生大胆习作;第三学段要通过多种评价,促进学生具体明确、文从字顺地表达自己的见闻、体验和想法。对于作文的评价还须关注学生汉字书写的情况。

写作的评价,要重视学生的写作兴趣和习惯,鼓励表达真情实感,鼓励有创意的表达,引导学生热爱生活,亲近自然,关注社会。

写作材料准备过程的评价,不仅要具体考查学生占有材料的丰富性、真实性,也要考查他们获取材料的方法。要引导学生通过观察、调查、访谈、阅读等途径,运用多种方法搜集材料。

重视对作文修改的评价。要考查学生对作文内容、文字表达的修改,也要关注学生修改作文的态度、过程和方法。要引导学生通过自改和互改,取长补短,促进相互了解和合作,共同提高写作水平。

评价结果的呈现方式,根据实际需要,可以是书面的,可以是口头的;可以用等级表示,也可以用评语表示;还可以采用展示、交流等多种方式。

提倡学生在成长记录中收存有代表性的课内外作文和有价值的典型案例分析,以反映写作的实际情况和发展过程。

第二节　习作教学的策略

习作教学是小学语文教学的半壁江山,是语文课程的重要组成部分,语文课程标准也提出作文是学生认知水平和文字表达能力的体现,是字、词、句、篇的综合训练。习作教学无论是对于全面提高学生的语文素养,还是对学生今后的生存发展都有极其重要的意义。

一、转变观念,调整要求

(一)降低要求

教师在教学活动中扮演着非常重要的角色。教师的观念决定着其习作教学行为。当前,许多教师没有运用新课标理念指导教学,教学观念陈旧、落后。有的教师盲目拔高了学生习作训练的标准,不仅要求学生将作文写具体、写生动,还要体现高尚的情感、卓越的品质,将培养作家作为习作教学的目标。有的教师要求学生按照一定的套路来写作,学生写出来的内容千篇一律,缺乏个性,局限了学生思维的发展。

中国教育学会小学语文教学研究会理事长崔峦老师指出:“课程标准在作文方面倡导的最重要的理念是:放开手脚、自由表达。老师们在作文教学中要努力求真——童真、童趣、童语;求实——有实在的内容,不空洞,讲实话,讲自己的话,不说假话、空话、套话;求活——内容不限,形式不拘,写自己最想写的,用自己最方便的形式写;求新——尽量不和别人雷同,习作要写新发现、新感受、新想法,从内容到语言,都是自己的。”①语文课程标准对学生作文的要求只有八个字“文从字顺、具体明确”,仅此而已。因此要紧密结合语文课程标准的学段目标安排训练,不宜盲目拔高习作训练的标准。一二年级注重夯实基础,培养学生正确朗读课文和准确书写字词的基本技能,重点训练看图写话,画图配话,以激发兴趣为主要目的;三四年级重点训练流利地朗读和半自动化的书写技能,注重文段的训练,以写通顺为目的,重在贯彻我手写我心、快乐作文理念;五六年级以读促写,重在引导关注生活,实现读写迁移,培养发散性思维和创造性思维,激发学生的主动写作的欲望,激励进取精神。总之,教师要以新课程理念为指导,从学生知识的生长点出发,循序渐进实现螺旋式整体推进,真正地促

① 崔峦. 课程改革中的语文教学[DB/OL]. [2004-06-28]. 人民教育出版社课程教材研究所网站.

进学生习作能力和语文学习品质的提高和发展。

（二）转变角色

小学生写作文最常遇到三类问题：一是学生不愿意写，没有写作的愿望；二是学生觉得没东西可写，缺少写作素材；三是不会写，缺乏写作方法、技巧。教学时，教师往往把时间和精力放在解决第三个问题上，而缺乏对前两个问题的关注。这样一来，习作教学就变成了以教师命题、学生写作为主要形式，以传授写作的技巧为主要内容的活动。至于学生愿不愿意写，有没有内容可写则不在教师的考虑范围之内了。这源于对小学生写作活动的片面理解，即把小学生的写作活动理解为学生个人掌握作文知识和技巧的单一性活动。

在习作教学活动中，教师应该转变自己的角色，不仅做一个写作知识的传授者，还要做学生情感体验的激发者，写作素材收集的指导者。为此，教师应该做到：

（1）树立以学生为主体的教学观念，以倾听者和对话者的身份组织学生的写作活动，尊重学生的独特感受与独特思考，同时进行人格的引领。

（2）了解儿童生活，懂得儿童心理，充分挖掘语文教育资源，创设有利于小学生写作活动的写作情境，为学生的自主写作提供有利条件和广阔空间。

（3）引导主体参与，组织、引导、启发、协调好写作前或写作过程中的对话活动，激发情感，打开思维，指导方法，从而使小学生产生倾诉、吐露、描写、表达的欲望，进入到较好的写作状态。

（4）改变评价观念与评价方式，用“欣赏的眼光”看学生的作文，用“孩子的眼光”来理解和评价学生的写作，善于发现学生作文中的积极因素，不压抑学生的写作欲望。鼓励在教师指导下学生的自我评价、自我修正与自我展示以及学生之间的互评互改等活动。此外，教师要开辟多种园地，搭建更多平台，为学生的习作“发表”提供尽可能多的机会。

二、激发兴趣，强化动机

兴趣是最好的老师。有兴趣才有作文的动力，有兴趣才有作文潜力。一旦作文课使学生产生了浓厚的兴趣，学生就有了对作文训练的积极性和主动性，作文时就处于积极主动的状态。在作文教学活动中，激发兴趣的常用方法有以下四种：

（一）使学生明白写作的目的

这是有关学生写作动机的问题，其核心是要让学生清楚“为什么要写作”和“为什么要学习写作”，对小学生来说，这不是一个简单的问题。当前的小学生大多只知道“为分数而写”“为完成老师布置的作业而写”“为受到表扬而写”等。而要使学生产生强有力的作文动机，就必须激发他们较高层次的社会性的需要，如交往的需要、认知的需要、审美的需要和取得成就的需要，而不能停留在分数、教师和家长的要求、奖励与表扬等低层次的需要水平。

语文课程标准告诉我们，学生学习写作的目的在于自我表达和与人交流，其终极目标是为生活服务，提高生活质量。这些是小学生难以理解的，但是教师可以通过生动的谈话或创设有趣的情境，来激发学生认识自己表达与交往或自我实现等高层次的表达需要，然后因势利导地和学生一起确定作文题目和要求，让学生充满情趣地进行写作。

（二）创设情境

精心依据作文教学的目的来创设相应的写作情境，创造适合习作的“大环境”“小气候”，在轻松和谐的氛围中，诱导学生进入特定的艺术境界，找出需要表达的内容，捕捉写作素材，触发习作的灵感和激情。

教师可以运用形象谐趣，童真味、情感味浓郁的言语，去描述、去烘托出特定的氛围，来拨动学生的心弦，令学生如见其人，如闻其声，如临其境。还可以根据写作的需要，选择相应的音像课件来渲染气氛，把学生带进写作的美妙景象中，给学生强烈的感染。

（三）组织活动

举办一些贴近自然、贴近生活、贴近社会的活动，让学生在五彩缤纷的大千世界里观察生活，积累多姿多彩的作文素材，使学生深深地感受到美的律动，激起强烈的表达欲望，自然妙笔生花，其乐无穷。

（四）提供发表机会

搭建习作展示平台，在教室里展示学生的优秀习作成果，或者编辑学生个人作文集，亦会激发学生的写作欲和表现欲。

总之，要采取多种途径，让学生热情高涨地投入到习作中去。因为兴趣是写好作文的起点，所以激发兴趣是小学作文教学的永恒主题。

三、多种途径，积累素材

知识在于积累，写作素材同样需要积累。有写作的积极性，而没有写作素材，巧妇也难为无米之炊。因此，除了激发学生的写作动机之外，教师在教学过程中还要逐步培养学生的积累习惯，使其能有意识地、自觉地捕捉出现在学习、生活中的人、事、景、物，并将之诉诸笔端，养成观察生活、体验生活、记录生活的习惯。

（一）通过阅读积累

阅读对写作有着直接的促进作用，学生学写作文必须要大量阅读。古人云：“博观而约取，厚积而薄发。”多读能使学生开阔视野，丰富体验。读书还有利于积累词语、名句、佳段，也有利于掌握更多的写作技巧。“读书破万卷，下笔如有神”“熟读唐诗三百首，不会作诗也会吟”，证明了读和写的紧密关系。博览群书，是与古今中外的大师们对话，是接受前人思想光辉的沐浴，是从人类精神文化遗产中摄取人文的和精神的营养。

为了提高学生阅读的效果和质量，教师还需要做好阅读指导：

(1) 根据课标的要求，对不同学段学生提出相应的课外阅读要求。如第二学段的阅读要求是：背诵优秀诗文 50 篇（段），课外阅读总量不少于 40 万字。教师要对要求的落实情况进行监督检查。

(2) 做好读书的指导，教给学生读书的方法。老师要指导学生读什么书，怎样读书。

(3) 教学生写读书笔记的方法，逐步养成写读书笔记的习惯。写读书笔记可以有效地积累词句，并且养成良好的读书习惯。

(4) 开展各种读书活动，比如读书交流会、好书推荐会、读书笔记展览等。巩固、展示学生的读书成果，形成学生持续阅读的动力。

（二）通过生活实践积累

生活是写作的源泉，没有丰富的生活实践，写作便如同无源之水。走进生活，体验大自然不仅可以让孩子体验到人与大自然的和谐，培养他们对大自然的朴素情感，也有利于培养学生善于观察、乐于观察，用心体验周围事物的好习惯，丰富学生的情感，丰富学生习作的源泉。因此，要让学生积极参与生活实践，亲身体验。要尽可能地创造机会，组织学生参加一些有益的活动，如春游、参观工厂、公益劳动、兴趣活动、各种比赛活动等，让学生从生活中、从活动中撷取素材，表达自己的所见、所闻、所感。只有这样，学生才会感到有东西可写，文章才显得真实、可信。

要使写作教学贴近学生生活，教师要做到：

1. 尊重生活、体验生活、热爱生活

只有保持对生活场景的关注和对生活的热爱才可能获得真实、丰富的情感体验。在这方面，教师要以身作则，教师和学生分享感受、见解的过程也是潜移默化地影响学生的生活态度的过程。因此，让学生关注生活，教师首先要善于关注生活、体验生活，引导学生留意并学会观察周围看似平淡的生活。

2. 思考生活，表达生活

在观察生活、体验生活的基础上，教师还要引导学生思考身边的生活，指导学生多角度、有创意地反映身边的生活。

学会思考也就是学会分析事物，它是观察训练的发展，在观察进行到一定阶段后就要对学生进行分析能力训练。因为学生的认识是一步一步由低级向高级发展，即由浅入深，由感性认识上升到理性认识。提高学生观察事物、分析事物、认识事物的能力，由感性认识的观察发展到理性认识的思考分析，透过现象抓住事物本质，这是符合认识规律的。促进学生思考的常用途径有以下两条：

（1）想象联想。在实践中，观察是常与想象、联想结合在一起的。把观察与联想、想象结合起来，对学生来说，并不是很困难的事，当他们带着好奇的目光去观察周围世界的时候，联想和想象会情不自禁地发生。如学生在观察春天的垂柳时，就能联想到贺知章的《咏柳》：碧玉妆成一树高，万条垂下绿丝绦。不知细叶谁裁出，二月春风似剪刀。还能把绿丝绦想象成姑娘美丽的头发，这种结合给人带来更新的认识。

（2）提出问题。在观察过程中，学生要善于发现观察对象存在的问题，然后通过调查访问等方式进一步思考分析，对症下药，找到问题的答案。如一学生在观察校园垂柳时，发现一枝条上两头叶子大，中间叶子小的现象，自己不知道为什么，就来问老师，老师告诉他中间原来的叶子可能被摘掉了，现在是新生出来的。学生似懂非懂地问：柳叶是不是像壁虎的尾巴一样有再生功能呀？通过追根求源地发问，明白了柳树在发芽生长期，柳叶有再生功能。柳树不仅在秋天有落叶现象，在生长过程中也有落叶现象，在落叶处会抽出新的枝条，这叫新陈代谢。

学生在观察时，无论运用哪种思考方法，能由此及彼、由表及里地进行推理，做出正确判断，认识事物就有一定的深度与广度，思维就可得到科学的锻炼而逐渐走向深刻。掌握这些方法，还可以帮助学生养成调查研究和用事实说话的良好习惯，丰富生活积累的内容。

四、以读促写，以说促写

听、说、读、写是四种基本的语文活动形式，它们相互联系、相互促进，不可偏废。将阅读教学、口语交际教学和写作教学结合起来，可以极大地提高写作教学的效率。

（一）以读促写

心理学的相关研究表明，学生的写作经历了由仿到创的过程。写作始于仿写，而仿写要以读为前提。尤其是阅读教学中学生对课文的阅读，对学生的写作具有直接的借鉴作用。可见，学生写作能力的提高离不开阅读教学。

1. 课外阅读常抓不懈

推荐图书，提示方法，精于组织，使学生的课外阅读更加有效，做好这项工作将会极大地提高习作教学的效果。

2. 阅读教学中的写作训练

（1）读中写。在阅读教学中要合理挖掘教材内部的写作因素，以期有目的、有计划地进行写作指导。教材选的课文，大部分都是文质兼美、风格迥异、表达独特的名篇佳作。教师在进行阅读教学时，要有意识地引导学生对这些课文进行阅读感悟，使其对课文的表达形式和表达方法有所了解，积累丰富的语言词汇。同时，老师在阅读教学中，针对某些课文的特点，指导学生进行适当地写作训练，以写促读，以读促写，读写相互渗透。还可以加强仿写的指导，让学生模仿某些范文的立意、构思、布局谋篇或表现手法进行习作训练，拓宽学生写作的思路，从读、仿中悟出写的门径。

例如，读书时随时将自己的感受、观点、疑问记录下来，以及在阅读教学过程中进行的仿写、改写、续写等训练，都是将阅读和写作紧密结合、以读促写的有效途径。

（2）读后写。例如教学《美丽的小兴安岭》后，可以把学习按时间顺序、抓住特点描写景物，作为一个读写结合的重点，安排学生进行写作训练。把引导学生写读书笔记作为写作教学的重要内容。不动笔墨不读书，让学生养成喜欢读且每读必写的习惯。读书笔记的类型很多，可以是好词佳句的摘录；可以是书的内容提要；可以是零星的感想，或是由此而引发出的自由联想；可以三言两语，也可以长篇大论。这是激发学生阅读和写作兴趣、提高学生读写能力的有效途径。久而久之，写作能力就会得到同步提高。

（3）写前先读。写前先读是指在写某一题目的作文之前，阅读与此类作文有关的文章，目的在于找出范例，便于模仿。也可以针对学生过去作文中存在的问题有的放矢地找一些课内外的文章，让学生先阅读后落笔，避免重犯老毛病。

（二）以说促写

口头语言与书面语言，是互相影响、紧密联系的。口头语言的发展，是书面语言的先导和基础，是内部语言转化为书面语言的桥梁。想得清楚，说得清楚，写出来就明白。因此，要提高书面表达能力，必须按照先说后写的顺序进行训练，以下四条途径不妨一试。

1. 听后说写

听后说写就是让学生把自己听到的有趣的故事、优美的句子说出来并写下来。按照由易到难、由浅入深的原则，可以先说一个简单的歌谣，让学生听后说出来，说清楚之后再写一写。慢慢地，引导学生把从广播里、电视里听到的小故事记下来，讲给教师、家长和同学们听。这样，时间长了，学生不仅养成了集中精力听、用心记的习惯，还提高了说写水平。

2. 做后说写

教师可以结合少先队、班级的活动安排，或者有目的、有计划地组织学生参与一些活动，让他们把经过说出来、写下来，以培养他们的说写能力。如学校开展尊老敬老活动，活动一开始就动员大家做尊敬老人和长辈的模范。要同学们做一件尊敬老人的事，把事情的经过写下来。由于学生有了明确的目的，也注意了做的经过，所以写得既真实又完整。还可以结合自然课和美术课上学生做的实验和粘贴画，让学生把做的过程记下来。这样，无论是在家里还是在学校里，学生做过有兴趣的事就让他记录下来，养成自觉练笔的习惯。

3. 看后说写

看后说写主要是看图说话。课文中的插图，基础训练上的"看图说话"，都是看后说写的内容。每次说话课，可以先教给学生观察的方法：首先弄明白①谁在什么时间、什么地方，干了一件什么事；②他先干了什么，后干了什么，看清顺序；③结果怎样。然后再把每幅图分开看，在观察的基础上让学生说给同学听，说给全班同学听。要说得具体、形象。说完以后让学生根据教师指导的顺序写下来。

4. 读后说写

读后说写主要是结合阅读教学进行。如《我要的是葫芦》一课，写的是从前有一个种葫芦的人，不懂叶子跟葫芦的关系，只知要葫芦，叶子生了虫子他也不管。让学生以"第二年，那个人又种了一棵葫芦"为起始句，把自己的想象写下来。这样学生的思维想象能力就得到了锻炼和提高。

总之，无论是听后说写、做后说写、看后说写，还是读后说写，都是从内容入手，解决了学生作文最感头痛、无话可写的问题。①

五、将习作训练日常化

写作作为一项技能，它的熟练和提高必然以经常练习为前提，因此很有必要将习作训练日常化。

（一）提高写作训练的计划性

写作的目的是适应生活，形成功能。因此，根据交际的条件和任务，根据现代社会信息交流的需要来安排和设计写作教学，这一点应引起我们的足够重视。在具体的写作教学活动中，教师应有意识地按交际对象、交际目的来安排相应的写作内容，如自我介绍、读书笔记、启事、广告、说明书、假条、借条、书信、导游词、小调查等，并使学生明白在不同的交际情境中因写作者持有的身份不同和为了不同的交际功能的实现，文体和语言上必须有相应的变化。

---

① 王凤仙. 读写训练 四条途径[DB/OL].[2004－03－18]. 人民教育出版社课程教材研究所网站.

（二）养成写日记的习惯

鼓励学生把自己每天学习和生活中的事情、感想及见闻有选择地、真实地记录下来。坚持写日记，可以积累知识、积累生活经验和写作素材；有助于培养学生的观察能力、理解能力和表达能力；同时给学生在课堂上展示自己日记的机会，好日记大家听、大家看、大家欣赏，学生的写作兴趣会一天天地浓厚起来。

（三）养成做读书笔记的习惯

引导学生多看适合他们年龄、社会阅历的各种书籍。无论是诗歌、寓言、童话还是小说，无论是古代的还是现代的，无论是文学读物还是科普读物，无论是中国作品还是外国作品，阅读的内容和范围不作限制，越广泛越好。教育学生随身准备一个记录本，遇到好的名言、佳句就摘录下来，随时积累写作素材，也可写上自己的心灵感悟。

六、注重作文评改

好作文是改出来的，教师要指导学生在作文写好之后多读、多改，注重作后评改，在"作文后"多下点功夫。

（一）多就少改

多就少改是中国古代写作教学积累的有益经验之一，其目的在于保护学生写作的积极性。在批改学生作文时，要尊重学生的原文，把错别字、病句和明显的常识性错误改出来即可，不能凭着教师的喜好和成人的写作标准盲目追求面面俱到。学生的作文不论好坏，都是他们的情感表达，教师改动过多，会极大地挫伤学生写作的自信心和积极性。因此，小学习作讲评宜以鼓励为主。

（二）有意识地培养学生自我评改的能力

作文评改的目的不在于改正错误，而在于逐步培养学生自我修改的能力，这是一个长期的过程。作文评改可分为自改自评—互改互评—师评三个步骤：第一步，学生按教师提出的修改要求自读自改自己的习作，写上自己的评语，打上分数；第二步，修改同学的习作，也写上评语，打上分数；第三步，由教师检查点评。培养学生自己修改作文的能力，不仅增强了学生的写作兴趣，还能有效提高学生写作能力，也是培养学生主动学习的一种有效方式。

小学作文教学之路是坎坷不平的，要提高学生的写作水平并非一朝一夕就能做到，因此我们要在教学理论中不断探索，在教学实践中获得启发，不断总结经验，努力让学生对作文由"厌"写变"乐"写，由被动变主动，因"厚积"而"薄发"，因作文而快乐！

第三节 习作教学的过程

一、习作教学应遵循的原则①

语文课程新课标指出:“语文课程致力于培养学生的语言文字运用能力,提升学生的综合素养。”而习作教学是指导学生将大脑储存的语言材料,通过思维加工,进行书面表达的过程,是提高学生语言文字运用能力和语文素养的关键所在。那么小学习作教学应遵循哪些主要原则呢?

(一)生活性原则

叶圣陶先生曾说过,生活是写作之源,生活充实到什么程度,才能写成什么样的作文。因此,小学习作教学要引导学生走进生活,参与社会,广泛接触大自然,储存大量的习作素材,开辟习作之源,让学生心中有所积蓄,有话可说,有情可抒。为此,教师要创造性地处理教材,不要把教材中的习作内容看成是固定不变的,应结合学生的认知规律和生活经验,注意与学生的生活实际联系起来,吸收时代信息,引导学生广泛收集信息,大量储存习作素材,不断拓展习作空间,不断扩展、补充或更替教材内容,让习作内容变得更加丰富,习作形式变得更加活泼,习作话题更加贴近学生的生活实际,让生活成为学生的习作之源。

(二)阶段性原则

语文课程新课标在“学段目标”中,对习作教学提出了不同的要求:第一学段“对写话有兴趣,留心周围事物,写自己想说的话”;第二学段“乐于书面表达,增强习作的自信心”,“能不拘形式地写下自己的见闻、感受和想象,注意把自己觉得新奇有趣或印象最深、最受感动的内容写清楚”;第三学段“能写简单的纪实作文和想象作文,内容具体,感情真实。能根据内容表达的需要,分段表述”。可见,小学第一学段的习作教学,主要是指导学生进行写话训练,由写一句完整的话,到写比较长的、具有修饰成分的句子,再到句群训练;第二学段主要是对学生进行“构段”训练,引导学生围绕一句话写一段话,初步领会段的构成方式,并能根据表达的需要,写一段表意清楚,语句连贯的话;第三学段的重点是进行篇的训练,要指导学生写清事情的前因后果,写出自己的独特感受,做到内容具体,感情真实。所以,教师在指导学生习作时,要在年段目标的统领下,确定每一课时的具体目标,体现出训练的阶段性和层次性,切实做好各学段习作教学的过渡和衔接,体现出学生习作水平循序渐进、螺旋式上升的发展规律。

(三)序列性原则

小学中高年级的阅读教材是以专题组成单元,每个专题形成一定的知识体系,这些知识

① 彭辉鳌.小学习作教学应遵循的主要原则[DB/OL].[2014-04-02].人民教育出版社课程教材研究所网站.

体系构成了一系列的训练序列，在多个训练序列的语文实践中，学生的语文能力和语文素养得到提升。同样，小学习作教学也具有序列性，这种序列训练需要教师准确把握训练目标，精心设计训练步骤，将多个训练内容有机地组合成一个训练体系，促进学生语言运用能力的提高。如人教版三年级上册第四组习作是写“观察日记”，习作指导时可设计如下训练序列：第一步，指导学生观察一种自然现象，记下看到的和想到的，注意用上恰当的表示颜色的词语；第二步，引导学生观察一种可爱的小动物，并亲自参与喂养小动物的活动，指导学生从“外形特点”“生活习性”“吃食的情形”等方面写出观察日记；第三步，观察一种昆虫捕食的现象，如蚂蚁搬家、蜘蛛织网、蜜蜂采蜜、飞蛾扑火等，写出观察日记；第四步，开展口语交际，让学生就上述三方面的观察所得进行交流，教师重点指导学生讲清楚观察过程以及观察后的所思、所想和体会；第五步，指导学生写观察日记，教师要教给学生写日记的格式：题目（写上“日记”二字，也可以根据日记内容概括），日期，星期几，天气情况，正文。这样通过“观察自然现象”“观察小动物”“观察昆虫”“交流观察所得”等一系列的序列训练，学生练习写观察日记也就得心应手了。

（四）体验性原则

体验学习是通过身体的各种感官进行学习的一种方式，它的价值是在活动中获得真实的感受，这种内心体验是形成认知，转化为能力的原动力。在习作教学中，适时引导学生进行体验，能够激活学生的思维，引发学生的想象和联想，激起学生写作的动机，变“苦写”为“乐写”，实现自主习作、快乐写作的目的。根据学生参与体验的感官的不同，体验可以分为活动体验、角色体验和情境体验三类。

1. 活动体验

就是在习作前引导学生参与相应的活动，让学生对活动过程有亲身体验的经历。如写“记一次拔河比赛”“盲人贴象鼻”“乒乓球对抗赛”等活动类习作，可让学生先进行活动体验，然后把活动的过程清楚、明白地写下来，让习作变得轻松而愉快。

2. 角色体验

就是让学生融入故事中的某个角色，用自己的思想、行动、情感和语言去碰撞、替换、触动、传达故事中人物的思想、行为、情感和语言，让故事变得鲜活生动。如指导学生写《我的老师》这类习作时，教师诱发道：“假如你是一名老师，面对调皮的学生、粗心的学生、不爱做作业的学生，你的心里会怎么想，为了引导你的学生健康发展，你会怎么做，会怎么教育他们（对你的学生说些什么）。”这样，学生融入故事中的某个角色，有了亲身体验的真切感受，习作内容就会变得充实具体，人物语言就会变得生动传神，故事情节会变得高潮迭起。

3. 情境体验

情境教学具有形真、境远、意切等特点。在习作教学中，教师要善于创设一种习作情境，通过音乐、幻灯、多媒体、语言描绘，实验演示，现场表演等，带着学生走过亘古蛮荒，跨越时空长河，给人一种身临其境的感觉，从而让习作课堂变得鲜活而灵动。如播放一段音乐，让学生闭上眼睛想一想，听到音乐，你的眼前仿佛出现了怎样的景象，在这样的环境中可能会发生什么故事；给学生提供一幅（或一组）漫画，引导学生观察漫画，展开想象和联想，编个故事；找几种动物、玩具放在一起，想一想它们之间可能会发生怎样的故事……让学生在教师创设的情境中进行体验,引发了学生的想象和联想,打开了学生思维的闸门,学生习作变得兴趣盎然。

（五）读写结合原则

语文课程新课标指出:“语文学习应注重听说读写的相互联系”,“沟通听说读写,增加学生语文实践的机会”。因此,加强读写结合,能够提高学生的读写能力,促进学生综合素养的提升。从信息论的角度讲,阅读是吸收,是将外部语言通过视觉系统传入大脑,在大脑的统一调控下,进行消化、理解,以形成自己的言语;习作是表达,是将大脑储存、消化、理解的语言材料,按一定的规范排列,用书面语言的形式,将内部言语转化成外部言语。所以,加强读写结合,能够促进学生读写能力同步提高。

加强读写结合,一是要引导学生树立积累语言的意识,教师要指导学生就课文中的好词佳句,在诵读的基础上摘抄下来,由课内积累延伸到课外积累,由有意的“他律”积累转换成无意的“自律”积累,不断丰富自己的记忆仓库,储存大量的语言材料,为习作奠定坚实的物质基础;二是根据年段目标和课文特点,找准读写结合的切入点,经常开发一些随文练笔,多角度地引导学生进行写的训练,做到一课一练,一练一得。例如,学完《圆明园的毁灭》,引导学生边看课文插图边提问:“看到这残垣断壁,你的心中会涌起怎样的感动?”学了《狼牙山五壮士》,教师深情地启发道:“孩子们,如果追随历史,五位壮士一定能够成为‘感动中国’的人物之一,现在大家仔细观察插图,结合你对课文的学习和理解,把此时此刻你心中的感动写下来。”学了课文《匆匆》,可让学生设计几句珍惜时间的警示语。学了《鸟的天堂》,可让学生结合课文学习写一篇导游词。学了《两小儿辩日》,可引导学生编几句“三字经”。这样,学生在练笔中,内化了语言,发展了思维,催生了智慧,训练了表达能力和创新能力。

（六）规范写作原则

刘勰说:“夫人之立言,因字而生句,积句而成章,积章而成篇。”(《文心雕龙》)文章就是由字、词、句这些语言的基本单位组成的,文章的内容、结构和形式,要靠语言来支撑、充实和装饰。学习语文就是学习规范的语言,习作就是指导学生运用规范的语言进行书面表达,所以,习作要讲求语句通顺完整,语意表达准确,这是最基本的要求;正确运用词语,做到遣词造句恰当,灵活运用各种句式,写出来的语段才能表意清楚,通俗易懂;按照一定的句式或段式组织语言材料,正确运用各种修辞方法,这样才能做到内容融会贯通,传达出作者的心声,否则,就会影响表达的效果。所以,在习作教学中,教师要根据年段目标,拟定每次习作训练的点,锁定这一训练点,指导学生进行规范写作,学生在多个训练点的集合中,通过一次次的写作训练,形成基本的写作技能、技巧,从而达到“自由表达”的目的。这样的自由表达才有凭借和依托,才能真正体现规则指导与自由表达的有机结合,促进学生语言运用能力的提高和创新能力的发展。

二、写话教学的方法①

小学中高段教师常常感觉学生写不出、写不好作文。造成这一现象的一个重要原因就

① 陈永春,吕娟香.小学低学段萌芽作文教学初探[DB/OL].[2014-06-25].人民教育出版社课程教材研究所网站.

是学生没有写话意识,作文教学起步晚。而阅读绘本故事,说想象故事则是培养学生的写话意识,养成良好习惯的有效途径。

每个孩子都喜欢听故事,尤其是那些没有文字作范本,非照本宣科,而是信口拈来、天马行空的故事,更能吸引孩子的兴趣。临睡前,如果爸爸妈妈能陪着孩子坐在床边,讲上这么一段,那这个夜晚就会变得与众不同。既然孩子这么喜欢故事,我们是不是可以尝试运用故事这个资源,对一年级孩子进行习作萌芽状态的“渗透”?不必讲究习作的框架脉络,注重发挥孩子的想象力,在潜移默化中提高组织语言的能力,让孩子在没有任何压力的特定环境下想说话、会说话、能写话,从而对习作产生朦胧的好奇心。

（一）阅读绘本故事,说想象故事

有些专家指出:不读绘本的孩子不会怎么样,但读了绘本的孩子一定会不一样,他们的心灵会充盈起来,他们的眼睛里会多一些亮晶晶的东西,他们的脑子里会多几个问号,他们的脸上会多几丝笑容,他们的举手投足会多几分自信。

在最初阶段,选择从绘本起步,是利用绘本图文复合的特点。现在市场上有很多优秀的绘本,网上更有很多免费阅读的电子绘本,这为我们的教学带来了很多的便利。绘本里那些或美丽或恐怖,或温馨或滑稽的画面,配上短短的几行点睛之笔,会让我们的课堂妙趣横生。

1. 阅读图画,渗透故事接龙

开始绘本阅读之旅时,我们先引导孩子阅读图画。用引人入胜的画面吸引孩子,让孩子沉浸在教师营造的故事情境中。在教师引讲完几组图片文字内容后,试着让学生来猜猜接下来的故事。

例如,绘本《蚂蚁和西瓜》中,一只蚂蚁在路上看见了一块红红的大西瓜,它就回到蚂蚁的老巢召集同伴,于是四通八达的地下宫殿里,涌出了一大群密密麻麻的蚂蚁。它们快马加鞭来到现场,可是使尽所有力气都搬不动西瓜。教师便引导孩子说说该怎么办。当蚂蚁化整为零把红红的西瓜瓤瓜分完,剩下的皮又该怎么办呢?孩子们这时坐不住了,各种各样的办法都出来了,有的说做大伞遮雨,有的说可以做桥当船,有的说做跷跷板、滑滑梯,还有的说给小宝宝当摇篮……

孩子的想象力在故事中高高地飞扬着,孩子的语言在故事中无拘无束地表达着,孩子也在不知不觉中从一个看故事的人变成了一个编故事的人。

再如《母鸡萝丝去散步》,其后出现的内容与前面有很大的相似性,教师更可以利用这些语言特点,让孩子来说说故事之后的内容——母鸡萝丝又来到了哪里?狐狸又会怎么样呢?孩子再讲这样的故事,总是兴趣盎然,其语言也在不自觉中得到了发展。

2. 品味语言,感受文字之美

绘本的语言有重复现象,往往也很简洁。这对一年级识字不多的孩子来说,也不会造成阅读上的困难。教师通过声情并茂的朗读,带领学生感悟文字的故事性。在朗读中,给予学生想象的时间,让故事内容在孩子的脑海里形成一幅生动形象的活动画面,并与绘本上的图画相互碰撞,相互补充。同时,逐步引导孩子与教师共读,感受语言的魅力。

列举一个故事《鳄鱼怕怕牙医怕怕》。一看到这个奇怪的名字,孩子就被吸引住了。当画面上出现一只捧腮的鳄鱼,睁着一双痛苦的眼睛,孩子马上就猜到这只鳄鱼牙疼(这个阶段的孩子在掉牙,有这方面的经历)。教师模仿鳄鱼的样子痛苦地说:“我真的不想看到他。”让学生猜猜:为什么不想见到牙医?而牙医会怎么想?画面转换,出现了一个躲在屋子里胆战心惊的牙医,和那句“我真的不想看到他,但是我非看不可”,通过孩子惟妙惟肖地朗读,课堂上霎时充满了欢快的笑声。当鳄鱼和牙医一模一样的对话和表情一一展现:“我一定得去吗?我做好最坏的打算了。这是一件多么可怕的事。哎哟!明年我真的不想看到他!所以我一定不要忘记刷牙……”学生已经会不由自主地模仿教师的语气和教师进行角色对话。这真是一次开心又成功的阅读和习作的双启蒙课。

又如《猜猜我有多爱你》是一个充满了爱的气氛和童趣的故事,通过大兔子和小兔子的对话揭示了爱是需要表达的这样一个道理。大兔子的语言一直和小兔子一样,相同的话,出自不同的人物,展示了大兔子的一片童心,同时构成了文本语言的节奏美。教师先自己读小兔子对妈妈说的话:“我爱你有这么多!”看图后,师生共同读兔妈妈的话:“我爱你有这么多。”在此基础上,教师范读第二段小兔子的话:“我的手举得有多高就有多爱你!”让学生单独读兔妈妈的话:“我的手举得有多高就有多爱你!”通过听教师读,和教师共读以及自己读等多种朗读方式,帮助学生感受语言,积累语言。

3. 整体阅读,合作编说故事

绘本的故事发展具有一定的节奏性。故事情节的高低起伏,情节的不断发展变化,既在情理之中,又在意料之外。通过情节推想,让儿童的思想与绘本所包含的内容进行碰撞,擦出思维的火花,从而感悟作者的奇思妙想,领悟故事的结构美。

例如《爷爷一定有办法》是一个非常有趣的故事。故事一直围绕着“小毯子”的变化,不断地制造悬念。教师可以选择其中的一次变化,联系学生的生活实际,推想画面内容进行想象,从而感受爷爷的心灵手巧。当约瑟的小背心变得又破又旧后,他向爷爷提出帮助的时候,爷爷将布喀哧喀哧地裁剪起来,并说“这块料子还够做——”,让学生想象这小毯子在爷爷手中会变成什么。在学生充分想象后,共同朗读“一件奇妙的外套”。还可以想象妈妈、邻居、同伴看到他穿上这外套后,会说些什么。适度的情节推想,可以让学生获得创造语言的愉悦。

(二) 同题异构故事,编新奇故事

所谓“同题异构”故事,就是指根据同一个故事题目,要求孩子们说出不同的故事内容来。

1. 同一主题,同一材料

这一阶段的练习是根据教师提供的主题和材料,指导孩子在一些情节中适当添加来展现这一故事。教师重点指导和点评学生对情节的添加是否合理,说话节奏上是否合乎讲故事要求。如我们曾以“小猴子捞月亮”为题进行“同题异构”说话训练,有些孩子在一些情节上适当做了一些添加,虽然不多,但是添加的内容使故事更加完整,更加有趣。有些孩子由于在幼儿园时期听到过小猴子捞月亮的故事,在说故事中大量加入自己的想法和语言,虽然比较啰唆,但是很多内容表现出孩子独特的视角,我们也特别珍视这样的作品。在播放一些孩子的作品时,我们又加入适度的问题,使这些作品更加完善和好听。

在这样的练习中,学生不仅认识到自己说话的不足,还无意中学到许多写作的技巧,这

样的形式必定为孩子将来的习作打下扎实的基础。

2. 同一主题，不同材料

在第一阶段有了一定的基础后，我们尝试进入第二阶段（一年级第二学期），即“同一主题，不同材料”的练习。即只给孩子提供一个主题，要求孩子自己展开想象说一个好听的故事。如时下流行的动画片《熊出没》，我们就让孩子自己设想一个故事《熊出没——到光头强家做客》（此故事电视中没有），通过自己语言的组织，完成一次故事比赛。我们尝试先让孩子们录制成MP3，而后筛选出几个作品，通过让孩子现场展示自己的故事的方式，让孩子们来评一评，哪个故事更动听，哪个故事你最喜欢。在每个故事讲完后，教师适当对语言的一些错误进行纠正和指导，从而强化语言的规范性。

这两个阶段的训练，第一阶段是基础，重在训练学生掌握一些基本的表达方法和技巧，训练学生的语言表达能力；第二个阶段是拔高阶段，重在培养学生的创新表达能力。可以根据学生的实际水平，分层次进行训练，避免全班“齐步走”，以达到因材施教，逐步提高的目的。

（三）画画、说说、写写故事，作故事日记

前两个方面，我们重点以学生练说为主，而进入一年级第二学期，我们尝试从画、说、写三结合的手法进行训练，推行“我的故事”三步走：

1. 画画图片，讲有趣的故事

第二学期伊始，我们便重磅推出让孩子画自己的绘本故事。可以是简单的图画，也可以是连续的图画。但要求孩子必须做到心中有故事，并能完整表达心中的故事。并在家中把这些练习及时说给家长听，让家长记录并进行点评。坚持每周一画，练说自己的故事。

如一个孩子在参观了杭州野生动物园之后，就画了一幅很有趣味的图画，同时情不自禁地说出了自己心中的话：今天，我去杭州野生动物园，看到了很多动物，有脖子长长的长颈鹿，有大熊猫……你看，这两只长颈鹿伸着长长的脖子，真可爱啊！

又如一个孩子在奶奶家看到可爱的大公鸡时，也画出了美丽的图画，说出了这样的一段美文：奶奶家养了几只大公鸡，又高又大，翘着五颜六色的尾巴，整天追着虫儿跑来跑去。

通过这样的形式，学生的语言活了，语言思维能力得到了极大的提高，为后续的真正意义上的习作开好了头。

2. 看看照片，写生活的故事

写话、习作，必须要从生活中来，到生活中去。为此，进入第二阶段后，我们让孩子们收集和留意生活中的精彩瞬间，将一些自己印象深刻的照片拿出来进行冲印，贴在“我的故事”中进行写生活故事。从而真正让孩子们接触生活的事儿，生活的语言。

3. 关注生活，写自己的故事

著名教育家叶圣陶说过：“生活如泉源，文章如溪水，泉源丰盈而不枯竭，溪水自然会活泼地流个不歇。”教师要有意识地让孩子去留意生活中的点点滴滴，每周让孩子梳理生活中发生的有趣的、开心的、伤心的等不同的事例，从而培养学生关注生活、感受生活的能力。我们提出选择最值得写的内容写进“我的故事”中。同时，在这一阶段，适度放宽了要求：画画，配上照片，可以凭自己兴趣，只要有文字记录，即达标。因孩子有了前两步的练习，写自己的故事时可以说是精彩不断。

当然,低学段的作文渗透教学是一项艰辛而长远的工程,它需要教师倾注满腔的热情,也需要教师不断地探索,不断地创新,也只有这样,才能找到一条提高学生作文能力的有效途径。

三、习作教学的过程

(一) 写前指导

写前指导是写作教学极为重要的阶段。这一阶段的主要任务是解决好小学生动笔写作的情感与动机问题,并以此为基础进而解决写作内容的来源问题。

1. 激发兴趣

不少小学生怕写作文,这是长期以来客观存在的问题。一些小学生作文能力低下、水平不高,这也是不争的事实。

作文是一项比较复杂的智力活动,它要求学生综合运用字词句篇,表情达意。这就需要付出一定创造性的劳动。小学生的生活阅历浅,语言文字还没有学出门道,感到作文困难自然是难免的。皮亚杰说:“儿童是具有主动性的人,他的活动受兴趣和需要支配。”从一定程度上讲,“兴趣”是最好的老师。教师要使学生克服写作文的心理障碍,激发学习动机,就应重视培养学生对作文的兴趣。一旦学生对习作产生了兴趣,就会自然而然地由“怕”作文转为“爱”作文,并产生表达内心感受的欲望。

只有让学生写内心世界的感受,他才会高兴地说,高兴地写;反之,只能是为作文而作文,言不由衷,绞尽脑汁,敷衍应付,视作文为苦差事。所以,我们在教学中要努力激发学生写作的动机和欲望,不能用自己的思想去限制学生的思想,而要学会用学生的眼睛去看世界,用学生的耳朵去倾听生活,让自己的思想感情和学生的思想感情发生共鸣与协奏。教师要有一颗“童心”。只有这样,我们才能用自己感情的火苗点燃学生心头的火花,使学生的写作动机萌生迸发,写作欲望燃烧起来。如有一次习作课写的是《我最熟悉的人》。在作文之前,教师问学生:“在你的家里,谁的话最多?”一个嘴快的学生立即回答:“我妈妈话最多。”“你妈妈的话多到什么样子?”“我妈妈一天到晚嘴不歇,不叫我摸热水瓶了,天冷了多穿衣服了,少吃零食呀……多得很!”其他同学也有同感。我接着说:“你们想过没有,为什么妈妈的话最多呢?因为妈妈对家里的事知道得最多,她觉得家里所有的事情都是她本分的事情,她都要管。如果我们对家里的事、学校的事、社会上的事能像妈妈那么关心,你们也会有说不完的话,写不完的话,你们总觉得没话可写,是真的没话写吗?”学生陷入了沉思。“今天我们要写的是《我最熟悉的人》,知道该怎么写了吗?”学生都跃跃欲试。有的写奶奶,有的写妈妈,有的写老师……有个学生写道:“我妈妈早上起得最早。起床后快速地刷完牙洗完脸,便一头扎进厨房,给我和爸爸准备早饭。妈妈特别麻利。十几分钟后,香喷喷的煎鸡蛋和小米粥就做好了。在饭桌上,妈妈还边吃边嘱咐我,过马路要小心,上课要专心听讲……妈妈真辛苦,我一定要孝顺妈妈。”这次作文内容丰富多彩,每个学生都写出了真情实感。

2. 创设情境

学生习作的困难之一就是没内容可写,教师可根据习作的要求,创设与教学需要相适应的习作情境，让学生在情境中加深体验。习作时，必能情动辞发，言之有物。

如六年制第十册教材中，让学生讨论“过生日请同学吃饭好不好”，根据要求设计了辩论赛，分正方、反方，让学生充分准备后进行辩论。在这个活动中，全员参与，有参赛的、有当评委的，最后评出优秀辩论能手。学生热情高涨，很想把这个过程记录下来，就写了题为《辩论赛》的作文，不仅解决了内容不充实具体的问题，而且情感自然流露。

除此之外，教师还可以以生活展现情境、以实物展现情境、以图画展现情境、以表演体会情境、以语言描绘情境、以音乐渲染情境等。

（二）过程指导

这个阶段是写作教学的中心环节，语文课程新课标在教学建议部分提出：“为学生的自主写作提供有利条件和广阔空间，减少对学生写作的束缚，鼓励自由表达和有创意的表达。鼓励写想象中的事物，加强平时练笔指导，改进作文命题方式，提倡学生自主选题。”

1. 取材、立意、构思、起草、加工等环节的指导

写作教学应抓住取材、立意、构思、起草、加工等环节，指导学生在写作实践中学会写作。重视引导学生在自我修改和相互修改的过程中提高写作能力。

对学生写作过程中的指导，一方面要注意尊重学生的个性，引导他们通过相互交流、讨论和独立思考，自己逐步领悟和掌握文章的结构和语言的形式，找到适合自己实际的布局谋篇的思路和方法；另一方面要注意指导的科学性，需要根据小学生的思维与个性特点，参照语文课程新课标的学段目标进行。

指导的内容包括：如何围绕一个主题进行广泛思考，打开思路？如何在扩大思维领域、拓宽写作思路的基础上构思谋篇？如何选择适宜的文章样式和语言实现自己的表达需要？等等。

2. 修改作文的指导

学生写完作文后，并不意味着写作过程的结束，教师要引导学生尝试自我修改，逐步养成自我修改的习惯，提升自我修改的能力。

（1）多就少改。修改要从学生出发，而不是向教师看齐。要充分考虑到学生个体的经验背景和情感认识水平，鼓励学生学会反思自己的作文，看是否以他们自己愿意的方式充分展示出了自己的心灵世界。而不是按照预先安排好作文的套路、结构和烦琐的语言形式上的要求，强令学生遵循并对号入座进行修改。

（2）激发修改动机，强化修改意识，使学生意识到修改的必要。

（3）引导学生学会从读者的角度、以读者的眼光对已完成的文章进行修改。

（4）改变并丰富作文修改指导的方式与方法。修改指导过程中，少用冷冰冰的直接训诫，多用温情和睿智的、能引导学生心灵反响的话语。

（三）作后指导

1. 批改

作文批改的目的，是让学生在写作实践中不断积累、反思和感悟，从而提高包括“修改自己的习作”能力在内的写作能力，养成良好的写作习惯。作文批改的方式是多样的，有教师

批改、学生自我批改、学生互相批改等。逐步培养学生的自我改文习惯是习作教学的重要任务之一，因此，教师批改固然重要，指导学生自己修改也不可忽视，要将二者结合起来。具体做法有：

（1）个别批改。对个别学生存在的个别问题，宜采用这种方法。

（2）互批互改。学生之间互相讨论，共同修改，教师进行有针对性的辅导。

（3）师生共同批改。教师挑选一两篇带有普遍性问题的习作，展示给学生，共同讨论，学生受启发后再改自己的习作。

批改要考虑不同学段学生写作能力和修改能力的实际，批改时要充分考虑到学段的具体目标，不能随意提高或降低标准。第一学段以培养学生的写话兴趣为目标，因此对学生的评价宜以鼓励为主，提倡打高分。第二学段重点是在乐意写的前提下做到内容具体，较之第一学段提高了要求。第三学段应全面达到小学的习作要求，在内容具体、感情真实的基础上，讲求一定形式，能写简单的纪实作文和想象作文，学写读书笔记和常见的应用文。

习作的批改还要考虑到学生的差异性，批改时区别对待，坚持从每一个学生的实际出发，实事求是，使每一个学生的写作能力都能在自己原有的基础上不断得到提高。

2. 讲评

作文讲评的目的在于总结学生习作过程中的得与失，使学生发扬优点、克服缺点。做好习作讲评工作，能增强学生习作的信心，激发写作热情，提高写作能力。

作文讲评要有针对性，围绕着本次习作训练的目标进行，不要面面俱到。还要发挥讲评的多种功能，不仅要对学生的语言运用能力进行评价，还应包括写作态度、写作习惯、文德文风的评价。

作文讲评的方式很灵活，常用的有综合讲评、典型讲评、专题讲评、对比讲评四种形式。在讲评之后，可以有针对性地安排写感想、修改病句、重新写作等活动，提高习作讲评的实效性。

思考与练习

1.《全日制义务教育语文课程标准》对小学阶段学生的写话、习作能力提出了哪些要求？

2. 习作教学的常见策略有哪些？

3. 简述写话、习作教学的常规过程。

4. 阅读以下案例，作简要评析。

案例1　叶圣陶先生教子作文的启示①

20世纪90年代中期，我去北京参加民进中央举办的经验交流会。我们下榻在劳动大

① 贾志敏. 叶圣陶先生教子作文的启示[J]. 新课程（初中版），2006(z1)：7.

厦。凑巧的是，叶圣陶先生的长子、时任民进中央副主席的叶至善先生和我住在同一个楼面上。

晚饭过后，我邀请叶至善先生到我房间小坐片刻。“三句不离本行”，闲谈时，我请他介绍小时候叶老是怎样教授他作文的。他带着浓重的苏州口音说：“不教的。”我感到好生奇怪，叶老是个作家、编辑，又是个教育家，十分重视对孩子的启蒙教育，怎么可能“不教”自己的孩子作文呢？

叶至善先生见我有些疑惑，说：“你是搞作文教学的，我说给你听，我父亲这么做，到底是算‘教’还是算‘不教’？”

原来，叶老从不给孩子教授作文入门、写作方法之类的东西。他仅要求其子女每天要读些书。至于读点什么，悉听尊便。但是读了什么书，读懂点什么，都要告诉他。除此之外，叶老还要求其子女每天要写一点东西。至于写什么也不加任何限制，喜欢什么就写什么：花草虫鱼、路径山峦、放风筝、斗蟋蟀，天上飞的，地上爬的，水里游的，听人唱戏，看人相骂……均可收于笔下。

纳凉时，叶老端坐在庭院的藤椅上，让孩子把当天写的东西朗读给他听。叶老倾听着孩子朗读，从不轻易说“写得好”与“写得不好”之类的话，比较多的是“我懂了”和“我不懂”。如果叶老说：“这是什么意思呀？我不懂。”其子女就得调遣词语或重新组织句子，尽力让父亲听得明白。直至叶老说“噢，原来是这么一回事，我懂了”时再继续读下去。

叶至善先生介绍到这里，问我：“贾老师，你是教孩子作文的。你说，我父亲这么做算不算在教我作文？反正，我小时候就是这样学会作文的。”

听叶至善先生这么一说，我茅塞顿开，这正是教学生“自能作文”最好的注脚。

真是“听君一席话，胜读十年书”。我颇受启发。

启示一：作文首先要文通，句顺。“通”则“懂”，“懂”则“通”，“不通”则“不懂”，“不懂”则“不通”。道理似乎就这么简单。

启示二：学写作文必须大量阅读。读书是基础，读书是积累，读书是吸收。胸无点墨，怎能下笔成文？学写作文还必须每天“写一点”。写好之后，要多读，多思，多改。文章是写出来的，好文章却是改出来的。修改作文的过程，就是修正思想的过程。久而久之，自然会写作文了。

叶老这样教子作文，实在是值得称颂、借鉴的好经验、好办法，体现他多年倡导的“‘教’是为了‘不教’”的思想。

案例 2　写给孩子的话（贾志敏）

作文，对孩子来说，是一件苦恼而又乏味的事情。如若在为他们讲述一些方法与技巧的时候，还用枯燥的语言与他们对话，其效果是不会好到哪里去的。他们不会接受，更不感兴趣。他们需要具体、生动而又形象的语言和故事。为此，我试着用浅显的语言、有趣的事例，深入浅出地告诉他们一些道理和方法。我发现，孩子们还挺喜欢的。下面选择几篇供大家参考。

1. 多读几本书吧

先讲一个故事。故事的题目叫“多捡几块石头吧”。

很久很久以前，一个伸手不见五指的夜晚。一个阿拉伯商人牵着一头骆驼行进在荒凉的沙漠里。

突然，他耳边响起一个神秘的声音：“多捡几块石头吧！到了明天，你一定会感到既高兴又后悔的。”这个阿拉伯商人感到很纳闷，但是，他还是照着做了。

第二天早上，他想起昨天晚上耳边响起的声音，便从口袋里掏出那几块石头。天哪！这哪里是普普通通的石头呀？分明是价值连城的宝石呀！此时，他真的“既高兴又后悔了”。高兴的是，自己拥有了一大笔财富；后悔的是，昨天晚上自己没有多去捡几块石头。

这个故事告诉我们什么道理呢？其实，我只要把这个故事的题目改成“多读几本书吧”，你就明白一切了。

趁年少时候，精力充沛，记忆力强，多读几本书，其好处是不言而喻的。正如古人所言：“少壮不努力，老大徒伤悲。”

书，是人类进步的阶梯；是前人总结的经验；是世界上最好的营养品。谁和书交上了朋友，谁就拥有快乐和幸福。

好书，就像一枚金钥匙，它能让你开启知识王国的大门。

读书的好处很多。读书，能教人聪明；读书，能让人增长见识。读一本好书，就等于跟一个有知识的老人说话。

凡是有成就的人，没有一个不爱读书的。高尔基说：“我看到一本好书，就像一个饿汉要扑到面包上一样。”

读书要养成习惯，读书要有计划。各种各样的书都要看，古代的，现代的，历史的，地理的，国内的，国外的，成人写的，孩子写的，都可以拿来读一读。“开卷有益”说的就是这个意思。这样做，对自己的成长有好处。

有人说：“聪明人，爱读书；大傻瓜，爱吵闹。”

你想做一个聪明人吗？那么，你赶快跟图书交上朋友吧！

2. 与本案无关

法庭上，庄严肃穆。主控双方的辩护律师辩论正酣。

一方的律师慷慨陈词，滔滔不绝。说着说着，法官先生猛击木槌予以打断：“与本案无关！”意思是，对不起，你把话扯远了，赶快刹住，话归正题吧！

为什么法官先生缺乏耐心，不让律师辩说下去呢？原来，那位律师的话偏离了案情，说了“与本案无关”的话。

由此，我想起咱们孩子的作文来了。

每一篇文章都应该有一个中心，而且，只能有一个中心。章节、段落，用语、措辞都要围绕中心来铺设。与中心有关的话要写；反之，一概不写，甚至只字不提。

孩子的作文，常常会犯“抓不住中心”的毛病。举个例子：

一个学生写《游野生动物园》。习作不是开门见山，直奔中心，而是绕了一个又一个的大圈子。从“听到要去野生动物园游玩的消息以后群情激昂”，写到“星夜赶赴超市选购饮料、点心”，再写到“梦见野生动物‘胜利大逃亡’”……一来二去，如此这般，还没有写到正题，三四百字的废话已经跃然纸上了。待到真的要写“游野生动物园”的时候，只能三言两语，草草收场。这样的作文谁爱看呢？

能不能这么开头：“我们一跨进野生动物园的大门，我的心就狂跳不已……”直奔主题，切入中心。少了那些废话，多了不少真情。这不是很好吗？

看来，法官先生的那句“与本案无关”的话，对那些喜欢跑题的孩子们来说，是应该起到一点警示作用的。

3. 文章不厌百回改

夏衍是一位剧作家。到了晚年，他因病住进了医院。在弥留人间的那些日子里，他几度清醒，几度昏迷。一天，他的病情突然恶化。一旁的护理人员忙说：“夏老，我马上去叫医生！”这时，夏老不知从哪儿来的一股力量，他坐起身，大声喊：“不是‘叫’，是‘请’！”说着，倒在病床上咽气了。

这是夏老一生中说的最后一句话。

这个故事有着震撼人心的力量。夏老仅改动一个字，却感动无数人。

作文是写出来的，然而，好作文却是改出来的。“文章不厌百回改”说的就是这个意思。

小朋友写好作文以后，往往不检查一下，立马交给了老师。这样，错误迭出则是必然的了。待到老师指出的时候，他便会不好意思地说：“啊呀，我粗心了！”

这是一种不负责任的态度。请看一个孩子写的一句句子吧：

“教室里布置得好漂亮，我的头上还挂着四盏大红灯笼呢！”

这句话叫人看不明白。说“教室里布置得好漂亮”，却没有具体的描述；“我的头上还挂着……灯笼”岂不成了笑话？如果修改以后变成下面的句子多好：

“教室里布置得很漂亮。黑板上写着‘庆祝元旦，迎接新年’。课桌围成一圈，上面铺着雪白的台布。台布上散放着新鲜的水果和各样的糖果。门上挂着彩带和风铃。上方，还悬挂着四盏大红灯笼。”

这么一改，不但通顺，而且具体、生动、形象。

那么，怎样修改作文呢？不难！

第一，文章写好以后，要多读几遍。不通顺的地方要设法使其通顺；意思没有表达清楚的，要补充内容，尽量讲得明白些。

第二，修改以后，还可以读给别人听听，征求一下其他人的意见。

修改作文没有诀窍，却需要一种认真负责的态度。

“千金难买回头看。”作业——不管是什么作业——完成以后，必须反复检查，不断修正。修正的过程，就是提高的过程。这要养成习惯，一旦养成了好习惯，我们必将终身受益。

4. 材料要靠平时积累

小学生学写作文遇到的最大困难莫过于“没有东西写”了。

我认为，问题出在我们没有养成收集和积累作文材料的习惯。古人云：“书到用时方恨少。”意思是，平时很少读书，等到要表达的时候，才感到力不从心了。同样的道理，如果平时不去观察生活，不去积累材料，等到要作文的时候，当然会苦于“没有东西写”了。

人的智力有高低，天赋有差异。然而，即使是聪敏过人的人，如果缺乏勤奋学习、刻苦钻研的精神，缺乏生活和知识的积累，到头来还是写不出好文章来的。

那些知识渊博的学者、作家、诗人之所以文思敏捷，能出口成章，下笔成文，是他们不断积累，不断提炼的结果。

唐朝诗人李贺七岁能赋诗，被人们称为“神童”。其实，他取得成就除了天赋条件之外，主要得益于他平时的勤奋和积累。他每天背上破旧的布囊，骑驴出门云游，观察生活。一旦有所得，他立即记在纸上，投入囊中。晚上，回到家里，再选择、归类、整理。日子长了，他积累了大量的生活素材。他运用这些素材，加以创新，写出了不少为后人传诵的名篇佳作。

由此，我们得到启迪：“好记性不如烂笔头。”我们从小要养成这样的好习惯：在身边准备一本笔记本，作为“作文材料仓库”。凡平时看到的、听到的、想到的以及亲身经历的事，都可以储藏到这一个“作文材料仓库”里去。

5. 作文也会“长大”

你信吗？我们在长大，作文也会“长大”。

读一年级的时候，你会说：“妈妈笑了。”

读二年级的时候，你也许会这么说：“妈妈见我数学考试得了100分，高兴极了，笑得连嘴也合不拢。”显然，这一句话比前一句话长，也具体些了，把“妈妈为什么笑”“妈妈是怎样笑的”都写出来了。

读三年级了，积累的词汇多了，观察仔细了，想象力也丰富多了，于是，理所当然地会把句子写得更生动、更丰富了：“妈妈见我不用大人护送，自己乘车回家了，高兴极了。她一把把我搂在怀里，眉毛弯弯的，眼睛眯成了一条缝，嘴微微张开，露出一口洁白的牙齿，腮边还挂着两个甜甜的酒窝。她激动地说：‘明明真的长大了！’”

你看，绘声绘色，形象具体！读了以后，如闻其声，如见其人。

一个叫田原的孩子，翻出了自己在一年级时写的一篇短文，觉得很可笑，短短小小的，一点也不生动：

我和爸爸

爸爸一回家，就上网聊天。有一天，我问他：“你什么时候可以不聊天了？”爸爸说：“你什么时候可以不粗心了？”我和爸爸约定：大家一起改掉坏习惯。过了一些时候，爸爸真的不上网聊天了，我也改掉了粗心的毛病了。

田原读三年级了，他运用自己学到的本领，把这一段短文扩写成一篇生动、有趣的作文。老师看了，连声称好，还说：“田原长大了，田原的作文也‘长大’了！”

父子之约

爸爸是个转业军人。他有一个坏习惯：每天一回到家，就往书房里跑。他放下公文包，一屁股坐在老板椅上忙开了。我刚想向他问好，他已经打开电脑和网友聊了起来，只听到键盘的“沙沙”声，一刻不停，像在跳踢踏舞。

我呢，成绩中等，就因为有一个坏毛病——粗心大意。数学考试时，不是把加号看成了乘号，就是把小数点给漏了。有一次，我粗心地把“老大娘”误写成“老大狼”。闹出了一个大笑话！

有一天，我正在订正数学题。爸爸心血来潮，忽然关心起我来了。他看了我的考卷以后，严厉地对我说："你怎么把'96'写成'90'啦？你什么时候不再粗心啊！"

我眼珠子一转，笑着反问道："那么，你什么时候不再'抱'电脑聊天啦？"

"好小子，你管起我来了？"爸爸停顿了一下，爽快地说，"好！从现在起，我不'抱'电脑聊天了。你从明天起，也要改掉粗心的毛病！"

我拍拍胸脯，十分坚定地说："好！一言为定！"

"拉钩拉钩，一百年不变，谁说话不算数，谁就是小狗。"我和爸爸手指勾着手指大声地说。

几天过去了，妈妈疑惑地问我："豆豆，西边出太阳了！最近，你爸爸怎么不在网上和别人聊天了？"我笑而不语。

那天晚上，叶老师打电话给我妈妈，我拿起分机在书房里"偷听"。只听到叶老师高兴地说："田原最近不粗心了，今天数学考了100分！"我来到妈妈的跟前，只见妈妈乐得眉开眼笑。

爸爸一回到家，我就悄悄地对他说："爸爸，我数学考试得了100分！"

爸爸欣慰地笑了，我也笑了。

妈妈哪里知道，我和爸爸之间有一个约定。

6. 人要呼吸，文要透气

人要呼吸。如果没有新鲜空气的不断摄入，人就会被憋死。文要透气。如果文章不分章节段落，一段到底，写得密密麻麻的话，读文章的人一定会感到很累，而且读了之后，还不明白这篇文章究竟讲了些什么。那么，你写的东西也失去了意义。所以，我把"文章要分段分节，给文章留一点空隙，让文章透一点气"比作"人要呼吸"。

请看下面一篇小学生的习作：

爸爸的脸上，嵌着一双充满智慧的眼睛。他的爱好，就是炒股。每天下班回家后，把包一扔，打开电视，看股市行情。股票涨了，他欣喜若狂，还对妈妈说："明天不用在家吃饭了，到外面潇洒潇洒去。"股票跌了，他一句话也不说。晚饭时，我叫他一声"爹"，他生气地说："别再叫'爹'了，再'跌'下去，钱都'跌光'了！"因为"爹"和"跌"是同音字。爸爸还把我看成他手中的一张股票。一次，我考试得了100分，他喜形于色，对妈妈说："啊！我的股票升值了！"他逢人就说："我持有一个'绩优股'，天天'涨停板'"。还有一次，我在学校里犯了错误，老师叫爸爸到学校去谈谈。回家后，他又对妈妈说："倒霉！我的股票进入了'熊市'。"你瞧！我的爸爸多怪！竟把我看成他手中的一张股票！

不过，我喜欢做爸爸手中的一张"绩优股"，天天"涨停板"，永远是"牛市"。

说实话，我是耐着性子读完这篇习作的。读完之后，我惊喜地发现，这一篇习作写得很好，只可惜，文章"不透风，不透气"，读起来很累。于是，我请来了小作者，让他自己把文章梳理一下。经他一修改、一整理，哈！文章干净了许多，读起来也顺畅多了。真是："丑小鸭"变成"白天鹅"啦！请看修改以后的习作：

我是爸爸的一张股票

爸爸的脸上嵌着一双充满智慧的眼睛。他有一个特别的爱好，就是炒股票。每天下班回家后，他把包一扔，立马打开电视，专心致志地研究起股市行情来。看到股票涨了，他欣喜若狂，还常对妈妈说："明天不在家吃饭了，到外面'潇洒潇洒'去。"股票跌了，他一句话也不说，坐在沙发上生闷气。

有时候，我见他不高兴，想安慰他一下，叫他一声"爹"。谁知，他听了，不但不高兴，还咆哮着说："别'爹、爹、爹'的叫了，再'跌'下去，我的钱都被你'跌光'了！"啊！好大的脾气，我一头雾水。闹了半天，我才明白，原来，"爹"和"跌"是一个音。

更有趣的是，爸爸还把我看成他手中的一张股票。

一次，我数学考试得了100分，他喜形于色，对妈妈说："啊！我的股票升值了！"还说："我持有的是一个'绩优股'，天天'涨停板'。"

还有一次，我在学校里犯了错误，老师叫爸爸到学校去谈谈。回家后，他失望地对妈妈说："倒霉！孩子在学校里表现不好。我的股票进入了'熊市'。"

你瞧！我的爸爸多怪，竟把我看成他手中的一张股票！

其实，我心里明白，他把自己的所有希望都寄托在我的身上。

我喜欢做爸爸手中的一张股票，而且，我还要做一个"绩优股"，天天"涨停板"，永远是"牛市"。

你看，经他这么一整理，不但看起来舒服，而且越看越有趣。

请记住我前面说的那句话："人要呼吸，文要透气"，给文章留一点空隙。

案例3　鼓励孩子写"放胆文"（贾志敏）

作文没有诀窍，更没有捷径，唯有"多读多写"。

读书是学习，是吸收，是积累。

"熟读唐诗三百首，不会作诗也会吟。"这是古人告诉我们"读书自有好处"的道理。

"多写"是泛指，是相对于"不动笔"与"少动笔"而言的。"多写"指多动笔墨，"多写"还要"巧练"。

"课内训练作文"是必需的，是不可缺少的。教师命题，教师提供作文素材，教师指导谋篇布局，遣词造句等，目的是多方面地培养学生作文的能力。然而，事物有其两面性，这样的训练往往会有局限性，会抑制学生的写作热情，因为这样做可能会让孩子去写不熟悉的，乃至不喜欢的东西。

而"课外生活作文"则让学生去写"放胆文"，放开学生的手脚，让学生"天马行空"，"我行我素"。想写什么，就写什么；喜欢什么，就反映什么。只要"有所感"都可以收于笔下。因为没有了束缚，学生的写作热情可能被激发。学生在毫无约束的状态下写出的作文，可能是他真实感情的流露，真实生活的感受。因此，会"有看点"。这样的作文才有可能题材新颖别致，内容真实可信，语言鲜活生动。让我拍案叫绝的作文，大多来自于学生的"课外生活作文"。

这里，介绍几篇学生在课外写成的作文。

1. 妈妈嫁给老外就好了(一年级)

舅妈生小宝宝了。一天，妈妈带着我去探望舅妈。路上，我问妈妈："舅舅是北京人，舅妈是云南人,他们的孩子长大以后说什么话呀?”

妈妈随口说:“当然会说北京话,也会说云南话了。”“如果妈妈嫁给老外就好了。”我说。“为什么?”妈妈不解地问。“那我就用不着学外语了。”我回答道。

2. 小豆芽(二年级)

今天,妈妈要做绿豆沙牛奶。我向妈妈要了十几颗绿豆,我想要种豆芽。

我把绿豆泡在水里,第二天,绿豆长出了一点点白色的小尾巴。我小心地为它换水,第三天,绿豆已经长成可爱的小豆芽了,细细白白的小豆芽头顶着两瓣绿色的小叶子。小豆芽长得非常快。一星期后,它长高了许多,我用尺子量了一下,它已经有24厘米了。

如果我能像小豆芽一样长得那么快就好了,那我就变成大高个姚明了。

3. 给鸭子添一条腿(三年级)

今天我们一家去饭店吃饭。妈妈点了一道老鸭汤,我高兴极了,这可是我最喜欢的,尤其是鸭腿。菜来了,我看着香喷喷的老鸭汤直流口水。爸爸和妈妈一人一只鸭腿,我想再找一个,可是没有了,因为鸭只有两条腿啊!这下美梦泡汤了。所以我只好噘着嘴去夹别的东西吃了。

第二天上美术课的时候,老师让我们画鸭子。不一会儿我就画好了,当我想起昨天吃饭时的情景,便不由得给鸭子再画了一条腿。交作业的时候,老师对我们说:“姚华同学画的鸭子很特别,有三条腿。”接着老师把我的画贴到想象力榜上,还夸奖了我,我兴奋得跳了起来。

妈妈听了,笑得连腰也直不起来了,说:“你这傻孩子!”

这样的作文令人耳目一新。

“课堂训练作文”与“课外生活作文”之间并无冲突,也不矛盾。可以同时进行。

课外生活作文,教师工作的重点则是对学生作文的评讲。应该着重表扬褒奖那些题材新、构思巧、语言鲜活、感情真实的习作。以此鼓励学生发现生活。让学生善于捕捉生活中的小事、琐事、平凡寻常事来表现自己对生活的理解与感悟。

要“创新”,则要放手让学生去认识生活,去发现真理。凡是能从平凡的生活中“发现真理”的作文,都是美文佳作。

还要在“作文后”多下点功夫。

我小时候,作文是用毛笔写的。老师也是用毛笔批改的。

记得我们作文写好以后,都十分迫切想知道自己的作文写得如何,于是期待着老师的评讲。希望老师能把自己的文章介绍给大家,更想知道自己的习作还存在哪些毛病。

那时的老师似乎对待工作是极其认真负责的。除了把错别字一一纠正之外,还添加了一些字词,删掉一些句子。在一些章节、段落和句子下面圈圈点点。作文本上既有眉批还有总评,红字写得密密麻麻,甚至比自己写的黑字还要多。

我极喜欢看老师的批语和评语。看了一遍又一遍,好像百看不厌。看着,看着,日子长了,终于看出不少门道来。我想,自己以后的写话能力的提高,与此不无关系。

时下,老师对学生“作文前”的工作做得不少。做个游戏,搞个实验,演个小品,看个录像,甚至带着孩子去野外、商场、体育馆实地体验和考察,然后,让学生写作文。这样做,对那些找不到写作素材的学生来说,解了燃眉之急。但是,作文,毕竟是要用语言文字来表达客观事物以及自己的思想感情的,功夫要下在语言文字上。

因此,教师还要在“作文后”多下一点功夫:

1. 面批。让孩子坐在自己的身边,批改给他看。

2. 集体批。选择一两篇比较典型的作文,当堂批改。

3. 学生互批互评。将学生分成小组,请小组成员集体讨论评改。

4. 结对子批改。让学生自由组合去熟悉生活、观察生活、体验生活,互相批改。

5. 上好讲评课。教师在课前要做充分的准备,对学生的习作进行分析。表扬好的,鼓励差的,调动学生学习积极性。

6. 誊清作文。学生作文经修改后,发还给他们。再让他们重新誊清。

案例4 《摔鸡蛋的学问》教学实录(张化万)

一、汇报实验结果

师:昨天,张老师给大家布置了什么任务?

生:把鸡蛋从四楼摔下去,有什么办法能让鸡蛋壳不破。

师:当时,你的第一感觉是什么?

生:我的第一感觉是难。

生:不太可能。

生:很刺激的。

师:现在的感觉怎样?

生:这么有难度的问题,我都能解决,我觉得很自豪。

生:我觉得很轻松,仿佛有一块石头从心头去掉的感觉,因为蛋壳没破。

师:想到些什么办法?

(一位学生上前展示,空花篮里垫着海绵,鸡蛋装在小布袋里,拴在花篮的提手上)

生:这是我与陶莹合作的。

师:你怎么会想到与同学合作,为什么不一个人做?

生:我觉得很多事情都需要大家一起来努力,这样才能想到更好的办法。

师:你很有现代人的意识。

(一位学生上前展示鸡蛋被层层包裹,系在自制的小降落伞下)

师:请告诉大家,你是怎么做的?

生:第一次实验时,我用两块海绵将鸡蛋包起来,用线捆住,摔到地上时,线松开了,鸡蛋还是破了。后来,我用油纸袋做了一个降落伞,系在上面,让它增加阻力,摔下去时,鸡蛋壳没破。

师:光脑子想还不行,还要动手实践。这是他两次实验的结果。今天我们班里那么多同学想出了办法,你有什么感觉?

生:很高兴。

生:很激动。

生：很兴奋。

（评：开放了习作的内容，将学生的课堂学习与课外生活紧密联系起来，将语文学习与科学实验有机结合起来。每个学生都带着好奇、疑惑的心情事先在家里经历实验过程。实验材料随手可得，一次实验不成功，多次尝试也无大碍，学生丝毫没有后顾之忧。这种让学生独立实验探究在先、自主习作在后的教学安排，有效地激发了学生作文的兴趣，在课堂教学中的效果是显而易见的）

二、片断练习

师：咱们小学生写作文，主要做到两条：感情真实，内容具体。昨天你感到难，感到很刺激，今天你完成后感到很自豪、很轻松。请你捕捉一点你当时真实的感受，用10分钟时间写出来，注意写出自己的心里话。

（生即时写作片断）

（评：真，是写好作文的出发点，也是作文的生命。教师让学生明白：作文一定要倾注真情，说真话，说实话，说心里话。即时的片断练习一方面满足了学生自我表达的需要，另一方面化解了本次习作的难点）

生：我写的是第一次听到要求时自己心里的想法。听到老师说，要把一个熟鸡蛋从四楼往下摔，并使鸡蛋壳不破，我的心里有一种不敢想象的想法。

师：他用这句话表达自己的感情是对的，但还可以写得更简单些，谁能帮帮他？

生：我的心里有一种不可思议的想法。

生：我简直不敢想象。

师：对，写成"我简直不敢想象"就行了。

生：这位老师不是在开玩笑吗？又不是铁蛋，而是比纸更容易破的鸡蛋，怎么可能不破呢？除非它是生的，而且是个鸟蛋，在空中遇到一股热气流，孵化出一只小鸟飞走了，这倒是有可能的。

师：很有创意呀，不得了。

生：鸡蛋变鸟蛋，鸟蛋变小鸟飞走了。如果不是这样，对我来说，三个字：不可能。

师：这位同学思想很开放，想象大胆。其实只要敢于去想，你们的想象力都是很丰富的。

生：哎，这个办法又失败了。

师："哎"这个很简单的字，把当时的什么给写出来了？

众生：难。

生：我烦躁极了，因为明天张老师要来上课，还给我们布置了这个任务：把一个煮熟的鸡蛋从四楼摔下去，有什么办法能使鸡蛋壳不被摔破？我的第一个办法是：往塑料袋里装满沙子，将鸡蛋放在中间，然后从1米高的地方摔下去。可是，落地时，沙子散开了，鸡蛋壳也破了。鸡蛋从1米高的地方摔下去都破了，更何况从四楼摔下去呢？

（评：学生交流时，教师根据讲评指导的需要适时点拨，时机把握得好，内容、方式也比较恰当）

（生修改片断）

师：把你认为改得成功的地方，让大家欣赏欣赏。

生："心里有一种获大奖的感觉，觉得自己既能干，又聪明，简直像个神童"改成"心里有一种获诺贝尔大奖的感觉，觉得自己既能干，又聪明，简直像只快乐的小鸟"。

生：我实验成功后，简直像中国足球冲出亚洲一样，高兴得不得了，真想狂欢一天。

……

（评：珍视学生独特的体验和感受，鼓励学生尝试运用课内外积累的好词佳句，练习有创意的表达）

三、自主拟题

师：张老师想请教大家，今天这个实验，我们大家都做了，那么怎样才能写出自己的个性来呢？你们四人一组议一下，可以拟些什么题目呢？

（生自拟题目）

生：《鸡蛋历险记》《一堂有趣的作文课》《有趣的张老师》《有趣的实验》。

生：《"铁"鸡蛋》《鸡蛋里飞出了"小鸟"》《不可能的任务》。

生：《到底难不难》《大胆的实验》《啊！成功了》。

师：《啊！成功了》，这个题目好。

生：《鸡蛋的故事》《鸡蛋要有安全感》《我和我的鸡蛋》。

生：《我——天才》。

（众生笑）

师：为了谨慎起见，我建议你在"天才"上加个——

生：引号。

生：《鸡蛋的末日》。

师：我建议你在"鸡蛋的末日"后面加上一个问号《鸡蛋的末日？》。

……

（评两个小小标点的处理，让我们感受到张老师扎实的语文功底和高超的点拨艺术）

四、自由作文

师：这么多题目，我们可以自由选择，每人写自己最愿意写的题目。可以写自己拟的题目，也可以写别人拟的题目，还可以写新拟的题目。10分钟时间，写你最有把握、最想写的一段。要求写具体，写你看到的、听到的、想到的、说的、做的。

（生写作，师巡回指导）

（评：学生自主拟题、自由表达和有创意的表达表现得很充分；教师为学生的自主写作提供了有利的条件和广阔的空间）

五、互评互改

（生相互交换评改，师巡回指导）

师：你在批的时候，有没有发觉写得特别好的文章想推荐给大家？一段、一句话也行。

（评：学会欣赏是现代人的基本素质之一。愿意将自己的习作读给他人听，与他人分享习作的快乐也是习作的目标）

生：我的题目是《我——鸡蛋》。一天，我被主人塞进一座用海绵做的小房子里，憋得我透不过气来。

师：哪一句比较好？

生：透不过气来。房子外面套了一只塑料袋，系在一个降落伞下面。我想：该不会把我当作跳伞运动员，让我从几十米高的地方跳下去吧？哎，我还不想死呢。于是，我撞撞海绵，对小主人说："不要把我从高空摔下去。"

师：是"要求"小主人，还是"乞求"他？

生：是"恳求"。可小主人装作没听见。于是，我又喊："救人一命，胜造七级浮屠。如果你救我一命，我会让你升到八级浮屠的。"

（众生笑）

生：可是，我喊来喊去，就是没有用。

生：我的题目是《鸡蛋实验之失败》。摔鸡蛋实验，其实很简单，至少开始我是这么认为的。不就是把熟鸡蛋从四楼摔下，让蛋壳不破吗？晚饭以后，我就开始做了。在做以前，我特意看了一下表，是8点，估计1小时后能做完。可是时间过得很慢，不到半个小时，一团报纸包着鸡蛋便被我从四楼摔了下去。"咔嚓"一声，告诉我答案：失败也。

师：她用了一个"失败也"，很浅近，很诙谐。

生：我急匆匆地跑下楼，找了半天，才找到鸡蛋。一看，四分五裂。只能剥了壳吃进了肚子里。我终于发现，这个任务原来这么难，说它是一个不可能的任务，也不夸张。只好再煮一个。

（评：写作实践当然也包括学生的自我修改和相互修改。只有这样，学生才会在反复推敲中提高自己语言文字表达的能力，才会感悟并汲取同伴习作的"亮点"，并增强对自己、对他人的责任感。从上面这个精彩的教学片断中，我们不难发现学生有一定的自我修改的能力，也不难体会教师在着力引导学生丰富自己的语言表达）

六、课外延伸

师：同学们写得都挺不错。这节课在大家艰苦、辛勤的学习中，在我们愉快的笑声中就要结束了。我最后想给大家提供一个有关鸡蛋的玩法：看谁能让鸡蛋在桌面上竖着，不得用任何辅助工具，坚持5秒钟。

第七章　口语交际教学与综合性学习

语文课程标准在教学建议部分明确提出："口语交际能力是现代公民的必备能力。应培养学生倾听、表达和应对的能力，使学生具有文明和谐地进行人际交流的素养。"可见，提高学生的口语交际能力是现代社会发展的需要。口语交际教学能够强化学生智力的发展，有利于创新型人才的培养，口语交际训练有利于读写能力的协调发展，全面提高语文素养。

第一节　口语交际教学的目标与任务

一、口语交际教学的目标

语文课程标准在总体目标与内容部分提出要求学生具有日常口语交际的基本能力，学会倾听、表达与交流，初步学会运用口头语言文明地进行人际沟通和社会交往。

（一）第一学段（1—2 年级）

(1) 学说普通话，逐步养成讲普通话的习惯。

(2) 能认真听别人讲话，努力了解讲话的主要内容。

(3) 听故事、看音像作品，能复述大意和自己感兴趣的情节。

(4) 能较完整地讲述小故事，能简要讲述自己感兴趣的见闻。

(5) 与别人交谈，态度自然大方，有礼貌。

(6) 有表达的自信心。积极参加讨论，敢于发表自己的意见。

（二）第二学段（3—4 年级）

(1) 能用普通话交谈。学会认真倾听，能就不理解的地方向人请教，就不同的意见与人商讨。

(2) 听人说话能把握主要内容，并能简要转述。

(3) 能清楚明白地讲述见闻，说出自己的感受和想法。讲述故事力求具体生动。

（三）第三学段(5—6年级)

(1) 与人交流能尊重和理解对方。

(2) 乐于参与讨论，敢于发表自己的意见。

(3) 听人说话认真、耐心，能抓住要点，并能简要转述。

(4) 表达有条理，语气、语调适当。

(5) 能根据对象和场合，稍作准备，作简单的发言。

(6) 注意语言美，抵制不文明的语言。

二、口语交际教学建议

（一）教学建议

口语交际能力是现代公民的必备能力。应培养学生倾听、表达和应对的能力，使学生具有文明和谐地进行人际交流的素养。

口语交际是听与说双方的互动过程。教学活动主要应在具体的交际情境中进行，不宜采用大量讲授口语交际原则、要领的方式。应努力选择贴近生活的话题，采用灵活的形式组织教学。

重视在语文课堂教学中培养口语交际的能力，鼓励学生在各科教学活动以及日常生活中锻炼口语交际能力。

（二）评价建议

口语交际的评价，须注重提高学生对口语交际的认识和表达沟通的水平。考察口语交际水平的基本项目可以有讲述、应对、复述、转述、即席讲话、主题演讲、问题讨论等。

口语交际的评价，应按照不同学段的要求，综合考察学生的参与意识、情意态度和表达能力。第一学段主要评价学生口语交际的态度与习惯，重在鼓励学生自信地表达；第二、第三学段主要评价学生日常口语交际的基本能力，学会倾听、表达与交流。评价宜在具体的交际情境中进行，让学生承担有实际意义的交际任务，并结合学生在日常生活和学习活动中的表现，综合考查学生真实的口语交际水平。

第二节　口语交际教学开展的途径

语文课程标准在教学建议部分提出：“口语交际是听与说双方的互动过程。教学活动主要应在具体的交际情境中进行，不宜采用大量讲授口语交际原则、要领的方式。应努力选择贴近生活的话题，采用灵活的形式组织教学。”“重视在语文课堂教学中培养口语交际的能力，鼓励学生在各科教学活动以及日常生活中锻炼口语交际能力。”

因此，口语交际教学可围绕具体可感、有形象、有情节的内容在具体的交际情境中进行。不必过多传授口语交际知识，可介绍一些生动的例子，启发学生提高口语交际水平。口语交际教学开展的途径主要有以下四种。

一、读写教学中的依附训练

口语交际是运用口头语言进行思想交流的活动，而口语的运用无处不在，阅读教学和写作教学都离不开口头语言的运用，因此可以在读写教学中进行口语交际的训练。听讲、诵读、复述、答问、即席发言、讲述故事和见闻都是很好的训练方式。

二、口语交际专题训练

结合教材中安排的主题组织学生进行口语交际训练，或者教师从生活中选择、确定主题进行口语交际训练。

三、开展活动集中训练

教师通过组织学生进行专题演讲、讨论、辩论等专项活动进行口语交际训练。

四、分项训练的具体方法

为了有针对性地提高学生听或说的能力，可以对学生进行分项训练。

（一）听话训练的方法

1. 听读

听读是指学生通过听口诵或录音所提供的文字材料，把握其内容，理解其意图，学习其表达，以提高口语交际能力的一种训练方法。

2. 听述

听述是指学生通过听别人的讲述、讲解，会话，讨论，从而获得知识，学习表达技能，体会语言艺术，锻炼听话能力的一种训练方法。

3. 听问

听问是指学生通过听老师或同学提出问题，加以分析，指出问题的实质、答问的关键、解决问题的方向，或直接做出回答，从而提高听话能力的一种训练方式。

4. 听记

听记是指学生通过收听口语材料加以记录以提高听话能力的一种训练方法。听记需要耳、脑、手互相协调，因而能够培养学生反应的敏捷性、注意的分配力、行为的协调感。

5. 听辨

听辨是指训练学生在听过一段或一篇在内容或表达上，或者是在读音上或句读上有误的语言材料后，加以分辨区别，以提高听话能力的一种训练方法。

6. 听测

听测是指学生通过对语言材料的感知，运用回忆、联想、想象等思维方式，产生顿悟，得出新的认识的一种训练听话能力的方法。

7. 听评

听评是指学生在听过语言材料后，当即发表评论，从而提高听话能力的一种训练方式。

（二）说话训练的方法

1. 朗读

朗读是说话训练最基本、最常用的手段。特别是文学作品的朗读，更能使学生受到一定的感染和熏陶。

2. 背诵

背诵是一种传统的口语训练形式，要求学生在充分理解文章的思想内容、表现形式、语言特色的基础上，不看原文而准确地诵读。

3. 复述

复述是把读过的、看过的、听到的文字读物或声像材料用自己的话表达出来的一种说话方式，也是训练学生说话能力的一种方法。

4. 问答

问答属交流型的说话训练，它运用一问一答的形式，锻炼学生快速的反应能力和对语言的接受能力与组织能力。

5. 会话

会话也是说话训练经常采用的方法之一。会话要根据特定的时空条件、特定的语言环境、不同的交际对象，灵活巧妙地组织语言，根据对方的语言和态度，随机应变，把话题引向深入。

6. 发言

发言是一种即席式的独白，具有临时性、广泛性、不确定性、非正式性。发言是在缺乏准备的条件下进行的，因而需要有机敏的思维能力和快捷的应变能力，最能体现一个人口语表达水平的高低。

7. 讨论

讨论是围绕一定的中心议题，大家各抒己见，求得观点的统一或问题的解决的一种群体式的交流方式。

8. 演讲

演讲是指面对较多听众，借助于语言、表情、姿态、手势，集中阐述某一个问题的一种说话形式。

总之，口语交际教学的目标是使学生在交际活动中做到四有：言之有礼、言之有物、言之有序、言之有节。

第三节　小学语文综合性学习

综合性学习是基于教材和学生的直接经验，密切联系学生自身生活和社会生活，体现对学科知识综合运用的一种学习形态。由于综合性学习是学生根据自己的兴趣和需求去发现课题、设计课题的活动，所以通过自身努力解决课题的学习过程，可以培养学生的个性。综合性学习还可以使学生在各个学科中获得的知识、思考力、判断力、表现力、技能等相互关联，并可以将这一学习机会提供给学生。同时，综合性学习促进了信息教育在中国学校教育中的有效开展和实施，并为学生从情境中获取知识和技能提供机会。

一、小学语文综合性学习的目标与任务

（一）第一学段（1—2 年级）

（1）对周围事物有好奇心，能就感兴趣的内容提出问题，结合课内外阅读共同讨论。

（2）结合语文学习，观察大自然，用口头或图文等方式表达自己的观察所得。

（3）热心参加校园、社区活动。结合活动，用口头或图文等方式表达自己的见闻和想法。

（二）第二学段（3—4 年级）

（1）能提出学习和生活中的问题，有目的地搜集资料，共同讨论。

（2）结合语文学习，观察大自然，观察社会，用书面或口头方式表达自己的观察所得。

（3）能在教师的指导下组织有趣味的语文活动，在活动中学习语文，学会合作。

（4）在家庭生活、学校生活中，尝试运用语文知识和能力解决简单问题。

（三）第三学段（5—6 年级）

（1）为解决与学习和生活相关的问题，利用图书馆、网络等信息渠道获取资料，尝试写简单的研究报告。

（2）策划简单的校园活动和社会活动，对所策划的主题进行讨论和分析，学写活动计划和活动总结。

（3）对自己身边的、大家共同关注的问题，或电视、电影中的故事和形象，组织讨论、专题演讲，学习辨别是非、善恶、美丑。

（4）初步了解查找资料、运用资料的基本方法。

二、综合性学习教学建议

（一）教学建议

综合性学习主要体现为语文知识的综合运用、听说读写能力的整体发展、语文课程与其他课程的沟通、书本学习与生活实践的紧密结合。

综合性学习应贴近现实生活。联系生活中的实际问题开展学习活动，在实现语文学习目标的同时，提高对自然、社会现象与问题的认识，追求积极、健康、和谐的生活方式，增强抵御风险和侵害的意识，增强在与自然、社会和他人互动中的应对能力。

综合性学习应突出学生的自主性，重视学生主动积极的参与精神，主要由学生自行设计和组织活动，特别注重探索和研究的过程，要加强教师在各环节中的指导作用。

综合性学习应强调合作精神，注意培养学生策划、组织、协调和实施的能力。

综合性学习的设计应开放、多元，提倡与其他课程相结合，开展跨领域学习。跨学科学习，也应以提高学生语文素养为目的。

积极构建网络环境下的学习平台，拓展学生学习和创造的空间，支持和丰富语文综合性学习。

（二）评价建议

综合性学习的评价，应着重考察学生的语文综合运用能力、探究精神与合作态度。主要着眼于学生在综合性学习过程中的表现，如是否能积极参与活动，是否能主动提出问题，还有搜集整理材料、综合运用语文知识探究问题、展示与交流学习成果等方面的情况。

第一、第二学段要较多地关注学生参与语文学习活动的兴趣与态度；第三学段要多关注学生在语文活动中提出问题、探究问题以及展示学习活动成果的能力。各个学段综合性学习的评价都要着眼于促进学生提高语文水平的效率，并有助于他们扩大视野，更好地掌握学习语文的方法。

评价要尊重和保护学生学习的自主性和积极性，鼓励学生运用多种方法，从不同的角度进行探究。要充分注意学生解决问题的思路和方法。对有新意的思路和表达以及有特点的展示方式，尤其要给予足够的重视。除了教师的评价之外，要多让学生开展自我评价和相互评价。

三、综合性学习教学

从已经出版的各套语文教科书中，可以看到具有代表意义的综合性学习的教学内容。下面的内容举例及其评介，为给语文教师提供教学方便，也让大家有进一步创新的基础。

（一）第一学段(1—2 年级)

(1) 春天(湖南教育出版社《语文》二年级下册)。

(2) 庆祝六一儿童节(语文出版社 S 版《语文》二年级下册)。

围绕“春天”的语文活动，从语文学习出发，让孩子种花养蚕，在实践中感受春天，记录春天。这样的活动，李吉林老师坚持不懈，她引导学生到大自然中，享受生活，观察生活，写观察日记，有效地促进了学生听、说、读、写能力的发展。由此，也可以说，“综合性学习”不是别出心裁的新鲜事，而是优秀教师经验的总结和推广。

二年级下册学生“庆祝六一”的活动，已经有经验了，如果在老师的指导下，让他们自己策划部分内容，参与的积极性可能更高，写出来、画出来的内容可能更生动。

（二）第二学段(3—4 年级)

(1) 漫游寓言世界(湖南教育出版社《语文》三年级下册)。

(2) 家乡人说普通话情况的调查(长春出版社《语文》三年级下册)。

(3) 策划新年联欢会(语文出版社 A 版《语文》三年级下册)。

“漫游寓言世界”是结合前一单元的课文设计的，让孩子扩大阅读面。这个活动简单易行，如果经常开展，相信学生受益不浅。

“家乡人说普通话情况的调查”就有一定难度了，需要学生“有目的地搜集资料，共同讨论，并提出一点解决办法”。这个活动有两个优点：一是有指导地让学生自主活动；二是和语文学习结合紧密，有利提高语文素养。

“策划新年联欢会”显然提高了学生自主活动的要求，更具有挑战性。过程指导清楚，有民主，有集中。学生要写方案，写节目单，写通知……还有哪些应用文的写作，有如此明确的“应用目的”？有如此及时的“应用效果”检验？让语文学习“活起来”，是设置综合性学习内容的目的之一。

（三）第三学段（5—6年段）

（1）遨游汉字王国（人民教育出版社《语文》五年级上册）。

（2）说名道姓（江苏教育出版社《语文》五年级上册）。

（3）读报与剪报（江苏教育出版社《语文》六年级上册）。

（4）我的成长册（江苏教育出版社《语文》六年级下册）。

（5）搜集民间故事或民间歌谣（语文出版社S版《语文》五年级下册）。

“遨游汉字王国”就汉字学习，提出了诸多活动建议和具体的活动要求，内容多，可选择空间大，需要采用“自主合作探究”的学习方式，需要不断调整方案。在活动过程中，还可以按活动专题再分工，既可避免过多的重复研究，也能让每个学生有自己的研究成果。

“说名道姓”既是识字的深入，也是传统文化的探究。“知识竞答”有趣而实用；“大名小名”给孩子带来温馨回忆；“无名国旅游”给单调的名姓研究放飞了想象的翅膀。编者构思细致，教师使用时就方便多了。

“读报与剪报”从学生感兴趣的内容入手，帮助他们了解报纸，阅读报纸，关注传媒的语言变化。剪报也是一种搜集整理资料的方法，持之以恒，大有好处。成果展示，注意到评价标准的多元，有利对全体学生的激励。综合性学习的评价应着重考察学生的语文的综合运用能力，以及探究精神和创新意识。尤其要尊重和保护学生学习的自主性和积极性，鼓励学生运用多种方法，从不同的角度进行多样化的探究。这种探究，既有学生个体的独立钻研，也有学生群体的讨论切磋，所以除了教师的评价之外，要多让学生开展自我评价和相互评价。

“我的成长册”以商量的语气和学生共同探讨“语文学习集锦袋”的意义和制作方法，指导细致，相信会给教师许多启发。

“搜集民间故事或民间歌谣”类似“采风”，要求可高可低，即使在偏远的学校，也有条件开展。语文综合性学习的创新，农村教师同样大有可为。

有些综合性学习跨越了学科界限，要与其他学科结合，这是必要的。但是要把握好分寸，跨学科内容的安排应围绕语文的听、说、读、写等活动进行，重在提高学生的语文素养。

四、综合性学习评价

比较《实验稿》，关于此部分的评价，《语文课程标准》主要强调了如下的评价思想。

一是关注学生参与综合性学习的兴趣和态度。老师应该设计有挑战性的活动；评价要促进学生的兴趣和激励创新探究精神，特别要重视“有新意的思路、表达以及有特点的展示方式”。

二是强调评价要体现语文学习的特质，要关注语文素养的提高，如识字写字、阅读写作、口语交际能力的发展。语文的综合性学习没有这个特质，也就失去了语文课程的本色。

在语文的综合性学习评价中，随机的评价较多，需要教师将其变成自觉的评价行为——

即关注学生的参与态度，关注学生有新意的表现，关注学生的听、说、读、写，等等。对这些表现与结果及时做出诊断，使用"激励、调整、引导、示范"等各种方式，促其发展。比较客观的有计划的语文综合性学习评价方法则专业性较强，需要深入探索。

综合性学习的主要特点是具有实践性、探究性和开放性。

综合性学习是将实践放在第一位的。例如第一学段要求学生"用口头或图文等方式表达自己的观察所得"，第二学段要求学生"在家庭生活、学校生活中，尝试运用语文知识和能力解决简单问题"，第三学段要求学生"策划简单的校园活动和社会活动，对所策划的主题进行讨论和分析，学写活动计划和活动总结"，等等，其意图都在于培养学生的实践能力。

综合性学习的主要学习方式之一是探究。它要求从语文学科领域或现实社会生活中选择和确定研究主题，在教学中，创设一种类似于学术研究的情境，通过学生自主、独立地发现问题、搜集与处理信息、表达与交流等探索活动，获得知识、技能、情感与态度的发展，特别是探索精神和创新能力的发展。

综合性学习具有开放性。综合性学习的学习内容和形式是多样的，《语文课程标准》中所提出的一些教学活动建议带有举例性质，不可能也不必遍举。各学段教学目标的设定也具有开放性，给学校、教材编著和学生留下了很大的创造空间。

综合性学习的这些特点需要的是与之相适应的评价方法，这是单一的纸笔测验所难以胜任的。首先，选择题和其他各种客观题倾向于强调事实性的知识和低水平的技能，而忽略了较高层次的解决问题能力和思维能力；其次，这种测验对教学的导向与综合性学习所倡导的教学方式不很相符，因为后者强调的是让学生在探究过程中自己去建构知识，并用适当的形式表达自己的理解，而不是要得到一个单一正确的或最佳的答案。这样，一些反映教学评价新理念的评价方法就必然进入我们的视野，成为综合性学习教学评价重要的评价方式。

（一）限制性任务

限制性任务对学生的预期表现提出了一些要求，这些要求通常描述得很明确，从而使学生的表现沿着一定的方向展开。限制性任务通过约束学生在活动中的行为，使任务的结构性更强，并只需要较少的完成时间。这样就可以执行更多的任务，使得测查内容的覆盖面更加宽泛。因为结构性较强，限制性任务的评分也比较容易。

案例 1

在图书馆或网上查找一份你喜欢的某位童话作者的资料，结合他的某一作品向全班同学作介绍。

除了评价学生介绍的效果，还可以通过追问，评价他们查找资料的途径、方法。限制性任务通常要求学生进行真正的操作和动手活动，例如设计海报、查找资料等。

（二）扩展性任务

在语文综合性学习评价中，扩展性任务可以要求学生针对一个主题，自主地通过各种渠道查找有用的信息。例如，学生可以通过图书馆、网络检索、观察、设计一个调查等方式搜集资料。让学生自己鉴别哪些资料对完成任务最有用。对这一过程产生的结果，可以要求学生以不同的形式表达出来。例如设计图表、使用照片或图画、建构简单的模型等。

扩展性任务更多地涉及对解决实际问题能力的评价,完成这种任务往往要求学生具备多种技能、独创性、主动精神和合作意识等。

预先告之评分规则,使学生清楚地了解完成任务的预期目标。详细说明在评价行为表现时所使用的标准,可以使学生明确任务的预期目标。这不仅可以为他们提供努力的方向,还可以帮助他们把握学习内容的重点。在下面的例子中,列出了像活动计划的可行性、活动过程的生动性以及活动总结的深刻性等评价指标,使评价标准显得更清晰。

案例 2

策划一个"班级读书报告会"。你的成绩将从活动计划的可行性、活动过程的生动性以及活动总结的深刻性三个方面来评价。

(三)综合性学习后对学生过程中的态度表现评价

在对完成任务的过程和行为表现进行评价的方法,有教师评价、自我评价、同伴评价等各种方式。等级量表可以作为评价工具。

等级量表通常包含不同的水平等级(如优秀、好、一般、差)或频率等级(如总是、经常、有时、从不),对不同的等级还要提供相应特征和表现的描述。

等级量表样例

指导语:通过把 * 放在下面每一题目水平线上的某一位置,对学生的表现进行评价。在"其他意见"一栏中,你可以写上你的意见,用以进一步说明你的评价。

学生参与小组讨论的程度如何?

从不参与__________和小组成员有同样__________比小组里其他__________

非常被动__________参与程度__________成员参与得都多__________

其他意见:

(四)综合性学习的作品分析评价

综合性学习的作品包括为活动制订的计划、海报、图画、视频、调查问卷、发言演讲、研究报告等等,这些作品应该是学生自己或小组合作完成的。评价的对象可能是个人,也可能是小组。在下例活动中,尝试收集学生的作品。

案例 3

参与"日本福岛地震与核安全"问题的讨论,然后完成一份简单的研究报告。

在班上策划一个小型图片或实物展览,主题可自定。并要求写出活动计划和活动总结。

某班(几位)同学"网上读写与交流"现状调查。请你就此问题尝试写一份简单的研究报告。

对收集到的作品可以从下列方面做出评价:

(1)作品内容的丰富程度。

(2)作品内容的正确(或准确)程度。

(3) 作品在同伴(或受众)中受欢迎的程度。

(4) 作品在观点或表达形式上体现的创新意义。

(5) 作品语言文字的规范程度。

(6) 研究报告引用资料来源是否清楚标出,这些资料的可信程度。

对这类综合性较强活动的评价,可以将过程中的表现评价与作品分析评价结合起来,既评价结果,也评价过程。通过诊断、分析、反馈、鼓励、改进,达到评价的目的——激发兴趣,深化认识,培养能力,提高语文素养。①

思考与练习

1. 《全日制义务教育语文课程标准》对小学阶段学生的口语交际能力和综合性学习提出了哪些要求?

2. 在小学阶段,如何开展口语交际教学和综合性学习?

3. 阅读以下案例,作简要评析。

案例　口语交际《接待客人》(S版一年级上册第四单元"能说会道"专题)

一、情境表演,做好交际铺垫

1. 师戴上猪八戒的面具,跟同学打招呼:嘿,小朋友们,你们好,认识我吗?

生(大声说):认识。

师:我叫——

生:猪八戒!

师:对,我就是猪悟能,猪八戒。今天呀,我请客。我要请我的师兄孙悟空,我的师弟沙和尚,对了,可别忘了师父。(师掏出手机)我先打个电话。

师:喂,您好,师父!我的橘子丰收了,快过来品尝我的橘子吧。对,今天,请叫上师兄和师弟,让他们也尝尝。是,让我们好好聚一聚。

师(转身面对学生):师父他们马上就要来了,小朋友们,这是我猪八戒第一次待客,我还真不知该怎样接待客人。嘿,俗话说得好,三个臭皮匠,赛过一个诸葛亮。请小朋友们帮帮我好不好?

生(大声说):好!

2. 师:真是太好了,那就请同学们看看我的困难吧。

师:客人来之前我该准备什么?客人来时我该怎么做?客人走时,我该怎么做?等一下你们告诉我时,可按下面的句式来说。

出示句式:八戒,当客人未来时,你要( );当客来时,你要( );当客人进屋时,你要( );当客人走时,你要( )。

---

① 雷实.关于综合性学习[DB/OL].[2013-01-01].人民教育出版社课程教材研究所网站.

师:同学们先在小组内交流一下,然后综合一下意见,最后小组长来把你们的意见告诉我猪八戒。

(学生小组内交流,师巡视)

师:刚才,我看到大家为我猪八戒这么用心地想办法,真让我感动呀!真想听听大家都为我想了哪些办法。

3. 小组汇报,教师适机用激励的语言表扬他们。

师:小朋友们说得真有道理,师父他们来了一定很满意。

4. 三名学生戴着面具上台(一人饰唐僧,一人饰孙悟空,一人饰沙和尚),摁门铃:叮咚叮咚。

师:师父他们来了。(满面笑容地去开门)师父、大师兄、沙师弟请进。(到事先摆好的桌子旁)请坐。口渴了吧,请喝茶。这是上等的龙井茶。(拿橘子来)请吃橘子。甜不甜?爱吃就多吃些。

孙悟空(飞快地剥了一个,尝一瓣):好吃,好吃,真好吃!

沙和尚也连声说:是呀,真甜!

猪八戒听了,笑呵呵地:好吃就敞开肚皮吃吧。

唐僧边细细品尝着橘子,边语重心长地对猪八戒说:八戒,吃着你劳动的果实,为师真高兴呀,我的二徒弟终于学会自力更生了。

猪八戒不好意思地点点头说:是呀,是呀!劳动的感觉真好!师兄,我们一起来下棋吧。

孙悟空和沙和尚连忙应和:好!

棋局开始,师徒四人围着桌子下棋……

过了一会,师父看表,起身:八戒,我们吃也吃饱了,玩也玩得差不多了,真高兴呀,谢谢你热情的招待。时间不早了,我们回去了。再见!

孙悟空和沙和尚也分别说再见。

师边送边说:师父、师兄、沙师弟,你们慢走,有空常来!再见!

5. 师再次面对全体学生:嘿嘿,小朋友们,我真得感谢你们,在你们的热心帮助下,师父他们对我的招待满不满意?

学生大喊:满意。

师:为你们自己鼓掌!

二、明确接待客人的注意事项

师:小朋友们,平时在家接待过客人吗?

生:接待过。

师:接待过谁?是怎样接待的?

(指名说,教师适时表扬懂事有礼貌的孩子)

师:刚才,同学们的表现都不错,能帮助猪八戒接待客人,在家还能自个儿接待客人。今天我们口语交际的内容就是接待客人。(板书:接待客人)

师:那有谁能说说接待客人应该注意些什么?

(学生交流汇报)

教师据生板书：有礼貌(请进、请坐、请喝茶、再见)、热情、大方。

三、观察插图，实际操练

师：从刚才的表现当中老师知道，我们班的同学都是些热情大方有礼貌的好孩子，下面我们就来比一比，看看谁是最佳小主人。

师(出示课文插图)：请同学们先认真观察图，看看图上有什么人，在干什么，会说些什么。提一个醒，一定要按顺序看。

(学生观察)

生汇报观察所得：

第一幅图说的是有客人来了。

第二幅图说的是小明去给客人开门。

第三幅图说的是小明请客人进屋。

第四幅图说的是小明请客人喝茶。

师：小朋友们看得真仔细。那当客人敲门时，小明会说些什么？小明请客人进屋时会说什么，客人会说什么呢？当请客人喝茶时应该怎么说呢？客人又会怎么说？当客人要走时，小明会怎么说，怎么做？请同学们两人一组，一人当小明，一人当客人，对了，客人身份可以是阿姨、老师等。

(学生分角色表演，教师巡视)

(请几组学生上台表演)

师：他们表演得怎样？小明是不是一个好主人？为什么？

四、教师参与表演，巩固所学

师：刚才，同学们出色的表现，看得老师的心都痒痒了，恨不得马上能到你们家去做客，也享受一下做客人的滋味。你们欢迎吗？

生：欢迎！

师：好，我这就来，我去谁家做客呢？我还是去吴小涵家吧，因为她很乖，别人说话时她认真地听，有问题时她举手发言，发言时声音又响亮，真是一个守纪律的好孩子！

(师走到学生座位旁“敲门”，吴小涵“开门”，高兴地说：您好！肖老师，欢迎您到我家做客。请进)

师：小涵，你一个人在家吗？

吴小涵：是的，我爸爸妈妈上班去了。老师请坐。

师：好，谢谢。那他们什么时候回来？

吴小涵：不知道，应该快来了吧，肖老师，您稍等一下。

吴小涵引老师到事先摆好的道具前坐下。

吴小涵：肖老师请喝茶。

师：谢谢！

吴小涵：老师，您找我爸爸妈妈有什么事吗？

师：其实也没什么，就是来看看你家的情况。时间不早了，我先回去了！

(师起身)

吴小涵：老师就在我家吃完晚饭再回去吧。

师：不了，下次你爸爸妈妈在家的时候再来。

吴小涵给老师开门，并说：肖老师再见！

师：再见！

（让学生评价好在哪里，有什么不足，有何意见）

五、评出最佳，总结提出要求

师：时间有限，老师不能一一到同学们家中做客，真遗憾！请同学们评一评，在这节课中哪几个同学表现最出色。

学生发言评出最佳小主人。

师（发奖后，面对着得奖学生）：得了最佳小主人奖，高兴吗？嗯，看我们的老朋友——猪八戒也向你表示祝贺来了。

师（重新戴上猪八戒的面具）：祝贺你。同学们，你们羡慕不羡慕他们呀？我也是，我羡慕你们大家，想不到你们小小年纪，懂得的待客之道竟然比我老猪还多，今天也多亏了你们，我才把师父招待好了。在感谢你们的同时，我还有一点小要求，就是想请同学们回家想想，如果来的是陌生人，你一点也不认识，该怎么办？假如你是去做客，又要注意些什么？

礼貌待客、讲礼节是中国的传统美德，我们应该从平时做起，做个讲文明、有礼貌的好孩子。在今后的接人待物中，用自己的文明举止去赢得别人的赞扬。

第八章 小学语文课程资源的开发与利用

《义务教育语文课程标准》(2011 年版)中多次提到“课程资源”一词,在课程基本理念部分,阐述努力建设开放而有活力的语文课程时,这样写道:“语文课程应该是开放而富有创新活力的。要尽可能满足不同地区、不同学校、不同学生的需求,确立适应时代需要的课程目标,开发与之相适应的课程资源,形成相对稳定而又灵活的实施机制,不断地自我调节、更新发展。”

在实施建议中教学建议部分,阐述充分发挥师生双方在教学中的主动性和创造性时,这样写道:“教师应确立适应社会发展和学生需求的语文教育观念,注重吸收新知识,不断提高自身的综合素养。应认真钻研教材,正确理解、把握教材内容,创造性地使用教材;积极开发、合理利用课程资源,灵活运用多种教学策略和现代教育技术,努力探索网络环境下新的教学方式;精心设计和组织教学活动,重视启发式、讨论式教学,启迪学生智慧,提高语文教学质量。”

在实施建议中还专门论述了课程资源开发与利用的建议。

(1) 语文课程资源包括课堂教学资源和课外学习资源,例如:教科书、相关配套阅读材料、其他图书、报刊、工具书、教学挂图,电影、电视、广播、网络,报告会、演讲会、辩论会、研讨会、戏剧表演,生产劳动与社会实践场所,图书馆、博物馆、纪念馆、展览馆,布告栏、报廊、各种标牌广告,等等。自然风光、文化遗产、风俗民情、方言土语,国内外的重要事件,日常生活的话题等也都可以成为语文课程的资源。

(2) 各地都蕴藏着多种语文课程资源。学校要有强烈的资源意识,认真分析本地和本校的特点,充分利用已有的资源,积极开发潜在的资源,特别是人的资源因素和在课程实施过程中生成的资源因素。

(3) 学校应积极创造条件,努力为语文教学配置相应的设备;还应当争取社会各方面的支持,与社区建立稳定的联系,给学生创设语文实践的环境,开展多种形式的语文学习活动。

(4) 语文教师应高度重视课程资源的开发与利用,创造性地开展各类活动,增强学生在各种场合学语文、用语文的意识,通过多种途径提高学生的语文素养。

第一节 语文课程资源的基本概念

课程资源是指课程要素来源以及实施课程的必要而直接的条件。课程资源的结构包括校内课程资源和校外课程资源。校内课程资源,除了教科书以外,还有教师、学生,师生本身不同的经历、生活经验和不同的经历、学习方式、教学策略都是非常宝贵的、非常直接的课程资源,校内各种专用教室和校内各种活动也是重要的课程资源。校外课程资源,主要包括校外图书馆、科技馆、博物馆、网络资源、乡土资源、家庭资源等。

课程资源的概念,有学者根据课程资源的功能特点,将其分为素材性课程资源与条件性课程资源,并对课程资源的概念进行了广义与狭义之分:广义的课程资源是指有利于实现课程目标的各种因素;狭义的课程资源仅指教学内容的直接来源。按空间分布和支配权限分为校内课程资源与校外课程资源,凡是学校范围内的课程资源就是校内课程资源;超出学校范围的就是校外课程资源。还可以根据其他的标准划分为社会资源与自然资源,人力资源、物力资源与财力资源,纸质资源与电子声像资源等等。由于划分标准的多样,定义也就不同。校内课程资源可以包括素材性课程资源和条件性课程资源,校外课程资源也同样包括素材性课程资源和条件性课程资源。

语文课程资源包含的范围非常广泛,可以说,凡是有利于提高学生语文素养的一切资源都可以归入语文课程资源的范畴。

第二节 如何开发和利用小学语文课程资源

《义务教育语文课程标准》特别重视对语文课程资源的开发和利用,明确指出学校要有强烈的资源意识,认真分析本地和本校的特点,充分利用已有的资源,积极开发潜在的资源,特别是人的资源因素和在课程实施过程中生成的资源因素。语文教师应高度重视课程资源的开发与利用,创造性地开展各类活动,增强学生在各种场合学语文、用语文的意识,通过多种途径提高学生的语文素养。

一、小学语文课程资源开发的几个维度

(一)教师是首要的课程资源

在所有的课程资源中,教师是首要的课程资源,这是由教师在教育教学过程中所处的地位和发挥的作用决定的。

1. 教师是课程实施的主体因素

教师是课程的参与者、决策者、实施者,是教学创新的决定性因素。无论是教学目标的

确定还是教学内容的组织、教学方法的选择，乃至教学情境的创设，教师无疑起着决定性的作用。可以说，教学效果的好坏在很大程度上取决于教师的教学水平。叶澜教授在分析传统的教学观的弊端时，这样说道："上课是执行教案的过程，教师的教和学生的学在课堂上最理想的进程是完成教案，而不是'节外生枝'。教师期望的是学生按教案的设想做出回答，若不，就努力引导，直至达到预定的答案为止。于是我们见到这样的景象：'死'的教案成了'看不见的手'，支配、牵动着'活的'教师与学生，让他们围着它转；课堂成了'教案剧'出演的'舞台'，教师是主角，好学生是配角中的'主角'，大多数学生只是不起眼的'群众演员'，很多情况下只是'观众'与'听众'。"之所以会出现这种情况，主要原因就在于教师的教育理念滞后，不能正确把握教育的规律。

可见，教师的教育理念、教师的教育经验、教师的个性特长等都是丰富的课程资源，如果加以合理开发和利用，将会极大地改善教学效果。

2. 教师是素材性资源的携带者

素材性课程资源的特点是作用于课程，并且能够成为课程的素材或来源，它是学生学习和收获的对象。教师在进行教学设计时，会将自己的知识结构、兴趣特长、智慧、经验和方法融入其中，变成素材性的课程资源。因此，教师本身就是宝贵的课程资源。

3. 教师是情景性资源的创生者

为了增强教学效果，顺利实现教学目标，教师经常会创设多种多样的教学情境，例如图画再现、音乐渲染、表演体会、语言描述、实物演示、生活展现等。而要不要创设情境，什么时候创设怎样的教学情境，则取决于教师的设计理念。从这个角度来说，教师本身就是宝贵的课程资源。

4. 教师的教育教学行为是课程资源

由教师工作的特殊性质决定了，教师的教育教学行为有着强烈的示范性。事实表明，教师的言传身教，尤其是教师的一些行为细节对学生产生的影响往往是深刻而久远的。罗恩·克拉克在《教育的55个细节》一书中就列举了许多微小却对学生的成长至关重要的细节。

细节2：用眼睛和他人沟通。有人对你说话时，眼睛要注视着他；有人发表意见时，你的身体和脸要正对着他。

细节3：向表现出色的人表示祝贺。假如班里的某个孩子玩游戏赢了，或把某件事做得特别出色，我们都要祝贺他。鼓掌至少要持续三秒钟的时间，还要确保两个手掌充分接触，以便掌声足够响亮。

细节43：在自动扶梯上，要站在右侧，从左侧走动。我们站在右侧，把左侧留出来让给那些有急事，要赶着上下的人。在进入电梯、地铁或地下通道前，要礼让出去的人先行。

5. 教师的人格魅力是无形的课程资源

学高为师，德高为范。只有具有高尚道德情操的教师，才能培养出品质优秀的学生。教师高尚的言行举动，会对学生产生潜移默化的作用，成为学生们学习的榜样。

桂贤娣是湖北省武汉市汉阳区钟家村小学特级教师，中学高级教师，湖北省特级教师，湖北省名师，全国优秀教师，全国模范教师，全国先进工作者，湖北省第八次党代会代表。从教50多年来，桂贤娣老师在教学中创立并形成了"情感育人法""小学语文情感教学特色"

“因生给爱十法”,深受教育界称道。

桂贤娣带的六年级(2)班有个漂亮的小姑娘吕晶,被诊断得了癌症。这个不幸的女孩,不怕打针吃药,不惧化疗反应,唯一担心的是头发掉光了,不戴帽子不好见同学,戴上帽子又怕被同学笑话。

她和陪着她的父母一路忐忑不安地来到学校。

“吕晶,快进来!”桂老师轻轻地推着她走进教室,她用余光扫了一眼教室:一片红色跳进她的视线。她赶忙抬起头来,原来全班63名同学都戴着小红帽,而且和自己的一模一样!

班长站起来说:“欢迎你参加班级野游活动!”

小吕晶一听,高兴地回头说:“爸爸妈妈,你们回去吧!”

孩子的妈妈站在教室外,看着这一切,一个劲儿地向桂老师鞠躬:“桂老师,谢谢你,谢谢你的良苦用心!”

原来,桂贤娣得知吕晶的特殊情况后,专门到武汉的汉正街买了64顶小红帽,家访时悄悄地给了吕晶的家长1顶,让孩子上学时戴上。为了不让吕晶以为是特意为自己全班才戴小红帽,桂贤娣特地安排全班当天进行野游活动。

从那以后,班上每天都有五六个同学戴着小红帽,一直到吕晶的头上长出了头发。

可见,教师的人格魅力是无形的课程资源。这也要求教师要做到尊重、理解和信任学生。唯有如此,师生关系才能更加和谐,育人工作才能充满人性化的色彩。

6. 教师的教育教学反思能形成新的课程资源

教育教学反思是教师对教育教学实践的再认识、再思考,并以此来总结经验教训,进一步提高教育教学水平。教学反思一直以来是教师提高个人业务水平的一种有效手段,教育上有成就的大家一直非常推崇教育教学反思。

特级教师于漪老师当年在执教《记一辆纺车》时有这样一个导入情景:

师:今天学习第十一课《记一辆纺车》。昨天请同学们预习了,说说看,你们喜欢这篇文章吗?

生:(异口同声)我们不—喜—欢。

(随堂听课的二十几位同志感到惊讶,教师感到意外,稍停,笑着说——)

师:不喜欢?那就请你们说说不喜欢的原因吧!谁先说?

针对这一教学中出现的“意外事件”,于漪老师在教后记中进行了反思:“备课时考虑欠周密,原以为学生喜欢散文,想由此激发兴趣,引入课文,未考虑到叙事散文与抒情散文的差异。课堂上发生了意料之外的情况,当即因势利导,先听取学生的意见,然后强调该篇叙事散文的特点,培养学生学习兴趣。对学生实际应作充分的了解和估计,不可再犯闭塞眼睛捉麻雀的毛病;要继续提高驾驭课堂教学的能力,力争做到运筹帷幄,成竹在胸。”

这就是一个教学反思的例子。通过反思,教师对教学实践有了新的感悟,新的认识,从而更好地指导教学实践。可见,教师的教育教学反思能形成新的课程资源。

(二) 学生是重要的课程资源

教师是首要的课程资源,作为教育对象的学生也是十分重要的课程资源。

1. 学生的生活是课程资源

生活世界是科学世界的基础。生活本身也具有教育功能。教学中往往会发生“生活闯入课堂”的“突发事件”。这种“突发事件”会打破预设的课堂走向，但也可能成为宝贵的教育资源。那些看似与预定教学目标无关的内容，能引起学生的兴趣和关注，有助于课堂向生活靠拢，尤其能促进学生的自主学习。现实生活如果与教学联系在一起，就变成了课程资源。因此，在教学中，可以从生活实际引入教育课题，注重从学生的经验出发，把课堂教学融入生活。

2. 学生的经验是课程资源

学生的生活经验是无形的课程资源。学生有丰富的生活经验，例如，一些学生参观过动物园、植物园；一些学生领略过自然保护区、国家森林公园的风光；一些学生有过饲养家禽家畜或种植过稻、麦、果树、花卉的经历；一些学生感受过疾病的痛苦；一些学生体验过野外观察动物行为的甘苦；等等。教师在教学过程中可以充分利用这些无形资源，通过相互交流，激发学生的学习兴趣，提高教学质量。

3. 学生的情感体验、问题是课程资源

在课程标准中，“情感体验”既是一种学习方式又是一种学习目标。它既是学生语文素养的重要组成部分，也是语文素养形成的重要手段。因此在教学中，教师应该注意引导学生体验情感，尊重学生的独特体验，从而实现学生阅读体验的个性化形成。

学生的问题甚至是错误也是课程资源。学生的提问或错误能为教师提供新的信息，获得及时反馈，从而调整教学策略。以此为契机，可以激发学生的发散思维能力，获得更为深广的体验，在已有的认知基础上得到升华。

在教学过程中，教师要充分发扬教学民主，营造宽容、支持的课堂氛围，鼓励学生真实展现自己的学习历程，自主表达学习体验，开发和利用好学生这一重要的课程资源。

4. 学生的学习方式是课程资源

授人以鱼不如授人以渔。掌握适合自己的学习方式不仅可以提高学习效果，也是实现自主学习、终身学习的前提。相较于教师的传授，学生相互之间的影响借鉴更能彰显学习的效果。无论是识字的方法途径，还是阅读速度的提升，抑或是写作经验的积累，学生总能从彼此身上获得有益的启示。因此，在教学中，教师不必急于给出答案，可以创造机会让学生多多交流，对于好的学习方式可以在全班范围内进行推广。因此，学生的学习方式是宝贵的课程资源。

（三）文本资源

语言包括口头语言和书面语言。而文本指的就是书面语言的表现形式，指的是具有完整、系统含义的一个句子或多个句子的组合。一个文本可以是一个句子、一个段落或者一个篇章。语文课程的文本资源包括教科书、教辅用书等以书面语言为表现形式的一切资源。

1. 教科书是课程资源

语文教科书对学科现有知识和成果进行了综合归纳和系统阐述，是教师教学、学生学习最重要的凭借之一，也是最重要的课程资源之一。对待教科书，教师要有“用教科书教”的理念，而不是“教教科书”。因此，要充分挖掘教科书中的课程资源，创新教学形式，提高教学效果。

例如,教科书中的单元导语就是非常重要的课程资源。小学语文教科书中的单元导语,从低年级的一两句话到中高年级的一段话,往往文字优美,语言涵盖力强。它的主要作用是揭示单元学习的内容,点明专题,激发学生的学习兴趣,有些导语还布置了学习过程中的一些任务,为学习课文和做练习做好准备。每组导语都配有与单元主题相呼应的背景图,用直观的方式更形象地揭示专题。如果仔细研读单元导语,可以激发学生的学习兴趣,明确学习目标,并且对于提高学生的自学能力也有一定的帮助。

教科书中的插图也是宝贵的课程资源,通过观察插图可以帮助学生更好地理解课文,还可以锻炼他们的观察能力、思维能力、表达能力。

2. 基于教科书的再生课程资源

教科书是最重要的课程资源,但是它不是唯一的课程资源。在教学过程中,教师往往会在教科书的基础上开发新的课程资源,也就是基于教科书的再生课程资源。

例如,教给学生正确的坐姿时,可以让学生一边观察插图一边练习,同时教给学生写字姿势歌:

写字时,要做到:
右手握笔背挺直,
眼离书本约一尺。
手离笔端约一寸,
胸离桌子约一拳。
三个"一"要做到,
字写工整视力好。

一年级认识汉字一二三四五六七八九十时,可以引导学生思考:生活中积累了哪些与数字有关的成语?学生也许会说:一帆风顺、二龙戏珠、三言两语、五湖四海、六六大顺、七上八下、九死一生、十全十美。不要求学生会写,也不要求一定能说出几个,只要积极思考,认真聆听,学生一定会有自己的收获。这样做既是学生相互交流学习成果的过程,又可以使学生意识到学习的机会无处不在,应该注重从生活中积累语文知识。

3. 正确处理教辅资料

教辅资料,顾名思义,指的是教学的辅助资料,包括教师备课时的参考资料,学生的练习册、习题集、各类试卷等。长期以来,教辅资料有很大的市场需求,在小学生的书包里,教辅资料的数量与课本不相上下,而且年级越高,资料越多。对于教师来说,教辅资料更是不可缺少的教学辅助工具之一。

实践证明,优秀的教辅资料可以帮助教师更好地把握教材、了解学情,科学地进行教学设计,可以帮助学生巩固知识,发展能力,拓宽知识面。然而,市场上种类繁多、质量参差不齐的教辅资料,往往使人眼花缭乱,难以选择。

这就要求教师树立正确的观念,备课时认真研读教材,分析学情,不盲目依靠教辅资料。在指导学生选择教辅资料时,不搞题海战术,不擅自增加难度,选择那些有助于提高学生综合素养的资料。

4. 合理利用电子文本资源

电子文本指的是以计算机盘片、固态硬盘、磁盘和光盘等化学磁性物理材料为载体的文字材料。它主要包括电子书、电子信件、纸质文本文档的电子版本等。与小学语文教学有关的电子文本资源包括电子教案、课件等。

电子文本资源查阅方便,便于携带,而且编辑修改起来非常简单。但是,教师要正确对待,合理利用电子文本资源,不能过于依赖别人的教学和科研成果,要逐渐形成自己的教学风格,提升教育教学水平。

（四）教学过程是课程资源

课堂教学是课程实施的基本途径,是教师进行课程参与,实现专业化发展的重要渠道。教学过程的各个环节、师生的各种活动也都是宝贵的课程资源。改变课堂教学过程过于强调接受学习、死记硬背、机械训练的状况,倡导学生主动参与、乐于探究、勤于动手,是基础教育课程改革的具体目标之一。课堂教学中,每一个学生都应是关注的对象,教学过程应成为学生的一种愉悦的情绪生活和情感体验,同时课堂教学潜藏着丰富的道德表现和发展,使教学过程成为高尚的道德生活和丰富的人生体验,它要求教师必须用心、用行动去施教,而不是做"传声筒"。因此,抓住在教学过程中开发课程资源这一基本途径,将会使我们的教育教学工作事半功倍。

上课铃响了,老师捧起语文书就向教室走去。老师刚站上讲台,就有一个小雪团飞过她的耳旁,打到了黑板上,这时教室安静了许多,大家似乎在等待着老师的训斥……老师微笑着说:"同学们这么想打雪仗,那我们就在教室里打一场雪仗吧。分成男女两组打。当然,这雪很特别,是带'雪'字的成语。"

"啊!"大家恍然大悟。于是老师让刚才扔雪团的男生先说一个成语"扔"给女生,接着,男女两组学生便你来我往"扔"起成语来,"冰天雪地""雪上加霜""雪中送炭""阳春白雪""雪泥鸿爪"……打了约十分钟的成语仗,最终女生获胜。①

这就是一个抓住课堂中的突发事件进行课程资源开发和利用的例子。有过程才有思考、才有创生,只要教师遵循教育的规律,愿意去尝试,教学过程中学生的错误、不同声音、突发事件都能成为宝贵的课程资源。

（五）环境、情景资源是课程资源

可以说,环境、情景资源是教学之花盛开的空气与土壤。环境对于个人成长的重要性不言而喻。一个人如果长期生活在某种氛围中,就会受到那种氛围的影响,日久天长,耳濡目染,就会形成某种气质,所谓一方水土养一方人就是这个道理。环境对人的思想行为的影响是决定性的,这是怎么强调都不过分的。因此,为了帮助学生健康成长,还要善于营造积极向上的环境、氛围。

环境、情景资源包括家庭环境、社区环境、学校环境、教室环境以及潜在隐形的同伴群体环境等。例如,家庭是组成社会的细胞,家庭环境具有重要的认知功能、参照功能、熏陶功

① 吴民益. 用语文的方式处理课堂突发事件[J]. 黑龙江教育,2011(11):25.

能、强化功能、筛选功能以及监督功能。父母是孩子的第一任老师，孩子总会受到家庭环境和家庭成员潜移默化的影响，这种影响会给孩子的终身发展留下不可磨灭的影响，是学校教育和社会教育所无法替代的。因此，家长应尽量为孩子创造良好的家庭物质环境、和谐的家庭心理环境以及丰富的家庭文化环境，以促进孩子健康成长。社区环境同样十分重要，中国古代“孟母三迁”的故事是说孟母特别重视周围环境对孟子的直接影响。起初，孟子家住在一片墓地旁，常常看到埋死人，于是就学做埋死人的游戏。搬到集市旁边后，孟子每天看到的是小商小贩的经商活动，于是又学做买卖的游戏。最后搬到一个学宫旁边，孟子每天看到的是文质彬彬的学生，于是也学着做一些文明的游戏。有人专门做过这样的一个实验研究，他把一对双胞胎的女孩子，从小分开，一个留在大城市的家庭里，一个被送往边远的森林里随亲戚生活。两个孩子的遗传素质大体相同，但由于生活的家庭环境不同，这两个孩子个性发展完全不同。留在城市的孩子喜欢读书，智力发展较好较快，也比较文静；而在森林附近的亲戚家长大的孩子，则不想读书，身体很好，会爬树，也很灵巧，性格很开朗。① 随着科技的进步，社会的发展，现在的社区环境也在逐步丰富完善，也为教师开放和利用社区的课程资源提供了条件。例如，社区中的图书馆、科技馆等教育设施，开展的各种活动、特殊的文化传统等等，都能成为丰富的课程资源。

学校环境和教室环境的育人功能也应该得到重视。校园文化环境是一部无字的教科书，是一种隐性的德育课程资源。校园文化环境的育人功能隐含在它所创设的优美整洁的物质环境和良好的精神氛围中。它具有导向、约束、凝聚、同化等方面的功能，对青少年的身心健康发展起着重要作用。要满足学生全面发展的需求，就必须突破只重视课堂教学的传统，充分认识到环境育人的重要性。② 教室是开展教育教学活动的主要场所，是重要的育人园地。令人赏心悦目的教室环境对于学生的健康成长有着潜移默化的积极作用。教室育人环境的布置体现了班级的风貌，彰显了班级的文化，对学生具有无形的教育力量，往往会起到“随风潜入夜，润物细无声”的作用。它不仅是班级发展中的亮点，也是校园文化建设中的一大亮点。探寻教室育人环境的原则与内容，建设健康积极的班级文化，可以使教室的教育功能得以充分发挥。在布置教室环境时，除了黑板报、布告栏、卫生角等这些常规板块的布置之外，可以适当增设争章台、课堂小主人、快乐当家、明星榜、精彩瞬间、成长印记等特色板块，为学生创设培养良好行为习惯的环境，为学生营造和谐竞争的学习氛围，为学生提供展示自我风采的平台。

同伴作为学生个体学习、成长的重要伙伴，是教育工作不容忽视的特殊群体。在这个群体中，有着特殊的行为规范，这种行为规范对每个成员的价值观、态度和行为都有直接的影响。如果教师和家长能够给学生营造一种温暖的、支持性的环境和气氛，则可以在很大程度上帮助他们更好地发展同伴关系。尤其是教师和家长要有意识地为学生的同伴交往创造机会，帮助他们参与到同伴的游戏中，或给学生展示某方面优点的机会。这也是开发和利用潜在隐性的同伴群体资源的过程。通过集体教育个人要比单独的个别教育的效果要好很多。

---

① 王爱玲．家庭环境：重要的教育资源[J]．教育理论与实践，2008(02)：9．

② 刘毅刚．优化校园文化环境 开发德育隐性课程资源[J]．教师，2008(02)：11．

二、课程资源开发与利用的原则

（一）开放性原则

开放性原则指的是心态的开放性、资源类型的开放性、空间的开放性和途径的开放性。开发和利用课程资源，首先要有开放的心态和先进的理念。不将教科书作为唯一的课程资源，用开放的眼界，沟通课堂内外、校内校外，从时间、空间、类型、途径等多个角度寻找和开放适合的课程资源，顺利实现教育教学目标。

（二）经济性原则

经济性原则包括开支的经济性、时间的经济性、空间的经济性、学习的经济性。开发和利用课程资源的目的在于提高教育教学的效率和效果，开发什么样的资源，怎样开发资源，用多长时间开发资源都要围绕着是否有利于实现教育教学目标，以及能在多大程度上有利于实现目标来考虑。

开支的经济性，是指用最节省的经费开支取得最佳效果，尽可能开发与利用那些不需要多少经费开支的课程资源，不应借口开发与利用课程资源而大兴土木，不计高昂的经济代价。

时间的经济性，是指应尽可能开发与利用那些对当前教育教学有现实意义的课程资源，而不能一味等待更好的条件或时机，否则就会影响新课程的实施。

空间的经济性，是指课程资源的开发与利用要尽可能就地取材，不应舍近求远，好高骛远。

学习的经济性，是指尽可能开发与利用能激发学生学习兴趣的课程资源。

课程资源的开发与利用要尽可能用最少的开支和精力，达到最理想的效果，不能为了开发课程资源而开发课程资源。

（三）针对性原则

课程资源的开发与利用是为了课程目标的有效达成，针对不同的教育教学目标，应该开发与利用与之相应的课程资源。一般说来，每一种课程资源对于特定的课程目标具有不同的作用和功能，不同的课程目标就需要开发与利用不同的课程资源；但是，由于课程资源本身的多质性，同一的课程资源又可以服务于不同的课程目标，所以，课程资源的开发与利用就必须在明确课程目标的前提下，认真分析与课程目标相关的各类课程资源，认识和掌握其各自的性质和特点，这样才能保证开发与利用的针对性及其有效性。

（四）个性化原则

尽管课程资源多种多样，但是相对于不同的地区、学校、学科和教师，可待开发与利用的课程资源具有极大的差异性。因此，课程资源的开发与利用不应强求一律，而应从实际出发，发挥地域优势，强化学校特色，区分学科特性，展示教师风格，扬长避短，扬长补短，突出个性。课程资源的开发与利用本身就是一项极具创造性的实践活动，没有个性，也就失去了创造性。

（五）可持续发展原则

学校教育、家庭教育和社会教育虽然在教育内容、教育方式和效果上有所不同，但是在促进学生发展这一目的上殊途同归。语文课程资源很多来源于家庭和社会，在开发时要坚持可持续发展的原则，不能因为开发和利用课程资源而破坏社会和自然环境。课程资源应从社会生活中来，又为社会生活服务。

三、课程资源开发中应该注意的几个问题

（一）重视开发教材中的课程资源

教材不是唯一的课程资源，却是最重要的课程资源。作为课程资源的主要载体，教师应该拓展语文教材的使用空间。小学语文教材中主要的课程资源类型有：

1. 单元导语、阅读提示、文下注解

新教材往往按专题对每一单元的课文进行编排，单元导语往往就某一单元一组课文的内容、学习的目标要求等做出提示，这对教师准确理解把握教材很有帮助。阅读提示、文下的注解往往就文本中难解的词语、学习的要点、相关的知识等做出注解或提示，既有助于教材使用者对具体文本的理解，有时也直接为课外资源的学习提供指引。

2. 课文

课文是重要的课程资源，学生听、说、读、写能力的培养，语文素养的全面提升，离不开对具体文本的学习、感悟、品鉴，从某种意义上说，语文学习就是教师、学生借助文本与作者、编者对话的过程，在这一过程中，教师与学生、教师与作者、教师与编者、学生与学生、学生与作者、学生与编者，构成复杂的对话关系。

3. 插图

插图是教材的有机组成部分，图文并茂是新教材的显著特点。教材中的插图，从形式上看，风格各异，形式多样，有单幅，有多幅，有照片，有绘画，形象生动，有很高的审美价值。从内容上看，所配插图表现的有人物形象、实物图片、特定情景、自然风景、城市景观等，内容丰富，覆盖面广。这些插图不是可有可无的装饰，也不仅仅是辅助性的教学材料，而是重要的课程资源。教材中的插图为学生提供了丰富的视角表象，有助于形象思维占主导的小学生对课文内容的理解，而且借助插图观察辨析事物，展开想象，利于培养学生的观察力和想象力。

4. 问题资源

新教材很重视课后的问题设计，课后的思考与练习与传统教材相比，有新的特点：问题少而精，每课后面只有一到两个问题，紧扣课文的重点；角度新，不再是课文内容的简单重复，而是对课文内容进行拓展、延伸，目的是激发学生的创造思维和想象力，进而品读课文，获得自己独特的感受。

课文阅读是教师、学生、作者、编者、文本之间对话的过程。课后问题无疑是对话的主要内容之一，在熟读课文后，教师应引导学生围绕课后问题进行探究，从而达到理解课文内容和训练语文能力的要求。对拓展性的课后问题，更要引导学生进行探究。这些问题具有启

发性和延展性，没有统一答案的束缚，学生要通过自己的思考，结合独特的生活感受和社会体验，在开放的氛围里自主地发表自己的看法，多样的答案反映学生的独特体验和感受，使不同层次的学生都能感受成功的喜悦。同时，学生探究问题的过程，就是创新思维和想象力培养的过程。

5. 语文实践性资源

“综合性学习”板块的设置是语文课程改革中的一个亮点，在不同版本的小学语文新教材中，都注意为学生设计体验性活动和研究性专题，这无疑拓宽了学生语文学习的空间，增加了学生语文实践的机会。在“语文天地”这一板块中，除了训练和巩固基础知识的内容外，还设计了语文实践活动的内容，构成了一个完整的学语文、用语文的体系。“语文天地”就是“综合性学习”的具体体现。如人教版三年级上册安排有“了解家乡的过去，说说家乡有代表性的事物，并了解关于它的故事”等活动；语文出版社四年级下册安排有“能说会道——讲述我家的故事”“笔下生辉——写自己的一位亲人”“语文大课堂——我的调查报告”等。这些语文实践活动安排在某一主题单元后，和主题单元的内容有一定的联系，但又不是这些内容的重复。为完成这些活动，学生要查找资料，阅读有关的文章，选择合适的内容，动手、动口、动脑，在活动的同时，使语文基础知识得到运用和巩固，加深了对课文内容的理解认识；同时，学生的活动丰富了生活经历，为习作积累了材料。这些内容又包含了人文教育的价值，是难得的品德教育的好材料。

由此可见，语文教材中就蕴含着非常丰富的课程资源，等待着教师的开发和利用，所以，在进行教学设计时，不必舍近求远，不妨首先把眼光投向教材，深入理解、揣摩编者的意图。

（二）适当开发必要的课程资源并不影响教学进度的完成

随着新课程理念的推广，教师们普遍认识到了课程资源开发的重要性和必要性，但有相当一部分的教师由于担心开发课程资源会影响教学进度望而却步。事实上，适当开发必要的课程资源并不影响教学进度的完成。相反，只要本着经济性、针对性和开放性的原则进行课程资源的开发和利用，不仅不会影响教学进度，反而有助于提高教学效率，帮助加快教学进度。

（三）教师应不断提高自身综合素养

教师是首要的课程资源，因为他本身就是素材性课程资源的携带者。教师的知识越丰富，学生受益就越多。学科的综合化倾向是新课程改革的一大特点。与传统分科课程设置的封闭孤立定势相比，学科综合化为学生提供了更加宽广深远的发展空间，指向全人发展的教育理想，因而成为课程改革的亮点。

例如，人教版生物教材中“细胞的能量通货”是这样导入的：“银烛秋光冷画屏，轻罗小扇扑流萤。天阶夜色凉如水，卧看牵牛织女星。让我们重温唐代诗人杜牧这情景交融的诗句，想象夜空中与星光媲美的点点流萤，思考有关的生物学问题。”将语文和生物结合了起来。北师大小学数学课本关于数字的教学涉及以下内容。一首儿歌：“一二三四五，上山打老虎。”一首古诗：“一去二三里，烟村四五家。楼台六七座，八九十枝花。”一个古代儿童习字字帖的内容：“一二三四五，金木水火土。天地分上下，日月明今古。”知识就是认识数字，但是通过这样的途径，不仅让学生体会到数字的奥妙，也让学生感受到文化的魅力。数学也在向语文招手。

教师只有不断拓宽知识面，不断提高自身的综合素养，才能更好地胜任教学工作。试想一下，在讲《向沙漠进军》时，教师能运用有关的地理知识；在讲《哥白尼》《居里夫人》时，能运用有关的历史知识（历史事迹）；在讲《大自然的语言》时，能灵活运用有关的自然知识；在讲《统筹方法》时，能灵活运用有关的数学知识……这样，无疑能加深学生对知识的印象，收到好的教学效果。

总之，在开发和利用课程资源时，我们既反对传统教学常见的一种偏向，即把课程内容和教学局限于教材和书本知识，不重视、不懂得，也懒于开发生活周遭可利用的课程资源，使学校课程与社会生活脱节，使教学趋于封闭、狭隘、抽象、死板；也要防止另一种偏颇，即一味追求超越教科书，忽视其基础与指导作用，甚至并列教科书与其他课程资源，削弱的后果是影响教学与育人的质量。

思考与练习

1. 什么是课程资源？
2. 如何开发和利用语文课程资源？

第九章　新课程与评价改革

第一节　教学评价改革概述

《义务教育语文课程标准》在第三部分实施建议部分，详细地阐述了评价建议，提出："语文课程评价的根本目的是为了促进学生学习，改善教师教学。语文课程评价应准确反映学生的学习水平和学习状况，全面落实语文课程目标。应充分发挥语文课程评价的多重功能，恰当运用多种评价方式，注重评价主体的多元与互动，突出语文课程评价的整体性和综合性。要根据不同年龄学生的学习特点，按照不同学段的课程目标，抓住关键，突出重点，采用合适方式，提高评价效率。语文课程评价应该改变过于重视甄别和选拔的状况，突出评价的诊断和发展功能。"评价是课程实施的重要环节，对课程目标的设定、课程内容的组织和实施起着决定性的作用。

一、评价和教学评价

什么是评价？顾名思义，评是评估、判断的意思，价指的是价值。评价就是价值判断的过程。价值指的是事物的积极作用或有用性，可以说，凡具有衡量事物价值，进行价值判断的一切活动，都是评价。

教学评价就是对教学进行价值判断，评估其积极作用的过程。教学评价是依据教学目标对教学过程及结果进行价值判断的活动，评价的目的是为教学决策提供依据，更好地促进教师和学生的发展。教学评价的内容包括对教师、学生、教学内容、教学方法手段、教学环境、教学管理等因素的评价，但主要是对教师和学生的评价。

二、教学评价的分类

依据不同的标准，教学评价的分类结果也各不相同。

（一）按评价功能划分

按评价功能划分，教学评价可以分为诊断性评价、形成性评价和终结性评价。诊断性评价也称教学前评价或前置评价。一般是在单元、学期、学年开始时，在正常的教学活动尚未纳入轨道之前,对学生的知识和技能、智力和体力以及情感等状况进行“摸底”,为教学决策提供依据,使教学活动适合学生的需要和背景。例如,新课程实施之前对学生进行的摸底考试就是诊断性评价。有时在学期中或学期末,也会用诊断性评价,为今后的教学决策调整提供必要的依据。形成性评价是在教学进行过程中,为改进和完善教学活动而进行的对学生学习过程及结果的评价。终结性评价也称“总结性评价”,是在一定学习阶段例如一学期、一学年或一学段结束后对学生的学习状况所做的全面评价。

三种教学评价方法(按评价功能划分)

	诊断性评价	形成性评价	终结性评价
实施时间	在教学之前	在教学过程中	在教学之后
评价目的	摸清学生底细以便安排学习	了解学习过程,调整教学方案	检验学习结果,评定学习成绩
评价方法	观察法、调查法、作业分析法、测验等	经常性测验、作业、日常观察	考试或考察
作用	查明学习准备和不利因素	确定学习效果	评定学业成绩

(二) 按评价方法划分

按评价方法划分,教学评价可以分为定量评价、定性评价。定量评价指的是根据教学过程中存在的,能够直接数量化的评价指标进行量化的评价方式。如教师所任教班级的学生成绩、学生对教师教学效果的民主测评、教师个人教育教学成果等。

定性评价指的是对不便量化的评价对象、内容、行为表现等,采用客观描述、事实呈现等方法所做的性质或价值判断。如教师对学生进行的思想教育、教师个人素质的高低、教师教育教学技能的熟练程度等。

(三) 按参照标准划分

按参照标准划分,教学评价可以分为绝对性评价、相对性评价、个体内差异评价。绝对性评价指的是以已定的教学目标为标准,对教学质量做出评价。例如期中期末或升学考试,大都以学科的考纲考点为标准,具体评价学生学习情况和教师教学情况。

相对性评价是把学生放到一个较大的群体当中,通过其所处的相对地位,根据学生间的差异情况对学生做出评价。例如班级和年级排名就是相对性评价的方式。

个体内差异评价是以评价对象自身的状况为基准,对评价对象进行价值判断的评价方法。包括评价对象现在的成绩同过去的成绩的比较以及自身不同侧面的比较,例如学业成绩和品德状况的比较,通过比较来判断学生的努力程度与进步状况。

三、传统教学评价存在的主要问题

教学评价对教师的教学活动和学生的学习行为具有重要的导向和调节作用。一直以来,教学评价问题是中国教育领域争议比较大的一个问题。原因在于:一方面,教学评价本身具有复杂性;另一方面,中国教学评价存在众多问题,这些问题严重制约着教学评价的开展和发展。

案例 1

我也不知道自己算不算好学生，平时上课的时候，老师最喜欢点我发言了，因为我书读得多，想象力也不错，敢于说与众不同的东西。可一考试，老师就看不上我了。她常常教训我：考试的时候不要自作聪明，要写自己有把握的答案。遇到什么“默写自己喜欢的成语啦、段落啦、古诗啦，选做一个作文题呀”之类可以自由选择的题目，就要写简单的，自己有把握的，才不会出错。有几篇课文，老师还规定我们统一背哪段，都是字少的，说如果要考默写就默它，不会失分。有一次默写成语吧，我默的都是课外书上来的，我读的课外书是我们班上最多的，但多了一些错别字，结果一个错别字扣 0.5 分，我辛辛苦苦写出来的成语等于白写，结果只考了 84.5 分。别小看这 0.5 分，多了它，我的等第就是优了。老师还把我批评了一通，说这又不是上课，要逞什么能，冒什么险，还说我不听话，不懂考试的技巧，考这个分数是对我的惩罚！我真的想不通，净默书上的成语，有什么意思？看到那些考高分的同学，我心里真委屈。

案例 2

新千年的第一个春节将至，我却不能欢欢喜喜过个年，因为我在刚结束的期末考试中经历了惨痛的失败，我们的名次被排在一张大表上公布于众，这样一来，每个学生的成绩都被公告到一个“位置”上，老师把我们分成了三六九等。每周六我们学校有提高班，可提高班也有一二班之分，一班专为成绩好的学生准备，而二班说白了就是补差班，老师还规定多少分以下的必须参加，让同学们间的等级更分明。最让人伤心的是一遇到难一点儿的题，老师就对“差生”说：“这题太难了，你们不用做……”

案例 3

我是差生行列中的一员，经受着同其他差生一样的遭遇。然而我并不想当差生，我也曾努力过，刻苦过，但最后被一盆盆冷水浇得心灰意冷。就拿一次英语考试来说吧，我学英语觉得比上青天还难，每次考试不是个位数就是十几分，一次老师骂我是蠢猪，我一生气下决心下次一定要考好。于是我起早摸黑，加倍努力，牺牲了多少休息时间也记不住了。

好在功夫不负苦心人，期末预考时，真的拿了个英语第一名。当时我心里的高兴劲儿就甭提了，心想这次老师一定会表扬我了吧！可是出乎意料，老师一进教室就当着全班同学的面问我：“你这次考这么好不是抄来的吧？”听了这话，我一下子从头凉到脚，心里感到一阵刺痛，那种心情真是比死还难受一百倍。难道我们差生就一辈子都翻不了身了吗？

案例 4

2002 年 1 月 29 日、2 月 23 日，清华大学机电系四年级学生刘海洋先后两次用火碱、硫酸将北京动物园的五只熊烧伤，其中一只黑熊双目失明。这一故意残害动物的事件经媒体披露后，引起公众的强烈愤慨，纷纷谴责刘海洋的行径。

1980 年出生于北京市的刘海洋童年不幸，刚出生一百天父母即离异。他是一个听话、用功的孩子，不看电视，不出去玩，一天到晚看书、学习。他从来不抱怨，也没有什么不高兴的事。他参加各种数学比赛，一参加就能拿奖，家里的奖状、证书、奖牌几十个，这就是他的快乐。但他什么都不会干，到大四了，袜子都是妈妈给他洗。

可悲的是，刘海洋身为著名高等院校四年级的学生，却说当时并不知道其行为是违法："我们一上大学就学了法律基础课，学了民法和刑法等，我只知道猎杀野生动物违法，用试剂烧动物园里的动物是不是违法就不清楚了，但现在知道是违法了。"

刘海洋的书本知识无疑很丰富，但他对生活中的事知之甚少，只知道父亲姓刘，叫什么名字不知道；母亲做临时工，在哪个单位也不知道。

案例5　一个母亲对于孩子所经历的考试的想法

1. "文尔内（义犬）不愿服从新主人的指令，变得焦躁不安，老是挣脱链子，跑到斯达罗被打死的地方哀鸣不止。"问题是"文尔内为什么会这样？"孩子回答："因为文尔内对斯达罗有深厚的感情。"标准答案是"因为文尔内对斯达罗依恋而忠贞。"

2. 在下句中填写适当的关联词："（　）天气很冷，爷爷（　）要坚持锻炼。"孩子填了"尽管……还"，标准答案是"即使……也"。

3. 读一篇描写公共汽车售票员李素丽先进事迹的短文，回答这篇短文歌颂了什么。孩子答："歌颂了李素丽一切为乘客着想的好品质。"标准答案是："歌颂了李素丽全心全意为乘客服务的好品质。"

以上三题均因与标准答案有出入，被老师判为错误。

案例6　一道考试题

题目：请你将观察某种昆虫的过程写下来

学生的答案：________

教师的批改：（√）

通过以上案例不难发现，传统评价存在的主要问题体现在以下四个方面：

（1）评价功能失调。过于注重评价的甄别和选拔功能，忽视了评价促进教师和学生发展的本质功能。

（2）评价内容片面。在评价内容上，过于注重书面知识，忽视对综合素养的考察；过于注重结果，忽视对过程方法、情感态度和价值观的评价。

（3）评价方法单一。注重量化评价，忽视质性评价；注重相对评价，忽视绝对评价和个体内差异评价。

（4）评价主体错位。评价对象地位被动，评价双方关系紧张对立。

四、新课程评价改革的基本特点

为了达到全面实施素质教育的目标，我们必须建立符合素质教育的评价与考试制度，《基础教育课程改革纲要（试行）》明确将评价改革作为课程改革的目的之一，并提出了评价改革的方向。由此可见，评价不只是推进新课程的制度保障，其本身就是课程改革的一个重要方面。

《基础教育课程改革纲要(试行)》在阐述课程改革的目标时明确提出:“改变课程评价过分强调甄别与选拔的功能,发挥评价促进学生发展、教师提高和改进教学实践的功能。”将评价改革作为课程改革的重要内容和目标。

在误程评价部分提出:“建立促进学生全面发展的评价体系。评价不仅要关注学生的学业成绩,而且要发现和发展学生多方面的潜能,了解学生发展中的需求,帮助学生认识自我,建立信心。发挥评价的教育功能,建立促进教师不断提高的评价体系。强调教师对自己教学行为的分析与反思,建立以教师自评为主,校长、教师、学生、家长共同参与的评价制度,使教师从多种渠道获得信息,不断提高教学水平。建立促进课程不断发展的评价体系。周期性地对学校课程执行的情况、课程实施中的问题进行评估,调整课程内容、改进教学管理,形成课程不断革新的机制。”

明确指出,评价的目的不在于甄别和选拔,而在于改进,在于促进学生、教师和课程更好地发展。新课程评价改革的基本特点是:

(一)重视发展,淡化甄别与选拔,实现评价功能的转化

评价不是为了甄别和选拔,而是为了促进发展;不是“选拔适合教育的儿童”,而是帮助“创造适合儿童的教育”。而能否实现评价功能的转化则取决于运用这一工具的人,也就是教师的教育理念。只有教师认识到了评价的本质功能,才能从根本上实现评价功能的转变。因此,教师的素质及其发展同样成为课程改革的重要话题。

(二)重综合评价,关注个体差异,实现评价指标的多元化

传统的教学评价关注的重心是学生的学习成绩,并把它作为唯一的评价指标。事实证明,这一做法有失偏颇。学习成绩并不能代表学生的全部,更不是学生成才的唯一条件。评价不仅要关注学生的学业成绩,而且要发现和发展学生多方面的潜能,了解学生发展中的需求,帮助学生认识自我、建立信心。因此,教学评价不仅要关注学生的学习成绩,更要关注学生的民主法制精神和社会责任感;初步的创新精神、科学精神、人文素养、实践能力、合作精神和环境意识;适应终身学习的基础知识、基本技能和科学方法;良好的身体和心理素质;高尚的审美情趣和积极健康的生活方式;等等。学会做人、学会做事、学会合作、学会学习已成为对一个公民的基本要求。

(三)强调质性评价,定性与定量相结合,实现评价方法的多样化

从过分强调量化逐步转向关注质的分析与把握。对科学的顶礼膜拜,使人们盲目认为量化就是客观、科学、严谨的代名词,于是追求客观化、量化曾经是各国教学评价的发展趋势。但在今天,随着评价内容的综合化,以量化为唯一的方式描述、评定一个人的发展状况时表现出僵化、简单和表面化的特点,不足以反映学生发展的生动活泼和丰富性,学生的个性特点,学生的努力和进步程度。因此,关注质的分析与把握,将定性与定量评价相结合,质性评价与量化的评价结果整合应用有利于准确描述学生的发展状况。常用的质性评价的方法有:评语、成长记录袋、学习日记、情景测验等。

（四）强调参与互动，自评与他评相结合，实现评价主体的多元化

被评者从被动接受评价逐步转向主动参与评价。一改以往以管理者为主的自上而下、单一评价主体的现象，由教师、学生、家长、管理者、研究人员共同参与评价交互过程，在平等、民主的互动中关注评价对象的发展需要。在相互沟通协商中，形成积极、友好、平等和民主的评价关系，这也是教育过程逐步民主化、人性化发展进程的体现。

（五）注重过程，终结性评价与形成性评价相结合，实现评价重心的转移

从过分关注结果逐步转向对过程的关注。关注结果的终结性评价，是面向“过去”的评价；关注过程的形成性评价，则是面向“未来”，重在发展的评价。传统的评价往往只是要求学生提供问题的答案，对于学生是如何获得这些答案的却漠不关心。这些学生获得答案的思考与推理，假设的形成以及如何应用证据等，都被抛弃在评价的视野之外。缺少对思维过程的评价，就会导致学生只重结论，忽视过程，就不可能促使学生注重科学探究的过程，养成科学探究的习惯和严谨的科学态度与精神，反而易形成一些似是而非的认识和习惯，不利于其良好思维品质的形成，限制其解决问题的灵活性和创造性。而关注过程，可以及时了解学生在发展中遇到的问题、所做出的努力以及获得的进步；关注过程，可以有效帮助学生形成积极的学习态度、科学的探究精神，注重学生在活动过程中情感体验、价值观的形成。

五、新课程评价的理论依据

（一）多元智能理论

多元智能理论是由美国哈佛大学教育研究院的心理发展学家霍华德·加德纳（Howard Gardner）在 1983 年提出的。加德纳从研究脑部受创伤的病人发觉到他们在学习能力上的差异，从而提出多元智能理论。传统上，学校一直只强调学生在逻辑即数学和语文（主要是读和写）两方面的发展，但这并不是人类智能的全部。不同的人会有不同的智能组合，例如建筑师及雕塑家的空间感（空间智能）比较强、运动员和芭蕾舞演员的体力（肢体运作智能）较强、公关的人际智能较强、作家的内省智能较强等。加德纳认为过去对智力的定义过于狭窄，未能正确反映一个人的真实能力。他认为，人的智力应该是一个量度他的解题能力的指标。根据这个定义，他提出，人类的智能至少可以分成九个范畴。

1. 语言智能

这种智能主要是指有效地运用口头语言及文字的能力，即听、说、读、写的能力，表现为个人能够顺利而高效地利用语言描述事件、表达思想并与人交流的能力。这种智能在作家、演说家、记者、编辑、节目主持人、播音员、律师等职业上有更加突出的表现。

2. 逻辑数学智能

从事与数字有关工作的人特别需要这种有效运用数字和推理的智能。他们学习时靠推理来进行思考，喜欢提出问题并执行实验以寻求答案，寻找事物的规律及逻辑顺序，对科学的新发展有兴趣。即使他人的言谈及行为也成了他们寻找逻辑缺陷的好地方，对可被测量、归类、分析的事物比较容易接受。

3. 空间智能

空间智能强调人对色彩、线条、形状、形式、空间及它们之间关系的敏感性很高，感受、辨别、记忆、改变物体的空间关系并借此表达思想和情感的能力比较强，表现为对线条、形状、结构、色彩和空间关系的敏感以及通过平面图形和立体造型将他们表现出来的能力。能准确地感觉视觉空间，并把所知觉到的表现出来。这类人在学习时是用意象及图像来思考的。

空间智能可以划分为形象的空间智能和抽象的空间智能两种能力。形象的空间智能为画家的特长，抽象的空间智能为几何学家的特长，建筑学家形象和抽象的空间智能都擅长。

4. 肢体运作智能

善于运用整个身体来表达想法和感觉，以及运用双手灵巧地生产或改造事物的能力。这类人很难长时间坐着不动，喜欢动手建造东西，喜欢户外活动，与人谈话时常用手势或其他肢体语言。他们学习时是透过身体感觉来思考的。

这种智能主要是指人调节身体运动及用巧妙的双手改变物体的技能。表现为能够较好地控制自己的身体，对事件能够做出恰当的身体反应以及善于利用身体语言来表达自己的思想。运动员、舞蹈家、外科医生、手艺人都有这种智能优势。

5. 音乐智能

这种智能主要是指人敏感地感知音调、旋律、节奏和音色等的能力，表现为个人对音乐节奏、音调、音色和旋律的敏感以及通过作曲、演奏和歌唱等表达音乐的能力。这种智能在作曲家、指挥家、歌唱家、乐师、乐器制作者、音乐评论家等人员那里都有出色的表现。

6. 人际智能

人际关系智能是指能够有效地理解别人及其关系和与人交往的能力，包括四大要素：①组织能力，包括群体动员与协调能力；②协商能力，指仲裁与排解纷争能力；③分析能力，指能够敏锐察知他人的情感动向与想法，易与他人建立密切关系的能力；④人际联系，指对他人表现出关心，善体人意，适于团体合作的能力。

7. 内省智能

这种智能主要是指认识到自己的能力，正确把握自己的长处和短处，把握自己的情绪、意向、动机、欲望，对自己的生活有规划，能自尊、自律，会吸收他人的长处。会从各种回馈管道中了解自己的优劣，常静思以规划自己的人生目标，爱独处，以深入自我的方式来思考。喜欢独立工作，有自我选择的空间。这种智能在优秀的政治家、哲学家、心理学家、教师等人员那里都有出色的表现。

内省智能可以划分两个层次：事件层次和价值层次。事件层次的内省指向对于事件成败的总结；价值层次的内省将事件的成败和价值观联系起来自审。

8. 自然探索智能

这是指能认识植物、动物和其他自然环境（如云和石头）的能力。自然智能强的人，在打猎、耕作、生物科学上的表现较为突出。

自然探索智能应当进一步归结为探索智能。包括对于社会的探索和对于自然的探索两个方面。

9. **存在智能**

这种智能是指人们表现出的对生命、死亡和终极现实提出问题,并思考这些问题的倾向性。

多元智能理论为我们认识学生提供了全新的视野,它直接影响教师形成积极乐观的"学生观"——学校没有所谓的"差生"。传统的评价在于帮助学生发现学习中的问题,弥补漏洞,更多的是发挥评价的诊断功能和选拔功能。这样对所谓成绩差的学生来说,评价带给他们的往往是负担和心理压力,使他们丧失了向上的动力。因此,多元智能理论指导下的评价有利于发现学生在优势智能方面的作为,使每个人的潜能得到发挥。在实际操作中针对每种智能采取不同的评价方法以尽可能全方位地发现学生各人在认知方面的长处,同时鼓励他们自己发挥优势智能、转变劣势智能。教师评价学生再也不能以传统的文化课学习成绩与能力为唯一的标准与尺度。教学评价也应是多元的,评价的目的应该为学生的各种智能发展提供契机,让人的各种智能都得以充分发展。

(二)建构主义理论

建构主义(Constructivism)也译作结构主义,是认知心理学派中的一个分支。建构主义理论的主要代表人物有皮亚杰(J. Piaget)、科恩伯格(O. Kernberg)、斯滕伯格(R. J. sternberg)、卡茨(D. Katz)、维果斯基(Vogotsgy)。建构主义思想认为学习是一个积极主动的建构过程,学习者不是被动地接受外在信息,而是根据先前认知结构主动地、有选择性地知觉外在信息,建构当前事物的意义。新知识习得的过程是旧知和新知重新整合建构的过程,它强调人的主体能动性和参与性,要求学习者积极主动地参与教学,在与客观教学环境相互作用的过程中,学习者自己积极地建构知识框架。

建构主义理论带给我们的启示是:教学不是教师给学生灌输知识、技能,而是学生通过驱动自己学习的动力机制积极主动地建构知识的过程,课堂的中心应该在于学生而不在于教师,教师在课堂教学中应该是引导者、促进者和帮助者。教学评价应重视教师的引导、学生的参与、师生互动及学生的自我体验和反思。

(三)后现代主义

后现代主义是20世纪60年代以来在西方出现的具有反西方近现代体系哲学倾向的思潮。然而,在理论上具有反传统倾向的哲学家在现代西方的各个哲学流派中都能找到。在后现代主义看来,这个世界是开放的、多元的。五彩缤纷的现实世界容忍每一个学生的奇思妙想。在这个以创新为时代精神的社会里,科学技术日新月异,各种新鲜事物层出不穷,创新已经成为社会、个人发展的动力源。承认开放性,也就为人充分展示生命的本真提供了大舞台。后现代主义以其兼容并包的宽容态度和尊重个性主体性的宽广胸怀给生活在这个世界中的每个人开放了生命的空间。后现代主义注重过程的思想、目的与手段统一的观点均认为个体是在活动的过程中得以不断发展的。

后现代主义带给我们的启示是:每个学习者都是独一无二的个体,教学不能以绝对统一的尺度去度量学生的学习水平和发展程度,要给学生的不同见解留有一定的空间。这个世界本身就是多元的,我们为什么不承认多元呢?我们的教学不能把学习者视为单纯的知识接受者，而更应看作是知识的探索者和发现者。因此，课堂教学不仅要注重结果，更要注重过程。再从教学本体论的观点来看，活动是教学发生的基础。基于师生共同活动之上的课堂教学评价对学习者来说不仅是对现时状况的价值判断，其功能还在于促进学生充分发挥主体能动性，积极地参与教育教学活动，以促进下一步教学活动的有效开展。所以，课堂教学评价的目的在于教学，而不在于选择和判断。

第二节 学生评价

学生评价指的是依据一定的标准，对学生的思想品德、学业成绩、身心素质、情感态度等方面的发展过程和状况进行价值判断的活动。学生评价是教学评价的重要组成部分，是能否实现育人目标的重要制约条件，也是影响教师评价标准的重要因素。

一、学生评价改革的主要特点

有专家在一份试卷中出了这么一道试题让小朋友作答：

一艘轮船出海远航，船上装载有76头黄牛，24只山羊，问：船长的年龄是多少岁？

结果，大部分法国小朋友当即抗议：这个题荒谬至极，根本无法作答！而大部分中国的小朋友默默地用加法或减法算出船长的年龄为100岁或52岁。做出答案的中国小朋友说：这是考试嘛。爸爸、妈妈和老师反复跟我们说，考试时每道题都要作答，不论知道还是不知道，也不管对还是错。做了就有可能蒙到分，不做不可能蒙到分。选择题闭着眼也要选，判断题拿不准也得打√或×。

这个案例暴露了中国教育的一些不足之处。如学生过于迷信老师、迷信文本。不解之处他们习惯于将怀疑的矛头指向自己，而不是指向问题——缺乏对问题本身的质疑、批判，思维品质不容乐观。

（一）传统学生评价存在的问题

第一节所述传统教学评价存在的主要问题也包括了学生评价中存在的问题和弊端：

1. 评价功能单一

过分强调评价的甄别与选拔功能，忽视改进和激励，强调总结性评价，忽视形成性评价和诊断性评价。

2. 评价标准单一

评价内容过于注重学业成绩，忽视独立思考和批判思维能力、问题解决能力、社会责任感等多方面素质的培养和评价，与评价的甄别功能相应，评价的内容主要是知识、技能。

3. 评价方法单一

注重量化评价，忽视质性评价，注重相对评价，忽视绝对评价和个体内差异评价。把考试作为唯一的评价手段，过分注重分数、注重等级、注重量化。

4. 评价主体错位

注重他评，学生处于被动地位，自尊心、自信心得不到保护，主观能动性得不到发挥。

5. 评价游离于教学之外

把教学与评价看成是两种独立的活动，不能有意识地通过评价活动引导、促进学生的学习，不能把过程和结果、教学与评价有机地结合起来，最终，评价难以产生有效的教育效应。

（二）学生评价改革的主要特点

为了更好地发挥评价促进学生发展的积极作用，新课程学生评价的主要特点如下：

1. 建立评价学生全面发展的指标体系

树立和贯彻育人为本的观念，营造和谐、宽松、平等的评价环境，最大限度地理解、宽容、善待学生。发现学生的优势和特长，诊断问题和不足，尊重学生的现有状态，同时用发展的眼光看待学生。通过评价找出学生不足的原因，提出合理的、有针对性的改进建议，保护学生的自尊心，激发学生的自信心，让学生体验成功。通过评价引导学生反思，促成其自我成长的能力。

评价指标包括学生的学业成绩评价指标和基础性发展目标。学业成绩的评价指标包括学习态度、学习方法、学习能力、学习效果等方面；基础性发展目标包括学生的道德品质、交流与合作、审美与表现、运动与健康、个性与情感、创新意识与实践能力等方面。

2. 重视采用灵活多样、具有开放性的质性评价方法

常见的质性评价方法有：

（1）评语。用激励性的评语肯定学生的进步和努力，并提出成长期望，保护学生的自尊心、激发其自信心。

（2）在特定的任务和真实的情境中观察、收集和评价学生多方面的表现。关注学生学习和发展的过程，真实、有效地记录表明学生发展过程的资料，及时将这些资料呈现并反馈给学生，使学生了解自己的成长与发展。不断对学生的表现进行纵向比较，或与一定的评价标准相比较，使学生明确努力的方向并提出具体的改进建议。

（3）多主体评价。突出学生在评价中的主体地位，使评价成为多主体共同参与的活动。鼓励学生自评、同学互评、家长评价，促进各方沟通与交流。

（4）改进考试的内容和方法。各学科期中、期末考试，平时测验都应该体现：增强与现实生活的联系，激励学生的独立思考，注重考查学生的能力，重视实践操作，尊重学生的个性和特长，增加试题的开放性和选择性。

（5）成长记录袋评价。《九年义务教育语文课程标准》指出，要加强教学的形成性评价：“提倡采用成长记录袋的方式，收集能够反映学生语文学习过程和结果的资料。教师经过分析，拟定和调整改进方案，使教学成为一个不断提升的过程。”

成长记录袋评价新兴于20世纪80年代，在国外得到广泛应用。这种评价方式指的是，根据教育教学目标，有意识地将学生的相关作品及其他有关证据收集起来，通过合理的分析与解释，反映学生在学习与发展过程中的优势与不足，反映学生在达到目标过程中付出的努力与进步;通过学生的反思与改进取得更高的成就。①

特征一:作品的收集是有目标的,不是随意的。如果是为了展示某项特长或成就,就收集自己最满意、最重要的作品;如果是为了描述学生某时期学习与发展过程中发现学习的优势和不足,就收集最优作品和过程性草稿;如果是为了评估学习与发展水平,就设立收集标准,统一要求,以便不同学生之间进行比较。

特征二:成长记录袋的基本成分是某一领域内学生的作品。成长记录袋评价主要是通过收集学生在某一学科领域内的一系列作品,来展现学生的成就、进步与不足,描述学生学习的过程与方法,反映学习的态度、兴趣与情感。例如,习作是语文教学的一个重要内容,让学生把习作过程中的初稿、修改稿及最后的成稿和来自同伴与自己的评价放入成长记录袋中,可以通过对比让学生看到自己的进步与不足。因此,成长记录袋不是一个无所不装的容器,而是通过对作品的分析比较,明确学生在某一领域的进步与发展方向。

特征三:成长记录袋应提供给学生发表意见和反省的空间。重视学生的自我评价和反思是评价改革的主要方向之一。让学生评价自己的作品,反省自己的学习过程,发现自己的优势与不足,可以有效激发学生进一步改进的愿望与信心。学生的反省和自我评定能力会由于年龄的不同而出现差异,教师要进行有针对性的指导,必要时可以提出具体标准。

特征四:教师要对成长记录的内容进行合理的分析和解释。把成长记录袋运用于教学是为了反映在特定领域内的学习与发展过程,教师在运用中不能"为了收集而收集"。要对收集作品进行合理分析,并向学生有针对性地做出积极的解释和反馈,促进学生在学习上的进步,真正发挥其促进发展功能。

可见,成长记录袋评价关注的是学生的学习与发展过程,其评价内容与某时期的教学和学习目标保持一致,学生可以自己决定放入袋中的内容和项目,教师定期进行评价和反馈。评价的目的不是给予好与不好的结论,而是注重学生在学习过程中成长和改变的事件(技能、兴趣、学习方法、态度等),并提出相应的改进与发展建议。

成长记录袋评价的主要功能是:描述进步、展示成就、评估状况。功能决定其基本构成和特点,并决定成长记录袋的类型。

类型一:过程型成长记录袋。过程型成长记录袋的目标是:诊断学生在学习过程中所取得的成绩及存在的问题;记录学生在学习某一领域上的进步过程或轨迹;培养和提高学生的学习兴趣与积极性;帮助学生发展起对自己的学习过程或经历进行思考和评估的能力。

过程型成长记录袋的特点是:成长记录袋收集的内容与时间多由教师根据自己的教学目标与学生的学习现状来确定。学生要负责选择和提交符合要求的作品或其他有关证据。同时要检查一定领域中取得的进步以及需要改进的地方,对自己的成长进行基本的思考与评估。

类型二:目标型成长记录袋。目标型成长记录袋除了过程型成长记录袋中所涉及的目标外,还关注让学生学会制定计划与选择目标,有一个属于自己的创造空间;培养学生自我监控学习的技能、自我反思的能力。

---

① 冯文娟.浅议成长记录袋在中学语文教学中存在的问题[J].现代阅读,2012(12):159,160.

目标型成长记录袋的特点是:更多地关注学生的自主性与创新性。教师按照教学计划与内容列出成长记录袋的主题;对收集的内容不作具体与严格的规定,学生自己计划和编制其中的内容(与过程型区别)。目标型成长记录袋中的内容是学生在完成某一学习计划的过程中创造的各种类型的作品集和学生的反省记录。在学期的不同时间里,教师要求学生充当专门批评家或传记作家的角色,让学生描述自己作品的特征,自己在成长过程中的进步,已经实现的目标、存在的不足、待努力的方向。

类型三:展示型成长记录袋。展示型成长记录袋也称最佳成果型成长记录袋,它的目标是:展示学生在某一学期或学年在某一学科领域所取得的成果。通过展示成果,关注学生的个体差异,让每个学生都有机会展示自我,由此增加自信与对学习的兴趣。

展示型成长记录袋的特点是:收集的是学生自己选出的最好或最喜欢的作品,以及他们对作品的自我反省与选择标准的说明。在有家长和其他人参加的展示会上,呈现学生作品的样本。

类型四:评估型成长记录袋。评估型成长记录袋是唯一一种通过评价学生所收集的作品来评定其在某一学科领域(如习作、解决问题等)的成就的方法,可用于水平性或选拔性评价,主要用于向家长、校方甚至是教育行政部门提供学生在某一方面所取得的成绩的标准化报告。一般情况下用于期末或终结性评价。

评估型成长记录袋的特点是:评估的标准是预先决定的。但由于成长记录袋是形成性评价,因此,在评估标准中必须有关于学生进步及改进(如作文的修改)情况的报告。主要是由教师、管理者、学区所建立的学生作品集。

将成长记录袋用于评估,就必须使收集内容结构化,以使不同成长记录袋之间具有可比性。如果设计不好,应用不当,评估型记录袋的信度与效度就很难保证,因此在大规模、高利害评价中要谨慎应用。

成长记录袋评价是一种形成性评价,它的优势特别明显:可以反映儿童学习与发展过程中的重要信息,能记录学生的成长历程;能够提供相对"真实"的信息和证据;能够提供丰富多样的评价材料;能开放地、多层面地、全面地评价学生;能够针对每一位学生进行评价,评价具有个性和针对性;能够使学生体验成功,感受成长与进步;有利于提高学生的自我反思能力;有利于学生对自己的学习负责;可以促进教、学与评价的更好结合。

与此同时,这种评价方式的局限性也特别明显:工作量太大,教师负担过重;如果各科都建"学生成长记录袋",学生也会觉得烦;不适于大班额评价用;容易走形式,走过场;内容太多,不好选择,不好整理、分析;主观性太强,很难做到客观、真实;很难保持公平、公正,容易"走后门"。

因此,在选择评价方式时,应该根据评价对象和评价内容的特点综合考虑。

在创建成长记录袋时,可分五个步骤进行。

步骤一:明确目的与应用对象。首先,明确成长记录袋的用途——是监控学生的进步,还是展示学生的成就,或是用作水平性评估;其次,明确应用对象是几年级的学生,学生搜集资料、自我反思的能力如何,需要教师在哪些方面加以指导。

步骤二:确定成长记录袋的主题。在确定成长记录袋的主题时,可以先思考以下问题:

这一段时间的教学目标是什么？学生要学习哪些内容与技能？要达到什么水平？怎样通过成长记录袋评价促进学生的学习和发展？

步骤三：确定要收集的作品与数量。将成长记录袋与教学相结合，明确创建成长记录袋时需要搜集的资料、可能的项目以及数量。

在内容上，如果目的是展示，收集学生最好的作品即可，学生进步过程中的作业、测验结果等不需要。如艺术方面，除了素描、简笔画、小说等纸质形式作品外，还可以是录音带、录像带、手工制品或照片等，要充分展示学生的特长与个体差异，教师不宜统一标准。

如果是为了反映学生在学习上的进步与不足，学生的作品就必须是在某一时间内的连续累积，作品类型可以是一系列的作业，也可以是教师或同伴的观察记录、测验卷等，以反映学生在某学科上的发展情况。

在数量上，如果目的是展示，任何时候只要有满意的或喜欢的好作品都可以收集。如果目的是反映学生进步，收集的作品应该是一段时间累积的，能够反映学生的变化的。如果目的是水平性评估，应该是同样情景下同一时间，按一定标准收集所有被评价学生的作品样本。

步骤四：成长记录袋的实施者。多主体参与是成长记录袋的特色，目的在于让不同的参与者在成长记录袋的实施过程中发挥不同的作用，调动一切可利用的资源帮助学生成长。一般情况下，学生是实施成长记录袋的主体：学生可以自己决定袋的外形与结构，按照自己的兴趣与想象设计与包装，更重要的是学生决定着袋中收集什么样的作品，并对作品进行自我反省和评价。教师、同伴、家长可以不同程度地参与实施。

家长怎么参与？教师可以通过给家长派送信件及家长会的形式解释成长记录袋的意义，提供一些评价方面的信息。还要详细告诉家长如何评价孩子所收集的作品、如何帮助孩子对作品进行反思，在家庭教育中有的放矢，以达到促进发展的目的。

同伴的参与主要体现在对作品的评价上，同伴作为评价者，通过对他人作品的评价，不仅能从他人作品中吸收好的东西，还可以提高自身的鉴赏能力和批判性思维能力；从被评价者角度讲，同伴的评价是自我改进的另一资源，因为看待作品质量的角度与教师、家长不同，而且交流时间多、平等的交流能促进同伴关系及交往技能——学会与人合作或合理竞争，如何看待他人进步与不足。

教师在成长记录袋的创建过程中全程参与。在制定袋的目的和对象、主题、作品和数据等方面，教师是主导，但在此后实施过程中，教师的作用转变成指导与激励。在日常教育教学过程中，教师不做一般性等级评价，但要有针对性地对学生作品或反思定期反馈，提出作品的长处与不足，以及改进建议。保持学生兴趣与积极性，组织交流与展示，让每个学生都有机会展现自己的劳动成果，体会成功喜悦，激发进一步收集的动机与积极性。

步骤五：成长记录袋的评定与结果报告。[①] 成长记录袋的评定指对成长记录袋中作品的评定（单独评定）及成长记录袋作为整体（整体评定）进行评定。评定结果及其相应结果报告将在很大程度上影响学生今后的发展。科学评定关系到成长记录袋能否发挥效用，能否

---

① 徐芬，赵德成. 成长记录袋的基本原理与应用[M]. 西安：陕西师范大学出版社，2002.

真正促进学生按既定目标发展的关键。

对于展示型的成长记录袋不必整体评价,单独评定依教学计划和安排而定,如果作品经评定后才收入记录袋,分数可以保留;没有评定的作品,不必再专门评定,从发展的角度看,一旦选入,都是学生最满意的。

对于描述过程型的成长记录袋也不必整体评定,但尽量要给每件作品单独评定,这样有助于学生寻找进步或退步的原因,反省自己的优势和不足,并在此基础上提出合适的发展目标与策略。

对于评估型成长记录袋必须进行整体评定,以反映学生在某一领域的发展水平。但是否对作品进行单独评定,取决于评价的领域、收集的内容与方式。

3. 正确对待标准化考试

标准化考试具有公平、客观、容易操作、效率高的优点,但它并不是放之四海而皆准的。标准化考试只是学生评价的一种方式,而不是唯一方式,要与其他评价的方法如开放性的质性评价方法有机地结合起来使用。

二、即时评价

即时评价是在教学过程中依据一定的评价标准对教学现象做出实时评估,通过调整、控制受评者的后续行为取得最佳教学效果,是一种有效促进教学目标实现的教学手段。所以,在课堂教学中,教师要善于发现和挖掘学生行为表现的闪光点,通过即时评价,真诚地给予肯定和引导,让学生更多地看到自己的成长与进步。它往往与教育活动过程融为一体,能够在任何情境下及时给予评价,容易让孩子接受,也最能拨动孩子的心弦。①

语文教学应在师生平等对话的过程中进行。师生间、生生间可以进行动态的对话,教师和学生就是通过这对话和交流来实现课堂中的师生间的互动的。教师可以利用自己和学生的平等对话来进行引导评价。教师课堂评价语言往往是对学生课堂学习活动做出的即时反应,从而帮助他们调整、控制后继学习行为。这种即时评价是最直接、最快捷、使用频率最高、对学生影响最大的一种过程性评价方式。在课堂上,它往往是一闪而过,似流星划过夜空,虽然短暂,却光彩夺目,叫人无法不去注意它、关注它。课堂中的即时评价对调控教学、激励学生起到调节与导向的作用,学生能够从教师的评价当中受到启发,明确今后的努力方向。因此,在教学中实施有效的即时评价,可以让我们的语文课堂绽放异彩。

(一)捕捉瞬时的评价时机

即时评价是一种生成性评价,是一种质性评价。在实践中要把握好以下六个评价时机。

1. 思维受阻时

当学生的思维受阻时,需要教师用语言去启发,去"清道",帮学生理顺思路,搬开思维通道上的绊脚石。《梳羊角辫的小姑娘》一课,几件事明明写的都是同一个小姑娘,可是女售货员张丽对她的称呼却换了好几个,从"羊角辫""小家伙"到"小朋友""小妹妹"。当有学生对此提出质疑时,全班同学都没有找到答案,大部分同学表示"根本没注意到这点"。于是教

---

① 陆建国. 巧用即时评价,促进学生全面发展[J]. 小学教学研究,2012(28):20,21.

师首先表扬了提出问题的学生："王洋同学真是好样的，发现了很多同学都没发现的问题。"接着启发大家："为什么小姑娘在张丽眼里会有这么多不同的称呼呢？你把它们按顺序读一读，看看有什么发现？"学生很快发现几个称呼其实暗示了张丽对小姑娘的态度：从反感到喜爱。

2. 理解有偏差时

当学生的理解存在偏差时，需要教师用语言去纠偏，去"引路"，帮助学生调整思路，从而正确地理解文本。教师引导学生理解"兑换"一词，学生说："'兑换'就是调换的意思。"教师马上反问："我是老师，你是学生，咱俩的任务调换一下，能说'兑换'吗？""那么是交换的意思。"教师又问："我拿我的钢笔和你的铅笔交换一下作纪念，能说是'兑换'吗？""'兑换'就是用一种货币换另一种货币。"教师再问："现在我拿一角人民币，换你一美元，你换不换？"（学生摇摇头）教师最后问："你怎么不肯换了？你刚才不是说是用一种货币换另一种货币吗？想一想，这句话里少了些什么？""'兑换'的意思是用一种货币换另一种货币，但它们的价值必须是相等的。"教师接连用了三个反问，消除了学生认识上的偏差，从而得出"'兑换'是指一种货币换另一种货币，但它们的价值必须是相等的"这个正确理解。

3. 感情困惑时

当学生的情感产生困惑时，需要教师用语言去点拨，去"导航"，帮助学生厘清思路，从而使学生豁然开朗。教学《卖火柴的小女孩》时，一学生质疑说："我觉得安徒生太残忍了！大年夜本来是家家团圆、举国欢庆的节日，他却让这个可怜的小女孩惨死在大年夜，太没同情心了！"教师反问："如果你是安徒生，会怎么安排小女孩的命运呢？"学生纷纷议论起来，有的说"选一个平常的日子"，有的说"不能让小女孩死"，有的还为小女孩写好了结局："被一对好心的夫妇收养了。"教师评价说："你们都是很有同情心的孩子，小女孩如果能遇到你们就好了。可是，她不可能会遇到你们。为什么呢？安徒生让小女孩死在大年夜，有什么深刻的含义呢？"师生一起深入研究了当时的社会背景，从而明白在当时的社会制度下，小女孩的悲惨命运是不可避免的。而安徒生让小女孩死在万家团圆的大年夜，就是想通过这样鲜明的反差来揭示社会的阴暗面，控诉社会制度的黑暗。这个过程就是学生的感情从混乱到顿悟的过程。

4. 迸发火花时

当学生的思维迸发出耀眼的火花时，需要教师去肯定，去"点灯"，将学生的创新火花拨得更亮。教"官"字时，教师提问："这个'官'字该怎么记？"一生回答："'官'字上面是宝盖头，下面那个东西，像我们家里的双门电冰箱。"学生的回答出乎教师的意料，实在是太精彩了。教师马上充分肯定学生："你观察得真仔细，还跟我们的生活联系起来，真不错。"

教师的激发引导使学生在接下来的生字学习中趣味盎然，一学生说："这个'珠'字是'黄玉珠老师'的'珠'。我在学校门口的布告栏里看到过你的名字。"另一孩子说："我还知道'招'也是'招商银行'的'招'。"孩子们的思维更活跃了，课堂焕发出勃勃生机。

5. 争议未决时

当学生的争议未决时，需要教师用语言去评判，去"裁判"，帮助学生判断是非。《落花生》一文中关于"做怎样的人"这个问题，学生在课堂上争论了很久，有的学生说："做人要像落花生一样，朴实又有真才实学，含而不露。”有的说：“像苹果那样鲜艳可爱，又香甜可口，有什么不好？现在的社会，外表寒碜难以让人信任。”还有的说：“既像落花生那样做个饱学之士，又像苹果那样外表体面，两全其美，有什么不好？”争议之后，教师评价道：“落花生的可贵，在于含而不露，这其实也是我们中华民族的美德。内在充实的前提下，讲究外在的体面，无可非议。但是光追求外表体面，是绝不可取的。”教师清晰地阐明了“做人”的真理。

（二）运用适当的评价方式

课堂即时评价的方式多种多样，教学中，教师要善于选用适当的评价方式，方能发挥即时评价的积极作用。

1. 赞赏式评价

这种评价方式在教学中运用最广，指的是教师使用赞赏性的语言对学生的学习行为作肯定式的评价。如“你真棒…‘你说得太好了!”“老师都陶醉在你声情并茂的朗读中了!”等。

2. 包容式评价

指教师接纳学生提出的问题与看法，从而调整预设课程的行为。如引导学生研读诗歌《春风吹》中的第一节“春风吹，春风吹，吹绿了柳树，吹红了桃花”，教师顺势拿出一枝盛开的桃花问：“小朋友，桃花为什么会开?”学生有的说，因为柳树绿了，桃花想和柳树说说悄悄话；有的说，桃花开了，那是因为她睁开了眼睛想看看春天有多么美丽；还有的说，桃花睡了一个冬天，伸了个懒腰，把花骨朵顶开了……小朋友的回答多种多样，充满了诗意和想象。可在众多的答案中，就是没有教师预设、期待的“标准答案”。教师本想通过此环节的教学，让一年级的小朋友明白季节转换的规律：春天到了，天气暖和了，所以桃花开了。此时，面对学生，教师从容、镇定，及时调整了教学目标，充分肯定地说：“桃花觉得小朋友们太可爱了，都说得那么好，很开心，就朝我们笑了。于是，她就开了!”小朋友们听了老师的发言，露出了灿烂的笑脸。教师的肯定，让孩子们知道，花儿开了可以有那么多理由，世界多美好啊。

3. 推进式评价

指学生的回答不尽完善、不尽完美时，教师在做出某些肯定之后，引导学生作深入探究的评价。如在教《小壁虎借尾巴》一课时，教师要求学生用朗读来表现对“没有尾巴多难看哪”这句话的理解。有位学生第一次读不好，教师说：“你的声音很响亮，可我觉得小壁虎的尾巴好像还在，没有被蛇咬掉一样。你想一想再读一遍好吗?”她又读了一遍，这次读出了点感情，可还是不够。教师进一步鼓励道：“有进步，老师相信你会读得更好。”她想了想，再读了一遍，这回读得感情到位，教师称赞道：“呀，原来小壁虎这么伤心呀!”

4. 挑战式评价

指对学生提出挑战式任务，让他们在竞争状态中学习，且教师不断以评价鼓励竞争。例如：“你读得真不错，读出了张飞的莽劲。谁能超过她?”“你也不错，如果你放松点，一定更棒。”

5. 纠偏式评价

指学生的学习过程或学习结果偏离了要求，教师用启发式方法引导学生纠正偏差的评价。如“他说兑换就是一种货币与另一种货币的交换，你们觉得有疑义吗？再好好读读。”

6. **延缓式评价**

指教师对学生正在讨论的问题不立即给予肯定或否定的评判，而是以鼓励的行为方式或语言，或提问或实验，让学生畅所欲言，然后选择一个恰当的时机说出自己的见解和主张。如在教学《三顾茅庐》中张飞叫嚷着要把诸葛亮“捆”来时，教师问学生：“诸葛亮能‘捆’来吗？”有的说“能”，有的说“不能”。教师未置可否，而是追问说“不能”的学生：“是诸葛亮的本事很好，张飞‘捆’不来他吗？”学生在讨论中顿悟：“捆”不来的不是诸葛亮这个人，而是他的心。[①]

（三）即时评价的要求

教师的评价语言直接影响到小学生对知识技能的掌握和思想感情的发展。一堂课的成功与否，不只在于教师事先精心设计好的每一句教学语言是否精彩，更在于师生双向交流过程中有没有教师充满教育机智的课堂评价语的有效发挥。有效的教师评价语不是停留于表层的作秀，也不是可有可无的衔接，而是在整体深刻理解文本和学生实际后焕发的自然而然的创设和生成。

1. **准确简洁的课堂评价语，能强化知识的落实**

评价是一种价值判断的活动，是主体对客体满足需要程度所做出的判断。在语文课堂上的直接表现就是教师常常用语言等对学生的学习行为、过程、结果等进行判断，再行褒奖、指导。

（1）评价语必须准确。准确性是评价语的灵魂，没有“灵魂”，教师的评价语就没有了生命力。教师的评价语应该客观地指出学生的长处和存在的缺点，既不能一味地肯定评价，也不能一味地批评，要让学生知道哪是好的，哪是不好的；哪是对的，哪是错的，错在何处。如一位教师指导学生根据提供的画面（航天英雄杨利伟身着宇航服，微笑着向大家招手致意）练习用“无边无际”造句，问：“他是谁呀？”学生兴奋地直呼杨利伟其名时，教师说：“对呀。小朋友说话要有礼貌，他是？”这样先肯定，然后委婉指出小朋友说话要有礼貌。聪明的孩子们马上领悟，异口同声地说：“杨利伟叔叔。”当有一位学生说“杨利伟叔叔在无边无际的太空中遨游”时，老师先是夸奖：“讲得多好啊！‘遨游’这个词都能用。”然后循循善诱，用商量的口吻提出更高的要求：“哎，想想杨利伟叔叔是怎么上的太空呢？如果你能把这个意思也说进去，这句子就更漂亮了。试试看！”这样的评价语，非常准确有效，针对性强，孩子的思维方向明确了，而且他们还会自觉地非常乐意地沿着教师预设的目标迈进，从而很快说出“杨利伟叔叔坐着神舟五号在无边无际的太空中遨游”等更好的句子。准确的课堂评价语还须我们关注课堂中生成的细节，及时提醒学生，有效地帮助学生纠正错误。如张祖庆老师在想象作文课《亚马逊河探险记》中让学生谈对亚马逊河的印象时，一学生说“亚马逊河是一个药材的大宝库，因为药材有99.9%”，张老师及时给予提醒：“这句话好像没有表达清楚，想想能否表达清楚一点，再说一遍，好吗？”当学生第二次还是没表达清楚时，张老师帮助纠正：“你的意思是世上99.9%的药材出自亚马逊河，是吗？这是医生最想去的地方。”

（2）评价语要简洁。语言如果啰唆，拖泥带水，把该表达的思想感情淹没在莠草之中，

---

① 童筱清. 语文课堂中的即时评价[EB/OL]. [2007-04-19]. 百度文库.

就会大大降低表达的效果。新课程提倡尽可能多地把课堂留给学生，呈现学生的思维和语言学习过程，因此要避免啰唆，避免无意识地重复学生语言，以免冲淡学生的思维逻辑。对于要强调的知识点则要讲得明白，不模糊，让学生听得清楚。

2. 具体丰富的课堂评价语，能提升学习的能力

著名的教育评价家斯塔佛尔姆强调："评价不在于证明，而在于改进。"因此，有效的评价语要求教师评价时不只是简单地判断或褒奖，而应注重具体引导，应更多地从内容方面去点拨和启发。有位老师在教学《兰兰过桥》总结课文时启发到："请同学们想想，你头脑中神奇的桥是怎样的？"话音刚落，一个小男孩站起来一口气说了四种神奇的桥，教师评价说："你真聪明。"仔细瞧瞧，那个学生一脸平静，不经意地坐了下去。显然，学生听多了这样泛化的评价，早已产生审美疲劳，不感兴趣了。在语文课堂上我们确实常会听到像这位老师说的"你真聪明"，"你读得真好"或让学生合着拍子喊"棒棒，你真棒"之类的评价，这样泛泛而又单一的评价缺乏针对性，已经无法满足学生发展的需要。久而久之，以直觉形象思维为主的小学生对如此的评价会麻木不仁，心理效应为零，评价也就失去其应有的作用。"你真聪明"，聪明在哪里？"你真棒"，棒在何处？都应大声给出具体参数，让孩子感受到老师对于自己的关注和重视，获得学习方法和习惯的正确导向，并在此基础上有所发展和提升。上述例子中老师的评价如再具体形象些，如"看来这位同学对桥特别感兴趣，等你学习掌握了更多的知识，长大后也会是一位会变魔术的桥梁专家"，这样，具体的语言能有效地激发学生的想象，把自己和"会变魔术的桥梁专家"联系起来，幻化出自己也是桥梁专家的美好形象，从而获得极大的心理满足，进入更加积极的思维状态，产生出奇思妙想，这也正是学习的最高境界。

请再看一位老师在口语交际课《春天的聚会》中的一个片段：

师：来参加聚会的朋友真多呀，都有谁呀？

（出示句子：来参加聚会的朋友真多，有——，有——，有——，还有——）

（生思考，陆续举手）

师：这只可爱的小蝌蚪来说吧。

生1：来参加聚会的朋友真多，有燕子，有蜜蜂，有小花，还有小蝌蚪。

师：说得很清楚，如果能再具体些，就更好了。

生2：来参加聚会的朋友真多，有活泼可爱的小燕子，有美丽的蝴蝶，有勤劳的小蜜蜂，还有可爱的花儿。

师：你能用上"怎么样的什么"来说，真了不起。谁也行？

生3：来参加聚会的朋友真多，有弯着腰的柳树，有游来游去的小蝌蚪，还有可爱的小燕子，还有小乌龟。

师：能说"弯着腰的柳树，游来游去的小蝌蚪"真了不起，但是，用上这个句式，把句子说得更有条理，行吗？

生4：来参加聚会的朋友真多，有金灿灿的迎春花，有呱呱叫的青蛙，有碧绿碧绿的小草，还有勤劳又可爱的小蜜蜂。

师：真喜欢听你说话，又清楚又生动。

可以看出，老师在表扬学生的同时也在进行有目的的引导："说得很清楚，如果能再具体些，就更好了。""你能用上怎么样的什么来说，真了不起。谁也行？"这样，导向明确，学生在老师的评价中有所启发，表现一次比一次有进步，这样具体的评价语能非常有效地引领学生提升。

另外，评价语也要力求丰富多样。在评价时，教师常常是对学生的谈话给予直接的评价，其实就人和人的交流来看，应该是一种充满智慧的交流，如果不求变化，老是用相同的夸奖之词或赞扬句式，就会让人感到单调乏味，直接影响学生学习的积极性。许多特级教师之所以能让学生积极主动地参与到教学中来，其中丰富多样的课堂评价语起着相当重要的作用。

3. 机智幽默的课堂评价语，能创设教学的氛围

苏联著名教育家斯维特洛夫说过："教育家最主要的，也是第一位的助手是幽默。"在进行课堂评价时，机智幽默、生动优美的语言更是不可或缺的。幽默的和风细雨、诙谐轻松，可以使它既不伤害学生的自尊心，又能达到匡正纠谬、明辨是非的目的。在课堂上，教师机智幽默、生动的评价语言，更是可以创造出一种轻松愉快、和谐融洽的教学氛围，让学生能以愉悦的心情去主动、生动地学习，从而使课堂生花，为教学增色。特级教师支玉恒老师在教学《第一场雪》时，以风趣的语言暗示学生如何通过有声的语言把"雪的大"读出来。当第一个学生读时，语气比较平直、轻短，老师风趣地问学生："这是什么雪呀？"大家笑着说："这是小雪。"于是再请一学生读，读得稍好些，大家又笑道："这是中雪。"又再请第三、四位学生读，终于读出了"大雪"，教师又幽默地激励道："还有谁读得比他下的雪还要大的吗？"课堂上笑声此起彼伏，学生在书声琅琅、语言交流、思想碰撞中获得求知的欢乐，真是"别有一番'趣味'在心头"！

4. 饱含激励的课堂评价语，能激发学习的热情

德国教育家第斯多惠说："教学的艺术不在于传授本领，而在于激励、唤醒和鼓舞。"学生需要教师的激励。激励能激发人的潜能，能使人心智开启、灵感涌动。学生在宽松、和谐、民主的自由空间里与教师、同学进行心灵的碰撞、生命的融合，不断获得成功的体验，并在成功中走向成功。《语文课程标准》也指出："对学生的日常表现，应以鼓励、表扬等积极的评价为主，采取激励性的评价，尽量从正确加以引导。"教师不能吝啬赏识与赞许，及时送上充满激励的评价语能让学生增强自信心，体验到成功的快乐。例如二年级下册语文《找春天》一课中，一学生在朗读"树木吐出点点嫩芽，那是春天的音符吧"这一自然段时，教师夸奖道："你也是我们班里一个活跃的音符，请你再带领大家读读吧！"顿时她变得更自信，从她更为精彩的朗读中我感觉到她油然而生的自豪感。同时，班里的学生也开始一个个争做活跃的音符了，可谓一举两得。因此，教师充满激励的评价语言能让学生不断获得前进的动力，在自信中走向成功。又如："好哇，这种做法很好，你真会动脑筋！""你演得真好，只要用心，什么事都会做好的""这个句子你读得多好呀！请你再读一遍，大家仔细听听。""你念得比老师还要棒""来，你就是那可爱的小天使，一起涌出来吧！""这个词语用得多好啊！"这些如此亲切、明朗、热情洋溢的语言，学生听后怎么能不被感染、不受鼓舞呢？

有效的教师课堂评价语言是将文本、学生和教师拉近，使三位浑然一体、自然天成的润滑剂，每一位教师都要充分认识课堂评价语的价值，不断锤炼教学用语，研究语言艺术，用语言弹奏出美妙动人的乐曲，这样才能在学生头脑里回响激荡，激励学生积极主动地投入到学习活动中去,有效地实现教学目标。[①]

(四) 即时评价的几个误区

1. 不予评价

(1) 不予倾听,不加评价。教师对学生的回答充耳不闻,不做任何评价。

(2) 错把重复当评价。《东方明珠塔》(苏教版第一册)教学片断:

(师出示"上海黄浦江边,有一座广播电视塔")

师:这句话告诉我们什么? 能用在(什么地方)有(什么)这样的句式说吗?

生:在黄浦江的边上,有一座广播电视塔。

师:在黄浦江的边上,有一座上海广播电视塔。你是这样想的,谁再来说说?

生:在黄浦江里,有一座广播电视塔。

师:在黄浦江里,有一座广播电视塔。谁还想说说?

(几位学生说了,都说不到位,教师一遍遍重复学生的回答)

师:黄浦江是上海的一条江的名字,上海广播电视塔就在它边上。

(3) 错把过渡当评价。《虎门销烟》教学片段:

(课文第二段,描写销烟前的壮观场面。先让学生用心读,做批注,然后交流)

生:礼台是新的,周围"彩旗林立"显得壮观。

生:还很隆重呢。

师:嗯。我们继续交流,同学们一定有更多的感受和发现。

生:官员们"身着朝服",显得很隆重,朝服是参加很隆重的活动时才穿的。

生:我搜集到的资料上说,林则徐那天穿御赐黄马褂,他是钦差大臣。

师:哦,看来朝廷此次是痛下决心,要销毁害人的鸦片了。

生:文武官员都来了,是为了防止销烟时有人捣乱。林大人想得很周到。

师:同学们都发表了自己的看法,都说得挺有道理。午后二时许,销烟就开始了,我们一起去看一看吧。

(4) 错把提问当评价。《田园诗情》教学片断:

师:读了好几遍课文,我们已对课文内容很熟悉了。谁来告诉大家,你究竟喜欢这幅画面的什么?

生:我喜欢这幅画面中牛有许多姿态。

师:你从哪儿看出来的? 读出有关句子。

(学生读相关句子)

师:还有同学喜欢这句话吗? 也来说一说你的感受。

生:这句话用了拟人的手法,把牛当作人来写,把牛写活了。

师:从中大家还感受到了什么?

生:这儿的牛多,不愧为牧场之国。

师:还有什么感受?

---

① 吴惠珠.对提高教师课堂评价语有效性的思考[EB/OL].[2013-11-04].百度文库.

生:牛在这儿想干吗就干吗,很自由。

师:还感受到什么?是否像大都市一样车水马龙?

生:这儿很宁静的。

师:还有描写奶牛的句子吗?

生:牛犊跑前跑后,活像顽皮的孩子。

师:这句话给了你什么样的感受?

生:这儿的牛犊很活泼。

(5)错套空话当评价。用空洞的,没有实际意义的语言对学生做出评价。

为了避免进入这样的误区,一方面,教师要树立课堂教学中对学生进行评价的意识,将评价作为课堂教学不可或缺的一部分看待;另一方面,还要认识到课堂教学对学生发展的诊断功能、反馈调节功能、学习导向功能和激励功能,并在课堂上将这些功能落到实处。

2. 盲目激励

(1)一味肯定。《四季》教学片断:

师:请小朋友自己读读第一段。

(一部分学生在读,一部分学生在东张西望)

师:好,请小朋友停下来。

(学生停止活动坐好)

师:刚才我发现大家读得可认真了,谁愿意一个人出来给大家读一读呢?

(生1结结巴巴地读完)

师:你读得真好!

(生2读得正确)

师:棒。你真棒!

(全体学生齐声高呼:你真棒!)

(生3声音低,但基本正确)

师:表扬。

(全体学生整齐地鼓掌)

……

(读完描述四季的内容后)师:你们最喜欢哪个季节?

生:我最喜欢夏天,因为夏天我可以到河里游泳。

师:你真聪明,还会游泳呢!

(2)错解"多元"。《狐假虎威》教学片断:

师:故事读完了,你想对老虎说些什么?

生:虎大王,狐狸是借了你的威风才吓跑百兽的。

生:你上当了,百兽怕的是你。

生:我想对狐狸说一句话。

师:哦,想说什么?

生:狐狸,还是你了不起,用自己的智慧战胜了强大的老虎!

师（一愣，片刻后露出笑容）：真会动脑筋，认识与众不同！

生（马上举手）：狐狸真聪明，会随机应变。

师：好极了。

生：以后我们遇到紧急情况，也应该像狐狸那样机智、勇敢。

师：相信你也会像狐狸一样聪明。

（3）滥用物质奖励。《秋天的果园》教学片断：

课接近尾声，教师指导学生背诵。教师捧出一大把水果。你背出了就奖励吃一串葡萄；他背出了，则奖励一个梨。顿时，教室里沸腾了，孩子们背得热火朝天，不亦乐乎。

口语交际《春天来了》教学片断：

课始，出示春姑娘的神秘礼物袋，告诉孩子们，找到春天的小朋友，春姑娘都有神秘礼物送出。孩子们说春天，凡是说得有特点、想得独到、态度自信、善于倾听、积极补充的，都可获得一件春姑娘的礼物（都是用彩色纸剪的）——聪明伶俐的小燕子、粉红的海棠花、一片树叶、一朵月季、一只蝴蝶、一只蜜蜂……

为了避免这样的误区，教师激励性评价的语言要准确、具体、真诚、真情，还要注意全面性和全体性。

3. 教师独霸评价权

《春天》教学片断：

师：桃花在春天为什么盛开？

生：因为小草长出嫩叶，绿油油的一片，十分美丽，桃花想和它们比美，所以桃花开了。

生：因为桃花梦见我们小朋友换上新装了，它也要换上新装和我们比美，所以桃花开了。

生：因为它听到蜜蜂的声音，知道蜜蜂来采蜜了，桃花要让蜜蜂来自己身上采蜜，所以桃花开了……

师：因为天气暖和了，春天到了，所以桃花开了。你们怎么会没有想到呢？

可见，在课堂教学中，教师需要为学生评价留出时间，让学生参与课堂学习评价。

第三节　教师评价

自从教师这个职业出现以来，教师就在接受学生、家长及社会的评价。正式的教师评价制度，产生于20世纪50年代西方发达国家。中国的教师评价制度始于20世纪60年代，直至80年代后期渐趋正式。目前，发展性教师评价更是以“促进教师发展为目的”的鲜明特点引起了国内外广大教育工作者的关注。

一、教师评价改革的主要特点

百年大计，教育为本，教育的根本却在教师身上。教师队伍整体素质的高低决定了国家、民族教育事业的发展状况。教师评价既是教师管理的主要手段，也是促进教师专业成长，提高整体素质的有效途径。因此，教师评价也是中国课程改革关注的关键问题之一。教师评价改革的主要特点表现在以下两个方面。

（一）打破唯“学生学业成绩”论教师工作业绩的传统做法，建立发展性教师评价体系

发展性教师评价就是根据一定的发展目标，运用发展性的评价技术和方法，对教师素质发展的进程进行评价解释，使教师在这种评价活动中，不断地认识自我、发展自我、完善自我，使之不断积淀、发展、优化其自我素质结构，促进教师在专业理念、教学技能、专业服务精神等方面得到和谐自然的发展。它不是指某一种特定的教师评价方式，而是一系列能够促进教师素质发展与提高的评价方式的总称。①

1. 重视对教师参与和共事能力的考察

在对教师进行评价时，评价内容除了传统教师评价中职业道德、学科知识、教学能力、文化素养等内容之外，新课程教师评价特别重视对教师参与和共事能力的考察。考察的内容包括：能否参与学校发展规划的设计，并能提出可行性意见；能否参与确定时间和其他资源在教学课程中的分配等教学规划；能否参与设计本学科、所在教学组的发展规划，并提出可行性建议；能否充分参与制订和实施同事们的专业进修计划；能否与学生、家长、同事建立良好的关系，在同事中有好朋友。

相互合作，共同发展，是现代社会的显著特征之一。因此，合作意识是当代人必须具备的一种素质，也是一种生存和发展的基本能力。新课程学习方式改革中特别提倡的合作学习，其目的就在于培养学生的合作意识和合作能力，而作为指导学生学习的教师，自己首先得具备这种意识和能力。

2. 强调以“自评”的方式促进教师教育教学反思能力的提高

让评价对象作为评价的主体之一参与评价过程是新课程评价改革的一个显著特征。教师自我评价的方式可以鼓励其积极参与评价过程和进入角色，有助于弘扬民主气氛，增强教师的主人翁意识，有利于提高教师评价结果的客观性、可信性和有效性。对绝大多数教师来说，自我评价法是一个连续不断的自我反思、自我教育、激发内在动因的过程。

在自我评价过程中，可以要求评价对象采取口头形式或书面形式，从工作的各个方面评价自己的工作表现，阐明存在的优点和缺点，供校方讨论、分析和评价，也可以要求评价对象填写调查表、多项选择表或问卷表。

为了帮助评价对象有效地总结自己的工作表现、扩大评价对象的思路、明确评价的范围、保证教师评价的系统性，可以事先向评价对象提供参考提纲，这样自我评价的效果会更好。

如果说经验是教师专业知识和能力的最重要的来源，那么反思则是教师专业知识和能力发展的最根本的机制。通过反思回顾教学，教师可以分析得失，查出原因，寻求对策，以利后行。美国学者波斯纳提出了教师成长的公式：教师的成长 = 经验 + 反思。叶澜教授也说：“一个教师写一辈子教案难以成为名师，但如果写三年反思则有可能成为名师。”可见反思对教师专业成长的积极作用。这就要求广大教师跳出经验性教学的藩篱，加入反思性教学的行列。

教师自我反思的内容包括对自身素质的反思和对教学过程和效果的反思。对自身素质

① 连榕. 教师专业发展[M]. 北京：高等教育出版社，2007：228.

的反思包括所掌握的学科知识的正确性、广度、深度;教育理念是否正确;学生观、价值观是否正确等。通过反思可以明确自己的优势与劣势,并明确努力的方向。对教学过程和效果的反思包括对教学策略、课堂生成情况、学生参与程度等方面的反思。如对教学策略的反思可以从以下问题入手:①教学内容是否贴近学生经验,回归现实生活?②教学设计是否考虑学生接受能力,遵循学生身心发展规律?③内容呈现是否生动有趣?能否吸引学生的注意力?④教学过程是否重视学生的全员参与?⑤教学手段是否过于单一枯燥?⑥教学方式是否重视学生的自主、探究或合作?

反思自己的课堂驾驭效果、动态生成情况时,可以从以下问题入手:①你有效地评价学生了吗?②你收集到学生的哪些反馈信息?你处理了吗?③面对突如其来的意外,你的应变措施得当吗?你的教育机智发挥作用了吗?④面对学生起伏不定的注意力状态,以及由此带来的课堂秩序问题,你的调控措施生效了吗?⑤师生之间、生生之间交流时生成了哪些新问题?你将如何处理?有进一步研究探讨的必要吗?价值何在?

(二)建立“以学论教”的发展性课堂教学评价模式

1. 以学论教

新课程改革的核心理念是“以学生的发展为本”。“以学论教”也叫“以学评教”,强调以学生的发展状况评价教师的课堂教学水平。教师的教学效果最终体现在学生的发展状态上,将评价的关注点转向学生:以学生在课堂学习中呈现的状态,即学生能否主动学、积极学,是否会学,学得如何,作为教师课堂教学活动是否成功的评价标准。这种评价方式区别于传统课堂评价的“以教评教”,充分体现了以学生为主体的理念。

2. 注重课堂观察

新课程教师评价主张在真实的课堂教学情境中对教师的教育教学行为进行评价,因此非常注重课堂观察,观察的内容是学生及其在课堂上的表现。对学生的观察包括:

(1)注意状态:是否全神贯注倾听,能否针对所问回答。

(2)参与状态:是否绝大多数的学生都参与到课堂活动中。

(3)交往状态:师生、生生合作交流是否民主和谐。

(4)思维状态:思维是否有条理,能否表达自己的见解。

(5)情绪状态:能否获得积极的情感体验。

(6)生成状态:这堂课有没有思维梯度,有没有思想深度。

对教师的观察包括:

(1)教育理念和人文素养——是否开放、平等、探索、创新。

(2)教学目标和教学内容——是否准确、专业。

(3)教学思路和学科功底——是否清晰、全面。

(4)组织协调和教学机智——是否灵活、自如。

3. 培养学生的自主学习能力

新课程强调关注学生的主体地位,在越来越尊重和倡导学生主体地位的教育思想指导下,课堂教学也应该立足于促进学生发展的需要。在知识经济和终身学生的背景之下,培养学生的自主学习能力是教师教学工作的重要目标之一。在对教师的课堂教学水平进行评价时，也非常关注教师在培养学生自主学习能力方面所采取的教学行为和所产生的教学效果。在课堂观察时，不仅关注课堂气氛，还关注学生的自主状态，例如是否以学生活动为主，学生是否有自由选择空间，能不能自己提出问题、寻求答案，教师是否尊重学生需要，及时调整教学进度、活动安排等。以此提醒教师使学生具备自主学习的愿望和能力的重要性。

二、小学教师专业标准解读

2012年2月10日，教育部下发了“关于印发《幼儿园教师专业标准(试行)》《小学教师专业标准(试行)》和《中学教师专业标准(试行)》的通知”。为促进小学教师专业发展，建设高素质小学教师队伍，根据《中华人民共和国教师法》和《中华人民共和国义务教育法》，特制定《小学教师专业标准(试行)》。

小学教师是履行小学教育教学工作职责的专业人员，需要经过严格的培养与培训，必须具有良好的职业道德，掌握系统的专业知识和专业技能。《小学教师专业标准(试行)》是国家对合格小学教师专业素质的基本要求，是小学教师实施教育教学行为的基本规范，是引领小学教师专业发展的基本准则，是小学教师培养、准入、培训、考核等工作的重要依据。

小学教育是一个人人生发展的重要阶段。小学教师的质量关系到学生一生的成长，关系到亿万家庭的希望，更关系到国家的未来。20世纪80年代以来，通过明确教师专业标准来突显教师职业的专业性、推进教师专业化进程，成为世界许多先进国家提高教师质量的共同战略，中国也不例外。而不断深入开展的基础教育课程改革更是从现实层面将中国教师队伍建设提上重要日程。

《小学教师专业标准》(以下简称《标准》)明确了一名合格小学教师的道德坐标、知识坐标与能力坐标，它是中国教师专业化进程中的重要里程碑。1994年颁布的《中华人民共和国教师法》在法律上第一次确认了教师的专业地位。当下，《小学教师专业标准》进一步对小学教师的基本素养和要求进行了细致、专业的梳理和规范，这将有力保证中国小学教师的专业地位，有效提升小学教师的专业素质。

(一)《标准》制定的意义与价值

1. 规范教师专业行为，促进小学教师专业发展

尽管20世纪90年代初我们就开始致力于教师专业品质的确立和提升，然而在实际教育工作中，教师，尤其是小学教师的专业地位未能获得广泛的认同。教师专业地位的体现，一方面需要外在条件的支持与保障，另一方面更需要依赖教师队伍的自身建设。为此，《标准》对小学教师的“专业理念与师德”“专业知识”“专业能力”进行了细致梳理和规范，厘定小学教师的从教规格。

2. 设立教师合格标准，促进教育公平

教育肩负着重要的社会使命，不但要启迪人的心智、锻炼人的品格、完善人的心性，还应在消除社会上的不平等、创造宽松和谐的社会中发挥重要作用。《标准》中突出了“学生为本”“师德为先”，这有利于引导立志成为小学教师者以及小学在职教师自觉加强修养，倡导与践行公平公正。

3. 为教师职前培养、职后培训提供目标参照

随着教师教育体系的逐步开放,《标准》将成为小学教师培养的目标参照,有利于完善小学教师培养方案、科学设置小学教师教育的课程,降低教师职前培养的盲目性和随意性,提升小学教师的培养质量,同时也为各级各类教师培训提供了基础性的要求,有利于切实促进小学教师教育的一体化,确保小学教师持续的专业发展。

4. 为小学教师的资格准入、考核与评价提供依据

《标准》的制定为小学教师的准入、考核及退出提供了相对统一、客观的依据,有利于有关部门严把小学教师入口关,确定教师管理制度,保证和维持小学教师的质量。

5. 与国际教师教育改革发展的趋势相吻合

(二)《标准》遵从和倡导的基本理念

1. 强调以学生为本

小学生具有发展性、主动性等特点,在教育教学过程中,处于主体和中心的位置。学生为本,就是遵循教育教学的规律,坚持学生主体的教育理念,尊重、关注和爱护学生,引导学生积极、主动地参与学习,将促进小学生快乐学习、健康成长作为教育教学的最终目标。

2. 倡导以师德为先

师德是作为教师的第一要素,小学教师面对的是成长中的小学儿童,特别要注重为人师表,重视榜样的作用。师德大到遵纪守法、献身教育事业,具体到个人修养、言谈举止。特别是在对待小学生的态度方面,本着"教师爱是小学教师的灵魂"这一理念,着重要求教师要富有爱心、有耐心和责任心。

3. 重视教师能力提升

教师的专业能力是教师教育理念、专业知识的载体,它直接关系到学生的学习能力、实践能力和创新能力的形成。小学教师所面对的是生动活泼、日益成长的小学生,其能力首先体现在认识学生、了解学生,把握学生的特点和需求方面,同时还体现在教育教学的方法等实践环节上。当代教师不仅要把握学科的基本理论,还要有能力驾驭课堂,通过有效的方法、智慧来指导学生的学习,以保证学生的学习效果。

4. 践行终身学习理念

终身学习是当代社会的重要特征,教师在形成全民学习、构建学习型社会的过程中应该起到领头羊的作用。小学教师的终身学习主要体现在主动发展的意识和不断反思、制定发展规划的能力。同时还要把握国内外教育发展的动向,跟上教育理论和知识学习的发展步伐,不断充实和完善自己,使学习成为自身生活中的一种习惯。

(三)《标准》的框架结构与内容

1.《标准》的框架结构

《标准》设置了三个维度,即"专业理念与师德""专业知识""专业能力"。每个维度下设若干领域,其中"专业理念与师德"维度有四个领域,"专业知识"维度有四个领域,"专业能力"维度有五个领域,共涉及十三个领域,每个领域又分设了若干"基本要求",《标准》一共设有五十八项基本要求。

2. 对《标准》中“基本要求”内容的部分诠释

虽然是首次拟制《标准》,不过在此之前,也存在着一些与此相关或部分内容相近的法律或规范,如《中华人民共和国教师法》《中小学教师职业道德规范》等。这些法律和规范为我们制定《标准》提供了一些框架和元素方面的参考,但与其相比,《标准》在“专业理念与师德”“专业知识”“专业能力”三大部分的具体内容要求上又与时俱进地进行了增删、改进和发展。

(1)“专业理念与师德”部分。《标准》从职业理解与认识、对小学生的态度与行为、教育教学的态度与行为、个人修养与行为四个领域对小学教师的专业理念与师德提出具体要求。从四个方面体现出鲜明的时代精神和教育发展的特点。

第一,强调教师职业的专业性和独特性,要求教师注重自身专业发展。这是时代发展和教育进步对教师专业发展的诉求。

第二,突出小学生的生命教育。生命教育是这个时代的重音符,它体现出不断革新的教育观,因此生命教育也自然成为教师对学生的一种最原初、最重要的姿态和使命。教师要“将保护小学生的生命安全放在首位”“尊重小学生的人格”“信任小学生,尊重个体差异”。这即意味着,教师要服务于小学生生命成长的需要,关心小学生的生命状态,同时也关注小学生自身对生命的体验和态度。

第三,明确要求教师要积极创造条件,让小学生拥有快乐的学校生活。学校生活是教师和学生共同拥有的,以小学生为着眼点提出快乐学校生活的问题,意味着要依据素质教育的要求和新课程改革的精神深入,有效地转变教学观、学生观、师生观,以及学校管理思维等。外在环境的改善固然重要,但是在教师与学生交往的微观世界里,教师对教育和对学生的理解与行动将会更为直接地决定小学生是否能够拥有一个快乐的学校生活。

第四,要求教师要注重修身养性。《标准》提出了指向教师个人修养和行为方面的诸多要求。这些要求更多反映出教师作为平凡的人,哪些心性、品质、行为是适当的,其次才将教师作为“教育者”特有的心性、品质和行为要求融入进来。

(2)“专业知识”部分。《标准》从小学生发展知识、学科知识、教育教学知识、通识性知识四个领域对小学教师的专业知识提出具体要求。其中有四个方面体现出鲜明的时代精神和教育发展的特点。

第一,要求教师了解和掌握小学生发展的知识。目的在于保护小学生的身心健康、保障小学生的合法权益和促进他们的健康成长。小学教师仅仅只了解小学生身心发展特点和规律、学习特点等是远远不够的,还需要加强政策和法律层面的学习,了解小学生生存、发展和保护的有关法律法规及政策规定,需要了解小学安全防护的知识、掌握针对小学生可能出现的各种侵犯和伤害行为的预防与应对方法,了解幼小和小初衔接阶段小学生的心理特点。

第二,对小学教师学科知识的要求体现了一定的特殊性。小学教育的综合性特点要求小学教师了解多学科的知识,在此基础上掌握所教学科的知识体系、基本思想与方法;也正是综合性特点特别要求小学教师关注所教学科与社会实践的联系,与其他学科的联系。

第三,要求教师掌握小学教育与教学理论。小学教育与教学因其基础性、养成性、启蒙性等特点,使得它不同于幼儿园和中学的教育教学,小学教师应掌握小学教育教学的基本理论。

第四,关注通识性知识的重要价值。通识性教育要求所关注的是小学教师作为人的整体素质的提升，它是非功利、非职业性的，同时也是教师作为专业人员必须具备的素质。

（3）“专业能力”部分。《标准》从教育与教学设计、组织和实施、激励与评价、沟通与合作、反思与发展五个领域对小学教师的专业能力提出具体要求。以下五个方面体现出鲜明的时代精神和教育发展的特点。

第一，对教师能力的要求处处体现“儿童为本”的理念。如要求“制定小学生个体教育教学方案”“发现和赏识每一个小学生”“引导学生进行积极地自我评价”等；同时体现出了建构主义（如要求“结合儿童已有经验”组织教育教学）、教育智慧（如要求“妥善应对突发事件”）、多元智能（如要求“灵活使用多元评价方式”）等教育新理念。

第二，对教师能力的要求尽可能跟上时代发展的新需要，如要求教师“帮助小学生建立良好的同伴关系”“现代教育技术手段渗透运用于教学中”等。

第三，关注小学教师专业能力建设过程中的独特性。如增加体现小学教师教育教学特殊性的一项新能力要求，即“涉及丰富多彩的班队（教育教学）活动”，这是遵循小学教师不应该只是学科知识的传授者，每一个小学教师都应该能够做班主任，每一个小学教师都应能够结合儿童身心特点和发展需要设计丰富的活动，进而促进儿童全面发展。

第四，十分强调教师的沟通与合作能力。这是考虑到小学教师工作依托于多角色人际互动这一活动特征，因此对小学教师如何有效进行人际沟通合作提出了细致的要求。如在人际沟通方面，《标准》中明确提出小学教师要做到“使用符合小学生特点的语言”“善于倾听”“与小学生进行有效沟通”等。在人际合作方面，《标准》中提出教师要“与家长有效沟通，共同促进小学生发展”“协助小学与社区建立合作互助的良好关系”等。

第五，重视培养教师的反思与发展能力。这一能力领域的提出，是对全球教师专业化发展背景下的教师专业发展内在要求的回应。教师专业化的本质就是发现教师自身，让教师意识到自身在专业成长中的力量和自主发展的角色，进而在各项专业发展活动中体现出积极地自我反思意识和专业发展规划意识和能力，能主动对教育教学进行探索和研究活动。①

思考与练习

1. 新课程评价改革的基本特点是什么？
2. 学生评价改革的特点是什么？
3. 教师评价改革的特点是什么？

① 顾明远.“小学教师专业标准”说明[DB/OL].[2011－12－13].百度文库.

参考文献

1. 中华人民共和国教育部. 全日制义务教育语文课程标准(实验稿)[M]. 北京:北京师范大学出版社,2001.

2. 中华人民共和国教育部. 全日制义务教育语文课程标准(修订稿)[M]. 北京:北京师范大学出版社,2011.

3. 王文彦. 语文课程与教学论[M]. 北京:高等教育出版社,2007.

4. 陈玉秋. 语文课程与教学论[M]. 桂林:广西师范大学出版社,2004.

5. 叶澜,等. 教师角色与教师发展新探[M]. 北京:教育科学出版社,2001.

6. 曹明海. 语文教育智慧论[M]. 青岛:中国海洋大学出版社,2001.

7. 潘庆玉. 语文教育发展论[M]. 青岛:中国海洋大学出版社,2001.

8. 课堂教学艺术[M]. 上海:上海教育出版社,2000.

9. 李杏保,顾黄初. 中国现代语文教育史[M]. 成都:四川教育出版社,2000.

10. 韩雪屏. 中国当代阅读理论与阅读教学[M]. 成都:四川教育出版社,2000.

11. 裴娣娜. 现代教学论[M]. 北京:人民教育出版社,2005.

12. 李维鼎. 语文教材别论[M]. 杭州:浙江教育出版社,2004.

13. 翟启明. 新课标语文教学论研究[M]. 成都:四川大学出版社,2005.

14. 唐晓杰. 课程改革与教学革新[M]. 南宁:广西人民出版社,2002.

15. 朱绍禹. 中学语文课程与教学论[M]. 北京:高等教育出版社,2005.

16. 柳士镇,洪宗礼. 中外母语课程标准编译[M]. 南京:江苏教育出版社,2000.

17. 王丽. 中国语文教育忧思录[M]. 北京:教育科技出版社,1998.

18. 孙绍振. 直谏中学语文教学[M]. 广州:南方日报出版社,2003.

19. 丛立新. 课程论问题[M]. 北京:教育科学出版社,2000.

20. 庄文中. 中学语言教学研究[M]. 广州:广东教育出版社,1999.

21. 陈玉琨. 课程改革与课程评价[M]. 北京:教育科学出版社,2001.

22. 黄书光,等. 中国基础教育改革的文化使命[M]. 北京:教育科学出版社,2001.

23. 易连云. 重建学校精神家园[M]. 北京:教育科学出版社,2003.

24. 廖哲勋. 课程新论[M]. 北京:教育科学出版社,2003.

25. 佟士凡. 语文学习论[M]. 南宁:广西教育出版社,1996.

26. 张田若. 中国当代汉字认读与书写[M]. 成都:四川教育出版社,2000.

27. 李海林. 言语教学论[M]. 上海:上海教育出版社,2000.

28. 韩雪屏. 语文教育的心理学原理[M]. 上海:上海教育出版社,2001.

29. 皮连生. 学与教的心理学 [M]. 上海:华东师范大学出版社,1997.

30. 瞿葆奎. 教育学文集[M]. 北京:人民教育出版社,1989.

31. 盛群力,李志强. 现代教学设计论[M]. 杭州:浙江教育出版社,1998.

32. 庄文中. 外国母语课程改革与新课程标准[M]. 武汉:湖北教育出版社,2004.

33. 吕叔湘. 吕叔湘论语文教育[M]. 郑州:河南教育出版社,1995.

34. 薛晓嫘. 基于课程标准的阅读学业成就评价研究[D]. 华东师范大学博士学位论文,2006.

35. 魏新康. 创新教育论[M]. 南京:江苏人民出版社,2002.

36. 中国教育学会中学语文教学专业委员会. 语文教育论文集[M]. 北京:开明出版社,1995.

附录一　义务教育语文课程标准(2011年版)

第一部分　前　言

语言文字是人类最重要的交际工具和信息载体，是人类文化的重要组成部分。语言文字的运用，包括生活、工作和学习中的听说读写活动以及文学活动，存在于人类生活的各个领域。当今世界，经济全球化趋势日渐增强，现代科学和信息技术迅猛发展，新的交流媒介不断出现，给社会语言生活带来巨大变化，对中华民族优秀传统文化的继承，对语言文字运用的规范带来新的挑战。时代的进步要求人们具有开阔的视野、开放的心态、创新的思维，对人们的语言文字运用能力和文化选择能力提出了更高的要求，也给语文教育的发展提出了新的课题。

语文课程致力于培养学生的语言文字运用能力，提升学生的综合素养，为学好其他课程打下基础；为学生形成正确的世界观、人生观、价值观，形成良好个性和健全人格打下基础；为学生的全面发展和终身发展打下基础。语文课程对继承和弘扬中华民族优秀文化传统和革命传统，增强民族文化认同感，增强民族文化认同感，增强民族凝聚力和创造力，具有不可替代的优势。语文课程的多重功能和奠基作用，决定了它在九年义务教育中的重要地位。

一、课程性质

语文课程是一门学习语言文字运用的综合性、实践性课程。义务教育阶段的语文课程，应使学生初步学会运用祖国语言文字进行交流沟通，吸收古今中外优秀文化，提高思想文化修养，促进自身精神成长。工具性与人文性的统一，是语文课程的基本特点。

二、课程基本理念

(一) 全面提高学生的语文素养

九年义务教育阶段的语文课程，必须面向全体学生，使学生获得基本的语文素养。

语文课程应激发和培育学生热爱祖国语文的思想感情，引导学生丰富语言积累，培养语感，发展思维，初步掌握学习语文的基本方法，养成良好的学习习惯，具有适应实际生活需要的识字写字能力、阅读能力、写作能力、口语交际能力，正确运用祖国语言文字。语文课程还应通过优秀文化的熏陶感染，促进学生和谐发展，使他们提高思想道德修养和审美情趣，逐步形成良好的个性和健全的人格。

(二) 正确把握语文教育的特点

语文课程丰富的人文内涵对学生精神世界的影响是广泛而深刻的，学生对语文材料的感受和理解又往往是多元的。因此,应该重视语文课程对学生思想情感所起的熏陶感染作用,注意课程内容的价值取向,要继承和发扬中华优秀文化传统和革命传统,体现社会主义核心价值体系的引领作用,突出中国特色社会主义共同理想,弘扬以爱国主义为核心的民族精神和以改革创新为核心的时代精神,树立社会主义荣辱观,培养良好思想道德风尚,同时也要尊重学生在语文学习过程中的独特体验。

语文课程是实践性课程,应着重培养学生的语文实践能力,而培养这种能力的主要途径也应是语文实践。语文课程是学生学习运用祖国语言文字的课程,学习资源和实践机会无处不在,无时不有。因而,应该让学生多读多写,日积月累,在大量的语文实践中体会、把握运用语文的规律。

语文课程应特别关注汉语言文字的特点对学生识字写字、阅读、写作、口语交际和思维发展等方面的影响,在教学中尤其要重视培养良好的语感和整体把握的能力。

(三)积极倡导自主、合作、探究的学习方式

学生是学习的主体。语文课程必须根据学生身心发展和语文学习的特点,爱护学生的好奇心、求知欲,鼓励自主阅读、自由表达,充分激发他们的问题意识和进取精神,关注个体差异和不同的学习需求,积极倡导自主、合作、探究的学习方式。教学内容的确定,教学方法的选择,评价方式的设计,都应有助于这种学习方式的形成。

语文学习应注重听说读写的相互联系,注重语文与生活的结合,注重知识与能力、过程与方法、情感态度与价值观的整体发展。综合性学习既符合语文教育的传统,又具有现代社会的学习特征,有利于学生在感兴趣的自主活动中全面提高语文素养,有利于培养学生主动探究、团结合作、勇于创新的精神,应该积极提倡。

(四)努力建设开放而有活力的语文课程

语文课程的建设应继承中国语文教育的优良传统,注重读书、积累和感悟,注重整体把握和熏陶感染;同时应密切关注现代社会发展的需要。拓宽语文学习和运用的领域,注重跨学科的学习和现代科技手段的运用,使学生在不同内容和方法的相互交叉、渗透和整合中开阔视野,提高学习效率,初步养成现代社会所需要的语文素养。

语文课程应该是开放而富有创新活力的。要尽可能满足不同地区、不同学校、不同学生的需求,确立适应时代需要的课程目标,开发与之相适应的课程资源,形成相对稳定而又灵活的实施机制,不断地自我调节、更新发展。

三、课程设计思路

1. 九年义务教育语文课程,应以邓小平理论和“三个代表”重要思想为指导,深入贯彻落实科学发展观,坚持以人为本,继承中国语文教育的优良传统,汲取当代语文教育科学理论的精髓,借鉴国外母语教育改革的经验,遵循语文教育的规律,努力提高学生的语文素养,为弘扬民族精神、增强民族创造力和凝聚力、培养德智体美全面发展的社会主义建设者和接班人,发挥积极的作用,为学生的终身发展奠定基础。

2. 语文课程应注重引导学生多读书、多积累,重视语言文字运用的实践,在实践中领悟文化内涵和语文应用规律。

3. 课程目标九年一贯整体设计。课程标准在“总目标”之下,按1~2年级、3~4年级、

5～6年级、7～9年级四个学段，分别提出"学段目标与内容"，体现语文课程的整体性和阶段性。各个学段相互联系，螺旋上升，最终全面达成总目标。

4. 学段目标与内容从"识字与写字""阅读""写作"（第一学段为"写话"，第二、第三学段为"习作"）"口语交际"四个方面提出要求。课程标准还提出了"综合性学习"的要求，以加强语文课程内部诸多方面的联系，加强与其他课程以及与生活的联系，促进学生语文素养全面协调地发展。

5. 课程标准的"实施建议"部分，对教学、评价、教材编写，以及课程资源的开发与利用等提出了实施的原则、方法和策略，也为具体实施留有创造的空间。

第二部分　课程目标与内容

课程目标从知识与能力、过程与方法、情感态度与价值观三个方面设计。三者相互渗透，融为一体。目标的设计着眼于语文素养的整体提高。

一、总体目标与内容

1. 在语文学习过程中，培养爱国主义、集体主义、社会主义思想道德和健康的审美情趣，发展个性，培养创新精神和合作精神，逐步形成积极的人生态度和正确的世界观、价值观。

2. 认识中华文化的丰厚博大，汲取民族文化智慧。关心当代文化生活，尊重多样文化，吸收人类优秀文化的营养，提高文化品位。

3. 培育热爱祖国语言文字的情感，增强学习语文的自信心，养成良好的语文学习习惯，初步掌握学习语文的基本方法。

4. 在发展语言能力的同时，发展思维能力，学习科学的思想方法，逐步养成实事求是、崇尚真知的科学态度。

5. 能主动进行探究性学习，激发想象力和创造潜能，在实践中学习和运用语文。

6. 学会汉语拼音。能说普通话。认识3500个左右常用汉字。能正确工整地书写汉字，并有一定的速度。

7. 具有独立阅读的能力，学会运用多种阅读方法。有较为丰富的积累和良好的语感，注重情感体验，发展感受和理解的能力。能阅读日常的书报杂志，能初步鉴赏文学作品，丰富自己的精神世界。能借助工具书阅读浅易文言文。背诵优秀诗文240篇（段）。九年课外阅读总量应在400万字以上。

8. 能具体明确、文从字顺地表达自己的见闻、体验和想法。能根据需要，运用常见的表达方式写作，发展书面语言运用能力。

9. 具有日常口语交际的基本能力，学会倾听、表达与交流，初步学会运用口头语言文明地进行人际沟通和社会交往。

10. 学会使用常用的语文工具书。初步具备搜集和处理信息的能力，积极尝试运用新技术和多种媒体学习语文。

二、学段目标与内容

第一学段（1～2年级）

（一）识字与写字

1. 喜欢学习汉字,有主动识字、写字的愿望。

2. 认识常用汉字1600个左右,其中800个左右会写。

3. 掌握汉字的基本笔画和常用的偏旁部首,能按笔顺规则用硬笔写字,注意间架结构。初步感受汉字的形体美。

4. 努力养成良好的写字习惯,写字姿势正确,书写规范、端正、整洁。

5. 学会汉语拼音。能读准声母、韵母、声调和整体认读音节。能准确地拼读音节,正确书写声母、韵母和音节。认识大写字母,熟记《汉语拼音字母表》。

6. 学习独立识字。能借助汉语拼音认读汉字,学会用音序检字法和部首检字法查字典。

（二）阅读

1. 喜欢阅读,感受阅读的乐趣。养成爱护图书的习惯。

2. 学习用普通话正确、流利、有感情地朗读课文。学习默读。

3. 结合上下文和生活实际了解课文中词句的意思,在阅读中积累词语。借助读物中的图画阅读。

4. 阅读浅近的童话、寓言、故事,向往美好的情境,关心自然和生命,对感兴趣的人物和事件有自己的感受和想法,并乐于与人交流。

5. 诵读儿歌、儿童诗和浅近的古诗,展开想象,获得初步的情感体验,感受语言的优美。

6. 认识课文中出现的常用标点符号。在阅读中体会句号、问号、感叹号所表达的不同语气。

7. 积累自己喜欢的成语和格言警句。背诵优秀诗文50篇(段)。课外阅读总量不少于5万字。

（三）写话

1. 对写话有兴趣,留心周围事物,写自己想说的话,写想象中的事物。

2. 在写话中乐于运用阅读和生活中学到的词语。

3. 根据表达的需要,学习使用逗号、句号、问号、感叹号。

（四）口语交际

1. 学说普通话,逐步养成讲普通话的习惯。

2. 能认真听别人讲话,努力了解讲话的主要内容。

3. 听故事、看音像作品,能复述大意和自己感兴趣的情节。

4. 能较完整地讲述小故事,能简要讲述自己感兴趣的见闻。

5. 与别人交谈,态度自然大方,有礼貌。

6. 有表达的自信心。积极参加讨论,敢于发表自己的意见。

（五）综合性学习

1. 对周围事物有好奇心,能就感兴趣的内容提出问题,结合课内外阅读共同讨论。

2. 结合语文学习,观察大自然,用口头或图文等方式表达自己的观察所得。

3. 热心参加校园、社区活动。结合活动,用口头或图文等方式表达自己的见闻和想法。

第二学段(3 ~4 年级)

(一) 识字与写字

1. 对学习汉字有浓厚的兴趣,养成主动识字的习惯。

2. 累计认识常用汉字2500 个左右,其中1600 个左右会写。

3. 有初步的独立识字能力。会运用音序检字法和部首检字法查字典、词典。

4. 能使用硬笔熟练地书写正楷字,做到规范、端正、整洁。用毛笔临摹正楷字帖。

5. 写字姿势正确,有良好的书写习惯。

(二) 阅读

1. 用普通话正确、流利、有感情地朗读课文。

2. 初步学会默读,做到不出声,不指读。学习略读,粗知文章大意。

3. 能联系上下文,理解词句的意思,体会课文中关键词句表达情意的作用。能借助字典、词典和生活积累,理解生词的意义。

4. 能初步把握文章的主要内容,体会文章表达的思想感情。能对课文中不理解的地方提出疑问。

5. 能复述叙事性作品的大意,初步感受作品中生动的形象和优美的语言,关心作品中人物的命运和喜怒哀乐,与他人交流自己的阅读感受。

6. 诵读优秀诗文,注意在诵读过程中体验情感,展开想象,领悟诗文大意。

7. 在理解语句的过程中,体会句号与逗号的不同用法,了解冒号、引号的一般用法。

8. 积累课文中的优美词语、精彩句段,以及在课外阅读和生活中获得的语言材料。背诵优秀诗文50 篇(段)。

9. 养成读书看报的习惯,收藏图书资料,乐于与同学交流。课外阅读总量不少于40 万字。

(三) 习作

1. 乐于书面表达,增强习作的自信心。愿意与他人分享习作的快乐。

2. 观察周围世界,能不拘形式地写下自己的见闻、感受和想象,注意把自己觉得新奇有趣或印象最深、最受感动的内容写清楚。

3. 能用简短的书信、便条进行交流。

4. 尝试在习作中运用自己平时积累的语言材料,特别是有新鲜感的词句。

5. 学习修改习作中有明显错误的词句。根据表达的需要,正确使用冒号、引号等标点符号。

6. 课内习作每学年16 次左右。

(四) 口语交际

1. 能用普通话交谈。学会认真倾听,能就不理解的地方向人请教,就不同的意见与人商讨。

2. 听人说话能把握主要内容,并能简要转述。

3. 能清楚明白地讲述见闻,说出自己的感受和想法。讲述故事力求具体生动。

(五) 综合性学习

1. 能提出学习和生活中的问题,有目的地搜集资料,共同讨论。

2. 结合语文学习,观察大自然,观察社会,用书面或口头方式表达自己的观察所得。

3. 能在教师的指导下组织有趣味的语文活动,在活动中学习语文,学会合作。

4. 在家庭生活、学校生活中,尝试运用语文知识和能力解决简单问题。

第三学段(5 ~6 年级)

(一) 识字与写字

1. 有较强的独立识字能力。累计认识常用汉字3000 个左右,其中2500 个左右会写。

2. 硬笔书写楷书,行款整齐,力求美观,有一定的速度。

3. 能用毛笔书写楷书,在书写中体会汉字的优美。

4. 写字姿势正确,有良好的书写习惯。

(二) 阅读

1. 能用普通话正确、流利、有感情地朗读课文。

2. 默读有一定的速度,默读一般读物每分钟不少于 300 字。学习浏览,扩大知识面,根据需要搜集信息。

3. 能联系上下文和自己的积累,推想课文中有关词句的意思,辨别词语的感情色彩,体会其表达效果。

4. 在阅读中了解文章的表达顺序,体会作者的思想感情,初步领悟文章的基本表达方法。在交流和讨论中,敢于提出看法,做出自己的判断。

5. 阅读叙事性作品,了解事件梗概,能简单描述自己印象最深的场景、人物、细节,说出自己的喜爱、憎恶、崇敬、向往、同情等感受。阅读诗歌,大体把握诗意,想象诗歌描述的情境,体会作品的情感。受到优秀作品的感染和激励,向往和追求美好的理想。阅读说明性文章,能抓住要点,了解文章的基本说明方法。阅读简单的非连续性文本,能从图文等组合材料中找出有价值的信息。

6. 在理解课文的过程中,体会顿号与逗号、分号与句号的不同用法。

7. 诵读优秀诗文,注意通过语调、韵律、节奏等体味作品的内容和情感。背诵优秀诗文 60 篇(段)。

8. 扩展阅读面。课外阅读总量不少于 100 万字。

(三) 习作

1. 懂得写作是为了自我表达和与人交流。

2. 养成留心观察周围事物的习惯,有意识地丰富自己的见闻,珍视个人的独特感受,积累习作素材。

3. 能写简单的纪实作文和想象作文,内容具体,感情真实。能根据内容表达的需要,分段表述。学写读书笔记,学写常见应用文。

4. 修改自己的习作,并主动与他人交换修改,做到语句通顺,行款正确,书写规范、整洁。根据表达需要,正确使用常用的标点符号。

5. 习作要有一定速度。课内习作每学年 16 次左右。

(四) 口语交际

1. 与人交流能尊重和理解对方。

2. 乐于参与讨论,敢于发表自己的意见。

3. 听人说话认真、耐心,能抓住要点,并能简要转述。

4. 表达有条理,语气、语调适当。

5. 能根据交流的对象和场合,稍作准备,作简单的发言。

6. 在交际中注意语言美,抵制不文明的语言。

(五)综合性学习

1. 为解决与学习和生活相关的问题,利用图书馆、网络等信息渠道获取资料,尝试写简单的研究报告。

2. 策划简单的校园活动和社会活动,对所策划的主题进行讨论和分析,学写活动计划和活动总结。

3. 对自己身边的、大家共同关注的问题,或电视、电影中的故事和形象,组织讨论、专题演讲,学习辨别是非、善恶、美丑。

4. 初步了解查找资料、运用资料的基本方法。

第四学段(7~9年级)

(一)识字与写字

1. 能熟练地使用字典、词典独立识字,会用多种检字方法。累计认识常用汉字3500个左右。

2. 在使用硬笔熟练地书写正楷字的基础上,学写规范、通行的行楷字,提高书写的速度。

3. 临摹名家书法,体会书法的审美价值。

4. 写字姿势正确,有良好的书写习惯。

(二)阅读

1. 能用普通话正确、流利、有感情地朗读。

2. 养成默读习惯,有一定的速度,阅读一般的现代文,每分钟不少于500字。能较熟练地运用略读和浏览的方法,扩大阅读范围。

3. 在通读课文的基础上,理清思路,理解、分析主要内容,体味和推敲重要词句在语言环境中的意义和作用。

4. 对课文的内容和表达有自己的心得,能提出自己的看法,并能运用合作的方式,共同探讨、分析、解决疑难问题。

5. 在阅读中了解叙述、描写、说明、议论、抒情等表达方式。

6. 能够区分写实作品与虚构作品,了解诗歌、散文、小说、戏剧等文学样式。

7. 欣赏文学作品,有自己的情感体验,初步领悟作品的内涵,从中获得对自然、社会、人生的有益启示。对作品中感人的情境和形象,能说出自己的体验;品味作品中富于表现力的语言。

8. 阅读简单的议论文,区分观点与材料(道理、事实、数据、图表等),发现观点与材料之间的联系,并通过自己的思考,作出判断。阅读新闻和说明性文章,能把握文章的基本观点,获取主要信息。阅读科技作品,还应注意领会作品中所体现的科学精神和科学思想方法。阅读由多种材料组合、较为复杂的非连续性文本,能领会文本的意思,得出有意义的结论。

9. 诵读古代诗词,阅读浅易文言文,能借助注释和工具书理解基本内容。注重积累、感悟和运用,提高自己的欣赏品位。

10. 随文学习基本的词汇、语法知识,用来帮助理解课文中的语言难点;了解常用的修辞方法,体会它们在课文中的表达效果。了解课文涉及的重要作家作品知识和文化常识。

11. 能利用图书馆、网络搜集自己需要的信息和资料,帮助阅读。

12. 学会制订自己的阅读计划,广泛阅读各种类型的读物,课外阅读总量不少于 260 万字,每学年阅读两三部名著。背诵优秀诗文 80 篇(段)。

(三) 写作

1. 写作要有真情实感,力求表达自己对自然、社会、人生的感受、体验和思考。

2. 多角度观察生活,发现生活的丰富多彩,能抓住事物的特征,有自己的感受和认识,表达力求有创意。

3. 注重写作过程中搜集素材、构思立意、列纲起草、修改加工等环节,提高独立写作的能力。

4. 写作时考虑不同的目的和对象。根据表达的需要,围绕表达中心,选择恰当的表达方式。合理安排内容的先后和详略,条理清楚地表达自己的意思。运用联想和想象,丰富表达的内容。正确使用常用的标点符号。

5. 写记叙性文章,表达意图明确,内容具体充实;写简单的说明性文章,做到明白清楚;写简单的议论性文章,做到观点明确,有理有据;根据生活需要,写常见应用文。

6. 能从文章中提取主要信息,进行缩写;能根据文章的基本内容和自己的合理想象,进行扩写;能变换文章的文体或表达方式等,进行改写。

7. 根据表达的需要,借助语感和语文常识,修改自己的作文,做到文从字顺。能与他人交流写作心得,互相评改作文,以分享感受,沟通见解。

8. 作文每学年一般不少于 14 次,其他练笔不少于 1 万字。45 分钟能完成不少于 500 字的习作。

(四) 口语交际

1. 注意对象和场合,学习文明得体地交流。

2. 耐心专注地倾听,能根据对方的话语、表情、手势等,理解对方的观点和意图。

3. 自信、负责地表达自己的观点,做到清楚、连贯、不偏离话题。

4. 注意表情和语气,根据需要调整自己的表达内容和方式,不断提高应对能力,增强感染力和说服力。

5. 讲述见闻,内容具体、语言生动。复述转述,完整准确、突出要点。能就适当的话题作即席讲话和有准备的主题演讲,有自己的观点,有一定说服力。

6. 讨论问题,能积极发表自己的看法,有中心、有根据、有条理。能听出讨论的焦点,并有针对性地发表意见。

(五) 综合性学习

1. 自主组织文学活动,在办刊、演出、讨论等活动过程中,体验合作与成功的喜悦。

2. 能提出学习和生活中感兴趣的问题,共同讨论,选出研究主题,制订简单的研究计划。能从书刊或其他媒体中获取有关资料,讨论分析问题,独立或合作写出简单的研究报告。

3. 关心学校、本地区和国内外大事,就共同关注的热点问题,搜集资料,调查访问,相互讨论,能用文字、图表、图画、照片等展示学习成果。

4. 掌握查找资料、引用资料的基本方法,分清原始资料与间接资料的主要差别,学会注明所援引资料的出处。

第三部分　实施建议

一、教学建议

(一) 充分发挥师生双方在教学中的主动性和创造性

学生是语文学习的主体,教师是学习活动的组织者和引导者。语文教学应在师生平等对话的过程中进行。

语文教学应激发学生的学习兴趣,培养学生自主学习的意识和习惯,引导学生掌握语文学习的方法,为学生创设有利于自主、合作、探究学习的环境。应尊重学生的个体差异,鼓励学生选择适合自己的学习方式。

教师应确立适应社会发展和学生需求的语文教育观念,注重吸收新知识,不断提高自身的综合素养。应认真钻研教材,正确理解、把握教材内容,创造性地使用教材;积极开发、合理利用课程资源,灵活运用多种教学策略和现代教育技术,努力探索网络环境下新的教学方式;精心设计和组织教学活动,重视启发式、讨论式教学,启迪学生智慧,提高语文教学质量。

(二) 教学中努力体现语文的实践性和综合性

教师应努力改进课堂教学,整体考虑知识与能力、过程与方法、情感态度与价值观的综合,注重听说读写之间的有机联系,加强教学内容的整合,统筹安排教学活动,促进学生语文素养的整体提高。

重视学生读书、写作、口语交际、搜集处理信息等语文实践,提倡多读多写,改变机械、粗糙、烦琐的作业方式,让学生在语文实践中学习语文,学会学习。善于通过专题学习等方式,沟通课堂内外,沟通听说读写,增加学生语文实践的机会。充分利用学校、家庭和社区等教育资源,开展综合性学习活动,拓宽学生的学习空间。

(三) 重视情感、态度、价值观的正确导向

培养学生正确的思想观念、科学的思维方式、高尚的道德情操、健康的审美情趣和积极的人生态度,是与帮助他们掌握学习方法、提高语文能力的过程融为一体的,不应该当作外在的附加任务。应该根据语文学科的特点,注重熏陶感染,潜移默化,把这些内容渗透于日常的教学过程之中。

(四) 重视培养学生的创新精神和实践能力

语文教学要注重语言的积累、感悟和运用,注重基本技能训练,让学生打好扎实的语文基础。尤其要注重激发学生的好奇心、求知欲,发展学生的思维,培养想象力,开发创造潜

能,提高学生发现、分析和解决问题的能力,提高语文综合应用能力。

(五)具体建议

学生生理、心理以及语言能力的发展具有阶段性特征,不同内容的教学也有各自的规律,应该根据不同学段学生的特点和不同的教学内容,采取合适的教学策略。

1. 关于识字、写字与汉语拼音教学

识字、写字是阅读和写作的基础,是第一学段的教学重点,也是贯串整个义务教育阶段的重要教学内容。

低年级阶段学生“会认”与“会写”的字量要求有所不同。在教学过程中要“多认少写”,要求学生会认的字不一定同时要求会写。本标准附有“识字、写字教学基本字表”,建议先认先写“字表”中的300个字,逐步发展识字写字能力。

识字教学要注意儿童特点,将学生熟识的语言因素作为主要材料,结合学生的生活经验,引导他们利用各种机会主动识字,力求识用结合。

要运用多种识字教学方法和形象直观的教学手段,创设丰富多彩的教学情境,提高识字教学效率。

按照规范要求认真写好汉字是教学的基本要求,练字的过程也是学生性情、态度、审美趣味养成的过程。每个学段都要指导学生写好汉字。要求学生写字姿势正确,指导学生掌握基本的书写技能,养成良好的书写习惯,提高书写质量。第一、第二、第三学段,要在每天的语文课中安排10分钟,在教师指导下随堂练习,做到天天练。要在日常书写中增强练字意识,讲究练字效果。

汉语拼音教学要尽可能有趣味性,宜多采用活动和游戏的形式,应与学说普通话、识字教学相结合,注意汉语拼音在现实语言生活中的运用。

2. 关于阅读教学

阅读是运用语言文字获取信息、认识世界、发展思维、获得审美体验的重要途径。阅读教学是学生、教师、教科书编者、文本之间对话的过程。

阅读是学生的个性化行为。阅读教学应引导学生钻研文本,在主动积极的思维和情感活动中,加深理解和体验,有所感悟和思考,受到情感熏陶,获得思想启迪,享受审美乐趣。要珍视学生独特的感受、体验和理解。教师应加强对学生阅读的指导、引领和点拨,但不应以教师的分析来代替学生的阅读实践,不应以模式化的解读来代替学生的体验和思考;要善于通过合作学习解决阅读中的问题,但也要防止用集体讨论来代替个人阅读。

阅读教学应注重培养学生感受、理解、欣赏和评价的能力。这种综合能力的培养,各学段可以有所侧重,但不应把它们机械地割裂开来。

在理解课文的基础上,提倡多角度、有创意的阅读,利用阅读期待、阅读反思和批判等环节,拓展思维空间,提高阅读质量。但要防止逐字逐句的过深分析和远离文本的过度发挥。

各个学段的阅读教学都要重视朗读和默读。各学段关于朗读的目标中都要求“有感情地朗读”,这是指,要让学生在朗读中通过品味语言,体会作者及作品中的情感态度,学习用恰当的语气语调朗读,表现自己对作者及其作品情感态度的理解。朗读要提倡自然,要摒弃矫情做作的腔调。

应加强对阅读方法的指导，让学生逐步学会精读、略读和浏览。有些诗文应要求学生诵读，以利于丰富积累、增强体验，培养语感。

在阅读教学中，为了帮助理解课文，可以引导学生随文学习必要的语文知识，但不能脱离语文运用的实际去进行“系统”的讲授和操练，更不应要求学生死记硬背概念、定义。

要重视培养学生广泛的阅读兴趣，扩大阅读面，增加阅读量，提高阅读品位。提倡少做题，多读书，好读书，读好书，读整本的书。关注学生通过多种媒介的阅读，鼓励学生自主选择优秀的阅读材料。加强对课外阅读的指导，开展各种课外阅读活动，创造展示与交流的机会，营造人人爱读书的良好氛围。

3. 关于写作教学

写作是运用语言文字进行表达和交流的重要方式，是认识世界、认识自我、创造性表述的过程。写作能力是语文素养的综合体现。写作教学应贴近学生实际，让学生易于动笔，乐于表达，应引导学生关注现实，热爱生活，积极向上，表达真情实感。

关于“写作”的目标，第一学段定位于“写话”，第二学段开始“习作”，这是为了降低学生写作起始阶段的难度，重在培养学生的写作兴趣和自信心。

在写作教学中，应注重培养学生观察、思考、表达和创造的能力。要求学生说真话、实话、心里话，不说假话、空话、套话，并且抵制抄袭行为。

为学生的自主写作提供有利条件和广阔空间，减少对学生写作的束缚，鼓励自由表达和有创意的表达。鼓励写想象中的事物，加强平时练笔指导，改进作文命题方式，提倡学生自主选题。

写作教学应抓住取材、构思、起草、加工等环节，指导学生在写作实践中学会写作。重视引导学生在自我修改和相互修改的过程中提高写作能力。

要重视写作教学与阅读教学、口语交际教学之间的联系，善于将读与写、说与写有机结合，相互促进。要关注作文的书写质量，要使学生把作文的书写也当作练字的过程。

积极合理利用信息技术与网络的优势，丰富写作形式，激发写作兴趣，增加学生创造性表达、展示交流与互相评改的机会。

4. 关于口语交际教学

口语交际能力是现代公民的必备能力。应培养学生倾听、表达和应对的能力，使学生具有文明和谐地进行人际交流的素养。

口语交际是听与说双方的互动过程。教学活动主要应在具体的交际情境中进行，不宜采用大量讲授口语交际原则、要领的方式。应努力选择贴近生活的话题，采用灵活的形式组织教学。

重视在语文课堂教学中培养口语交际的能力，鼓励学生在各科教学活动以及日常生活中锻炼口语交际能力。

5. 关于综合性学习

综合性学习主要体现为语文知识的综合运用、听说读写能力的整体发展、语文课程与其他课程的沟通、书本学习与生活实践的紧密结合。

综合性学习应贴近现实生活。联系生活中的实际问题开展学习活动，在实现语文学习目标的同时，提高对自然、社会现象与问题的认识，追求积极、健康、和谐的生活方式，增强抵御风险和侵害的意识，增强在与自然、社会和他人互动中的应对能力。

综合性学习应突出学生的自主性，重视学生主动积极的参与精神，主要由学生自行设计和组织活动，特别注重探索和研究的过程，要加强教师在各环节中的指导作用。

综合性学习应强调合作精神，注意培养学生策划、组织、协调和实施的能力。

综合性学习的设计应开放、多元，提倡与其他课程相结合，开展跨领域学习。跨学科学习，也应以提高学生语文素养为目的。

积极构建网络环境下的学习平台，拓展学生学习和创造的空间，支持和丰富语文综合性学习。

6. 关于语法修辞知识

本标准“学段目标与内容”中涉及语音、文字、词汇、语法、修辞、文体、文学等丰富的知识内容。在教学中应根据语文运用的实际需要，从所遇到的具体语言实例出发进行指导和点拨。指导与点拨的目的是为了帮助学生更好地识字、写字、阅读与表达，形成一定的语言应用能力和良好的语感，而不在于对知识系统的记忆。因此，要避免脱离实际运用，围绕相关知识的概念、定义进行“系统、完整”的讲授与操练。

本标准通过所附的“语法修辞知识要点”对相关内容略加展开，大致规定教学中点拨的范围和难度；这一部分提到有关的名称，则便于教师在引导学生认识语言现象和问题时称说。关于语言结构和运用的规律，须让学生在具有比较丰富的语言积累和良好语感的基础上，在实际运用中逐步体味把握。

二、评价建议

语文课程评价的根本目的是为了促进学生学习，改善教师教学。语文课程评价应准确反映学生的学习水平和学习状况，全面落实语文课程目标。应充分发挥语文课程评价的多重功能，恰当运用多种评价方式，注重评价主体的多元与互动，突出语文课程评价的整体性和综合性。要根据不同年龄学生的学习特点，按照不同学段的课程目标，抓住关键，突出重点，采用合适方式，提高评价效率。语文课程评价应该改变过于重视甄别和选拔的状况，突出评价的诊断和发展功能。

（一）充分发挥语文课程评价的多种功能

语文课程评价具有检查、诊断、反馈、激励、甄别和选拔等多种功能，其目的是为了考查学生实现课程目标的程度，检验和改进学生的学习和教师的教学，改善课程设计，完善教学过程。应发挥语文课程评价的多种功能，尤其应注意发挥其诊断、反馈和激励的功能，有效地促进学生的发展。

（二）恰当运用多种评价方式

形成性评价关注学习过程，有利于及时揭示问题、及时反馈、及时改进教与学活动。终结性评价关注学习结果，有利于对教学活动做出总结性的结论。形成性评价和终结性评价都是必要的。应加强形成性评价，注意收集、积累能够反映学生语文学习与发展的资料，可采用成长记录袋等各种方式，记录学生的成长过程。对学生语文学习的日常表现，应以表扬、鼓励等积极的评价为主，采用激励性的评语，从正面加以引导。

要坚持定性评价和定量评价相结合，全面反映学生语文学习的状态及水平。评价方法除了纸笔测试以外，还有平时的行为观察与记录、问卷调查、面谈讨论等各种方法。语文学习具有重情感体验和感悟的特点，更应重视定性评价。学校和教师要对学生的成长记录和考试结果进行分析，评价结果的呈现方式除了等级或分数以外，还可用代表性的事实客观描述学生语文学习的进步，并提出建议。

各种评价方法都有其一定的适应性，在评价的客观性和深刻性上也各有差别，因此，评价设计要注重可行性和有效性，力戒烦琐，防止片面追求形式。

（三）注重评价主体的多元与互动

应注意将教师的评价、学生的自我评价及学生之间的相互评价相结合，加强学生的自我评价和相互评价，促进学生主动学习，自我反思。评价要理解和尊重学生的自我评价与相互评价。要尊重学生的个体差异，有利于每个学生的健康发展。

根据需要，可让学生家长、社区、专业人员等适当参与评价活动，争取社会对学生语文学习的更多关注和支持。

（四）突出语文课程评价的整体性和综合性

语文课程评价要体现语文课程目标的整体性和综合性，全面考察学生的语文素养。应注意识字与写字、阅读、写作、口语交际和综合性学习五个方面的有机联系，注意知识与能力、过程与方法、情感态度与价值观的交融、整合，避免只从知识、技能方面进行评价。

（五）具体建议

1. 关于识字与写字的评价

汉语拼音学习的评价，重在考查学生认读和拼读的能力，以及借助汉语拼音认读汉字、讲普通话、纠正地方音的情况。

识字的评价，要考查学生认清字形、读准字音、掌握汉字基本意义的情况，以及在具体语言环境中运用汉字的能力，借助字典、词典等工具书查检字词的能力。第一、第二学段应多关注学生主动识字的兴趣，第三、第四学段要重视考查学生独立识字的能力。

写字的评价，要考查学生对于要求“会写”的字的掌握情况，重视书写的正确、端正、整洁，在此基础上，逐步要求书写流利。第一学段要关注学生写好基本笔画、基本结构和基本字，第二、第三学段还要关注学生的毛笔书写，第四学段还要关注学生基本行楷字的书写和对名家书法作品的临摹。义务教育的各个学段的写字评价都要关注学生写字的姿势与习惯，引导学生提高书写质量。第三学段要求学生会写2500个字。对学生写字学习情况的评价，当以本标准附件5“义务教育语文课程常用字表：字表一”为依据。

评价要有利于激发学生识字、写字的兴趣，帮助学生养成写规范字的习惯，减少错别字。

2. 关于阅读的评价

阅读的评价，要综合考查学生阅读过程中的感受、体验和理解，要关注其阅读兴趣与价值取向、阅读方法与习惯，也要关注其阅读面和阅读量，以及选择阅读材料的能力。重视对学生多角度、有创意阅读的评价。语文知识的学习重在运用，其概念不作为考试内容。

能用普通话正确、流利、有感情地朗读课文，是朗读评价的总要求。根据阶段目标，各学段的要求可以有所侧重。评价学生的朗读，可从语音、语调和语气等方面进行综合考察，评价“有感情地朗读”,要以对内容的理解与把握为基础,要防止矫情做作。

诵读的评价,重在提高学生的诵读兴趣,增加积累,发展语感,加深体验和领悟。在不同学段,可在诵读材料的内容、范围、数量、篇幅、类型等方面逐渐增加难度。

默读的评价,应从学生默读的方法、速度、效果和习惯等方面进行综合考察。

精读的评价,重点评价学生对阅读材料的综合理解能力,要重视评价学生的情感体验和创造性的理解。第一学段可侧重考察对文章内容的初步感知和文中重要词句的理解、积累;第二学段侧重考察通过重要词句帮助理解文章,体会其表情达意的作用,以及对文章大意的把握;第三学段侧重考察对文章表达顺序和基本表达方法的了解领悟;第四学段侧重考察理清思路、概括要点、探究内容等方面的情况,以及读懂不同文体文章的能力。

略读的评价,重在考查学生能否把握阅读材料的大意。浏览的评价,重在考查学生能否从阅读材料中捕捉有用信息。

文学作品阅读的评价,着重考查学生感受形象、体验情感、品味语言的水平,对学生独特的感受和体验应加以鼓励。第一学段侧重考查学生能通过朗读和想象等手段,大体感受作品的情境、节奏和韵味;第二学段侧重考查在阅读全文基础上对重要段落和语句的细致阅读,具体感受作品的形象和语言;第三、第四学段,可通过考查学生对形象、情感、语言的领悟程度,以及自己的体验,来评价学生初步鉴赏文学作品的水平。

评价学生阅读古代诗词和浅易文言文,重点考查学生的记诵积累,考查他们能否凭借注释和工具书理解诗文大意。词法、句法等方面的概念不作为考试内容。

要重视学生课外阅读的评价。应根据各学段的要求,通过小组和班级交流、学习成果展示等方式,了解学生的阅读量和阅读面,进而考查其阅读的兴趣、习惯、品位、方法和能力。

3. 关于写作的评价

写作的评价,应按照不同学段的目标要求,综合考查学生写作水平的发展状况。第一学段主要评价学生的写话兴趣;第二学段是习作的起始阶段,要鼓励学生大胆习作;第三、第四学段要通过多种评价,促进学生具体明确、文从字顺地表达自己的见闻、体验和想法。对于作文的评价还须关注学生汉字书写的情况。

写作的评价,要重视学生的写作兴趣和习惯,鼓励表达真情实感,鼓励有创意的表达,引导学生热爱生活,亲近自然,关注社会。

写作材料准备过程的评价,不仅要具体考查学生占有材料的丰富性、真实性,也要考查他们获取材料的方法。要引导学生通过观察、调查、访谈、阅读等途径,运用多种方法搜集材料。

重视对作文修改的评价。要考查学生对作文内容、文字表达的修改,也要关注学生修改作文的态度、过程和方法。要引导学生通过自改和互改,取长补短,促进相互了解和合作,共同提高写作水平。

评价结果的呈现方式,根据实际需要,可以是书面的,可以是口头的;可以用等级表示,也可以用评语表示;还可以采用展示、交流等多种方式。

提倡学生在成长记录中收存有代表性的课内外作文和有价值的典型案例分析,以反映写作的实际情况和发展过程。

4. 关于口语交际的评价

口语交际的评价，须注重提高学生对口语交际的认识和表达沟通的水平。考查口语交际水平的基本项目可以有讲述、应对、复述、转述、即席讲话、主题演讲、问题讨论等。

口语交际的评价，应按照不同学段的要求，综合考查学生的参与意识、情意态度和表达能力。第一学段主要评价学生口语交际的态度与习惯，重在鼓励学生自信地表达；第二、第三学段主要评价学生日常口语交际的基本能力，学会倾听、表达与交流；第四学段要通过多种评价方式，促进学生根据不同的对象和内容，文明地进行人际沟通和社会交往。评价宜在具体的交际情境中进行，让学生承担有实际意义的交际任务，并结合学生在日常生活和学习活动中的表现，综合考查学生真实的口语交际水平。

5. 关于综合性学习的评价

综合性学习的评价，应着重考查学生的语文综合运用能力、探究精神与合作态度。主要着眼于学生在综合性学习过程中的表现，如是否能积极参与活动，是否能主动提出问题，还有搜集整理材料、综合运用语文知识探究问题、展示与交流学习成果等方面的情况。第一、第二学段要较多地关注学生参与语文学习活动的兴趣与态度。第三、第四学段要多关注学生在语文活动中提出问题、探究问题以及展示学习活动成果的能力。各个学段综合性学习的评价都要着眼于促进学生提高语文水平的效率，并有助于他们扩大视野，更好地掌握学习语文的方法。

评价要尊重和保护学生学习的自主性和积极性，鼓励学生运用多种方法，从不同的角度进行探究。要充分注意学生解决问题的思路和方法。对有新意的思路和表达以及有特点的展示方式，尤其要给予足够的重视。除了教师的评价之外，要多让学生开展自我评价和相互评价。

三、教材编写建议

1. 教材编写应依据课程标准，全面有序地安排教学内容，设计教学活动，并注意体现基础性和阶段性，关注各学段之间的衔接。

2. 教材应体现时代特点和现代意识，关注现实，关注人类，关注自然，理解和尊重多样文化，有助于学生树立正确的世界观、人生观、价值观。

3. 教材要注重继承与弘扬中华民族优秀文化和革命传统，有助于增强学生的民族自尊心和爱国主义感情。

4. 教材应符合学生的身心发展特点，适应学生的认知水平，密切联系学生的经验世界和想象世界，有助于激发学生的学习兴趣和创新精神。

5. 教材选文要文质兼美，具有典范性，富有文化内涵和时代气息，题材、体裁、风格丰富多样，各种类别配置适当，难易适度，适合学生学习。要重视开发高质量的新课文。

6. 教材应注意引导学生掌握语文学习的方法，养成良好的学习习惯。课文注释和练习等应少而精，具有启发性，有利于学生在探究中学会学习。

7. 教材内容的安排要避免烦琐，简化头绪，突出重点，加强整合，注重情感态度、知识能力之间的联系，致力于学生语文素养的整体提高。

8. 教材的体例和呈现方式应灵活多样，避免模式化。设计的体验性活动和研究性专题要体现语文特点,内容适量,便于实施。

9. 教材要有开放性和弹性。在合理安排基本课程内容的基础上,给地方、学校和教师留有开发、选择的空间,也为学生留出选择和拓展的空间,以满足不同学生学习和发展的需要。

10. 教材编写应努力追求设计的创新和编写的特色。要重视现代教育技术在语文课程中的运用。编写语言应准确、规范。

四、课程资源开发与利用的建议

1. 语文课程资源包括课堂教学资源和课外学习资源,例如:教科书、相关配套阅读材料、其他图书、报刊、工具书、教学挂图,电影、电视、广播、网络,报告会、演讲会、辩论会、研讨会、戏剧表演,生产劳动与社会实践场所,图书馆、博物馆、纪念馆、展览馆,布告栏、报廊、各种标牌广告,等等。

自然风光、文化遗产、风俗民情、方言土语,国内外的重要事件,日常生活的话题等也都可以成为语文课程的资源。

2. 各地都蕴藏着多种语文课程资源。学校要有强烈的资源意识,认真分析本地和本校的特点,充分利用已有的资源,积极开发潜在的资源,特别是人的资源因素和在课程实施过程中生成的资源因素。

3. 学校应积极创造条件,努力为语文教学配置相应的设备;还应当争取社会各方面的支持,与社区建立稳定的联系,给学生创设语文实践的环境,开展多种形式的语文学习活动。

4. 语文教师应高度重视课程资源的开发与利用,创造性地开展各类活动,增强学生在各种场合学语文、用语文的意识,通过多种途径提高学生的语文素养。

附件1　关于优秀诗文背诵推荐篇目的建议

《全日制义务教育语文课程标准》要求学生背诵古今优秀诗文,包括中国古代、现当代和外国优秀诗文,具体篇目可由教科书编者和任课教师推荐,这里仅推荐古诗文136篇(段)。其中1~6年级75篇,7~9年级61篇。1~6年级的背诵篇目都是诗歌;7~9年级的篇目除诗歌外,也选入了一些短篇散文。这些诗文主要供学生读读背背,增加积累,在教科书中可作不同的安排,不必都编成课文。

1~6年级(75篇)

1. 江南(江南可采莲)　汉乐府
2. 长歌行(青青园中葵)　汉乐府
3. 敕勒歌(敕勒川)　北朝民歌
4. 咏鹅(鹅鹅鹅)　骆宾王
5. 风(解落三秋叶)　李峤
6. 咏柳(碧玉妆成一树高)　贺知章
7. 回乡偶书(少小离家老大回)　贺知章
8. 凉州词(黄河远上白云间)　王之涣

9. 登鹳雀楼(白日依山尽) 王之涣
10. 春晓(春眠不觉晓) 孟浩然
11. 凉州词(葡萄美酒夜光杯) 王翰
12. 出塞(秦时明月汉时关) 王昌龄
13. 芙蓉楼送辛渐(寒雨连江夜入吴) 王昌龄
14. 鹿柴(空山不见人) 王维
15. 送元二使安西(渭城朝雨浥轻尘) 王维
16. 九月九日忆山东兄弟(独在异乡为异客) 王维
17. 静夜思(床前明月光) 李白
18. 古朗月行(小时不识月) 李白
19. 望庐山瀑布(日照香炉生紫烟) 李白
20. 赠汪伦(李白乘舟将欲行) 李白
21. 黄鹤楼送孟浩然之广陵(故人西辞黄鹤楼) 李白
22. 早发白帝城(朝辞白帝彩云间) 李白
23. 望天门山(天门中断楚江开) 李白
24. 别董大(千里黄云白日曛) 高适
25. 绝句(两个黄鹂鸣翠柳) 杜甫
26. 春夜喜雨(好雨知时节) 杜甫
27. 绝句(迟日江山丽) 杜甫
28. 江畔独步寻花(黄师塔前江水东) 杜甫
29. 枫桥夜泊(月落乌啼霜满天) 张继
30. 滁州西涧(独怜幽草涧边生) 韦应物
31. 游子吟(慈母手中线) 孟郊
32. 早春呈水部张十八员外(天街小雨润如酥) 韩愈
33. 渔歌子(西塞山前白鹭飞) 张志和
34. 塞下曲(月黑雁飞高) 卢纶
35. 望洞庭(湖光秋月两相和) 刘禹锡
36. 浪淘沙(九曲黄河万里沙) 刘禹锡
37. 赋得古原草送别(离离原上草) 白居易
38. 池上(小娃撑小艇) 白居易
39. 忆江南(江南好) 白居易
40 小儿垂钓(蓬头稚子学垂纶) 胡令能
41. 悯农(锄禾日当午) 李绅
42. 悯农(春种一粒粟) 李绅
43. 江雪(千山鸟飞绝) 柳宗元
44. 寻隐者不遇(松下问童子) 贾岛
45. 山行(远上寒山石径斜) 杜牧

46. 清明(清明时节雨纷纷) 杜牧
47. 江南春(千里莺啼绿映红) 杜牧
48. 蜂(不论平地与山尖) 罗隐
49. 江上渔者(江上往来人) 范仲淹
51. 元日(爆竹声中一岁除) 王安石
51. 泊船瓜洲(京口瓜洲一水间) 王安石
52. 书湖阴先生壁(茅檐长扫净无苔) 王安石
53. 六月二十七日望湖楼醉书(黑云翻墨未遮山) 苏轼
54. 饮湖上初晴后雨(水光潋滟晴方好) 苏轼
55. 惠崇春江晓景(竹外桃花三两枝) 苏轼
56. 题西林壁(横看成岭侧成峰) 苏轼
57. 夏日绝句(生当作人杰) 李清照
58. 三衢道中(梅子黄时日日晴) 曾几
59. 示儿(死去元知万事空) 陆游
60. 秋夜将晓出篱门迎凉有感(三万里河东入海) 陆游
61. 四时田园杂兴(昼出耘田夜绩麻) 范成大
62. 四时田园杂兴(梅子金黄杏子肥) 范成大
63. 小池(泉眼无声惜细流) 杨万里
64. 晓出净慈寺送林子方(毕竟西湖六月中) 杨万里
65. 春日(胜日寻芳泗水滨) 朱熹
66. 观书有感(半亩方塘一鉴开) 朱熹
67. 题临安邸(山外青山楼外楼) 林升
68. 游园不值(应怜屐齿印苍苔) 叶绍翁
69. 乡村四月(绿遍山原白满川) 翁卷
70. 墨梅(我家洗砚池头树) 王冕
71. 石灰吟(千锤万凿出深山) 于谦
72. 竹石(咬定青山不放松) 郑燮
73. 所见(牧童骑黄牛) 袁枚
74. 村居(草长莺飞二月天) 高鼎
75. 己亥杂诗(九州生气恃风雷) 龚自珍

7~9年级(61篇)

1. 关雎(关关雎鸠) 《诗经》
2. 蒹葭(蒹葭苍苍) 《诗经》
3. 十五从军征(十五从军征) 汉乐府
4. 观沧海(东临碣石) 曹操
5. 饮酒(结庐在人境) 陶潜
6. 木兰辞(唧唧复唧唧) 北朝民歌

7. 送杜少府之任蜀州(城阙辅三秦) 王勃
8. 登幽州台歌(前不见古人) 陈子昂
9. 次北固山下(客路青山外) 王湾
10. 使至塞上(单车欲问边) 王维
11. 闻王昌龄左迁龙标遥有此寄(杨花落尽子规啼) 李白
12. 行路难(金樽清酒斗十千) 李白
13. 黄鹤楼(昔人已乘黄鹤去) 崔颢
14. 望岳(岱宗夫如何) 杜甫
15. 春望(国破山河在) 杜甫
16. 茅屋为秋风所破歌(八月秋高风怒号) 杜甫
17. 白雪歌送武判官归京(北风卷地白草折) 岑参
18. 酬乐天扬州初逢席上见赠(巴山楚水凄凉地) 刘禹锡
19. 卖炭翁(卖炭翁) 白居易
20. 钱塘湖春行(孤山寺北贾亭西) 白居易
21. 雁门太守行(黑云压城城欲摧) 李贺
22. 赤壁(折戟沉沙铁未销) 杜牧
23. 泊秦淮(烟笼寒水月笼沙) 杜牧
24. 夜雨寄北(君问归期未有期) 李商隐
25. 无题(相见时难别亦难) 李商隐
26. 相见欢(无言独上西楼) 李煜
27. 渔家傲(塞下秋来风景异) 范仲淹
28. 浣溪沙(一曲新词酒一杯) 晏殊
29. 登飞来峰(飞来峰上千寻塔) 王安石
30. 江城子(老夫聊发少年狂) 苏轼
31. 水调歌头(明月几时有) 苏轼
32. 渔家傲(天接云涛连晓雾) 李清照
33. 游山西村(莫笑农家腊酒浑) 陆游
34. 南乡子(何处望神州) 辛弃疾
35. 破阵子(醉里挑灯看剑) 辛弃疾
36. 过零丁洋(辛苦遭逢起一经) 文天祥
37. 天净沙·秋思(枯藤老树昏鸦) 马致远
38. 山坡羊·潼关怀古(峰峦如聚) 张养浩
39. 己亥杂诗(浩荡离愁白日斜) 龚自珍
40. 满江红(小住京华) 秋瑾

41.《论语》12 章(学而时习之;吾日三省吾身;吾十有五而志于学;温故而知新;学而不思则罔;贤哉回也;知之者不如好之者;不义而富且贵;三人行;子在川上曰;三军可夺帅也;博学而笃志)

42. 曹刿论战 《左传》
43. 《孟子》三则(鱼我所欲也;富贵不能淫;天将降大任于斯人也)
44. 《庄子》一则(北冥有鱼……亦若是则已矣)
45. 《礼记》一则(虽有佳肴)
46. 《列子》一则(伯牙善鼓琴……吾于何逃声哉?)
47. 邹忌讽齐王纳谏 《战国策》
48. 出师表 诸葛亮
49. 桃花源记 陶潜
50. 与谢中书书 陶弘景
51. 三峡 郦道元
52. 杂说(四) 韩愈
53. 陋室铭 刘禹锡
54. 小石潭记 柳宗元
55. 岳阳楼记 范仲淹
56. 醉翁亭记 欧阳修
57. 爱莲说 周敦颐
58. 记承天寺夜游 苏轼
59. 送东阳马生序(余幼时即嗜学……况才之过于余者乎?) 宋濂
60. 湖心亭看雪 张岱
61. 河中石兽 纪昀

附件2 关于课外读物的建议

《义务教育语文课程标准》要求学生9年课外阅读总量达到400万字以上,阅读材料包括适合学生阅读的各类图书和报刊。对此提出如下建议:

童话,如安徒生童话、格林童话、叶圣陶《稻草人》、张天翼《宝葫芦的秘密》等。

寓言,如中国古今寓言、《伊索寓言》等。

故事,如成语故事、神话故事、中外历史故事、各民族民间故事等。

诗歌散文作品,如鲁迅《朝花夕拾》、冰心《繁星·春水》《艾青诗选》《革命烈士诗抄》、中外童谣、儿童诗歌等。

长篇文学名著,如吴承恩《西游记》、施耐庵《水浒传》、老舍《骆驼祥子》、罗广斌、杨益言《红岩》、笛福《鲁滨逊漂流记》、斯威夫特《格列佛游记》、夏洛蒂·勃朗特《简·爱》、高尔基《童年》、奥斯特洛夫斯基《钢铁是怎样炼成的》等。

教师可根据需要,从中外各类优秀文学作品中选择合适的读物,向学生补充推荐。

科普科幻作品,如儒勒·凡尔纳的系列科幻小说,各类历史、文化读物及传记,以及介绍自然科学与社会科学常识的普及性读物等,可由语文教师和各有关学科教师商议推荐。

附件3 语法修辞知识要点

1. 词的分类:名词、动词、形容词、数词、量词、代词、副词、介词、连词、助词、语气词、叹词。

2. 短语的结构:并列式、偏正式、主谓式、动宾式、补充式。

3. 单句的成分:主语、谓语、宾语、定语、状语、补语。

4. 复句的类型:并列、递进、选择、转折、因果、假设、条件。

5. 常见修辞格:比喻、拟人、夸张、排比、对偶、反复、设问、反问。

附件4　识字、写字教学基本字表

本表是识字、写字教学的基本字表。这些字构形简单,重现率高,其中的大多数能成为其他字的结构成分。先学这些字,有利于打好识字、写字的基础,有利于发展识字、写字能力,提高学习效率。这些字应作为第一学段教科书中识字、写字教学的重要内容。

字表中的17字附带部首变体:人(亻)刀(刂)心(忄)水(氵)手(扌)爪(爫)犬(犭)火(灬)玉(王)示(礻)衣(衤)竹(⺮)肉(月)足(⻊)言(讠)金(钅)食(饣)。

(共300字,按音序排列)

B

八　把　爸　白　百　班　办　半　包　饱　北　贝　被　本　比　边　别　不

C

才　草　册　长　厂　吵　车　成　吃　尺　虫　出　穿　船　窗　床　春　次　从

D

打　大　但　当　刀　到　道　的　灯　地　点　电　东　冬　动　都　豆　对　多

E

儿　耳　二

F

发　反　饭　方　放　飞　分　风

G

干　高　哥　个　给　更　工　公　共　狗　瓜　关　光　广　国　果　过

H

孩　海　好　合　和　河　很　红　后　花　画　话　还　回　会　火

J

机　几　已　加　家　见　江　交　叫　姐　巾　今　金　进　京　经　九　就　军

K

开　看　可　课　口　哭　快

L

来　老　乐　里　力　立　脸　两　亮　了　林　六

M

妈　马　猫　毛　没　每　美　妹　门　们　米　面　民　明　木　目

N

那　奶　你　年　鸟　牛　农　女

P

胖 跑 朋 皮 片 票 平

Q

七 奇 起 气 千 前 青 秋 去 全

R

然 让 人 日

S

三 山 上 少 舌 身 生 声 师 十 什 石 时 市 是 手 书 树 双 谁 水 说 四 岁

T

他 她 台 太 天 田 条 跳 听 同 头 土

W

外 玩 晚 万 王 网 为 卫 文 问 我 五 午

X

西 习 洗 下 先 现 向 小 校 笑 些 心 兴 星 行 学 雪

Y

牙 羊 阳 样 要 爷 也 业 叶 页 一 衣 医 以 因 阴 音 用 有 又 鱼 羽 雨 语 元 月 云

Z

再 在 早 站 找 这 真 正 知 直 只 中 竹 主 住 桌 着 子 字 自 走 作 坐 做

附件5 义务教育语文课程常用字表

本字表共收常用汉字3500个，根据它们在当代各类汉语阅读材料中的出现频率和汉字教学的需要，又分成两个字表。提供这样的字表，便于在教材编写中安排汉字教学的设计，也便于开展对汉字教学的评估。其中“字表一”可作为第三学段识字、写字教学评价的依据。

字表一(2500字)

A

1 阿	2 啊	3 哎	4 哀	5 唉	6 埃	7 挨	8 癌	9 矮	10 艾
11 爱	12 碍	13 安	14 氨	15 俺	16 岸	17 按	18 案	19 暗	20 昂
21 凹	22	23 傲	24 奥	25 澳					

B

26 八	27 巴	28 叭	29 吧	30 拔	31 把	32 坝	33 爸	34 罢	35 霸
36 白	37 百	38 柏	39 摆	40 败	41 拜	42 班	43 般	44 颁	45 斑
46 搬	47 板	48 版	49 办	50 半	51 伴	52 扮	53 瓣	54 邦	55 帮
56 膀	57 傍	58 棒	59 包	60 胞	61 宝	62 饱	63 保	64 堡	65 报
66 抱	67 豹	68 暴	69 爆	70 卑	71 杯	72 悲	73 碑	74 北	75 贝

76 备	77 背	78 倍	79 被	80 辈	81 奔	82 本	83 崩	84 逼	85 鼻
86 比	87 彼	88 笔	89 币	90 必	91 毕	92 闭	93 辟	94 碧	95 蔽
96 壁	97 避	98 臂	99 边	100 编	101 蝙	102 鞭	103 扁	104 便	105 变
106 遍	107 辨	108 辩	109 标	110 表	111 别	112 宾	113 滨	114 冰	115 兵
116 丙	117 柄	118 饼	119 并	120 病	121 拨	122 波	123 玻	124 剥	125 播
126 脖	127 伯	128 驳	129 泊	130 勃	131 博	132 搏	133 膊	134 薄	135 卜
136 补	137 捕	138 不	139 布	140 步	141 部				

C

142 擦	143 猜	144 才	145 材	146 财	147 裁	148 采	149 彩	150 踩	151 菜
152 蔡	153 参	154 餐	155 残	156 蚕	157 惨	158 灿	159 仓	160 苍	161 舱
162 藏	163 操	164 曹	165 槽	166 草	167 册	168 侧	169 测	170 策	171 层
172 叉	173 插	174 查	175 茶	176 察	177 差	178 拆	179 柴	180 缠	181 产
182 阐	183 颤	184 昌	185 长	186 肠	187 尝	188 偿	189 常	190 厂	191 场
192 畅	193 倡	194 唱	195 抄	196 超	197 巢	198 朝	199 潮	200 吵	201 炒
202 车	203 扯	204 彻	205 撤	206 尘	207 臣	208 沉	209 陈	210 闯	211 衬
212 称	213 趁	214 撑	215 成	216 呈	217 承	218 诚	219 城	220 乘	221 惩
222 程	223 橙	224 吃	225 池	226 驰	227 迟	228 持	229 匙	230 尺	231 齿
232 斥	233 赤	234 翅	235 充	236 冲	237 虫	238 崇	239 抽	240 仇	241 绸
242 愁	243 筹	244 酬	245 丑	246 瞅	247 臭	248 出	249 初	250 除	251 厨
252 础	253 储	254 楚	255 处	256 触	257 川	258 穿	259 传	260 船	261 喘
262 串	263 窗	264 床	265 晨	266 创	267 吹	268 垂	269 锤	270 春	271 纯
272 唇	273 醇	274 词	275 瓷	276 慈	277 辞	278 磁	279 雌	280 此	281 次
282 刺	283 从	284 匆	285 葱	286 聪	287 丛	288 凑	289 粗	290 促	291 催
292 脆	293 翠	294 村	295 存	296 寸	297 措	298 错			

D

299 搭	300 达	301 答	302 打	303 大	304 呆	305 代	306 带	307 待	308 袋
309 逮	310 戴	311 丹	312 单	313 担	314 胆	315 旦	316 但	317 诞	318 弹
319 淡	320 蛋	321 氮	322 当	323 挡	324 党	325 荡	326 刀	327 导	328 岛
329 倒	330 蹈	331 到	332 盗	333 道	334 稻	335 得	336 德	337 的	338 灯
339 登	340 等	341 邓	342 凳	343 瞪	344 低	345 堤	346 滴	347 迪	348 敌
349 笛	350 底	351 抵	352 地	353 弟	354 帝	355 递	356 第	357 颠	358 典
359 点	360 电	361 店	362 垫	363 淀	364 殿	365 雕	366 吊	367 钓	368 调
369 掉	370 爹	371 跌	372 叠	373 蝶	374 丁	375 叮	376 盯	377 钉	378 顶
379 订	380 定	381 丢	382 东	383 冬	384 懂	385 动	386 冻	387 洞	388 都
389 斗	390 抖	391 陡	392 豆	393 督	394 毒	395 读	396 独	397 堵	398 赌
399 杜	400 肚	401 度	402 渡	403 端	404 短	405 段	406 断	407 锻	408 堆
409 队	410 对	411 吨	412 敦	413 蹲	414 盾	415 顿	416 多	417 夺	418 朵

419 躲

E

420 俄 421 鹅 422 额 423 恶 424 饿 425 鳄 426 恩 427 儿 428 而 429 尔

430 耳 431 二

F

432 发 433 乏 434 伐 435 罚 436 阀 437 法 438 帆 439 番 440 翻 441 凡

442 烦 443 繁 444 反 445 返 446 犯 447 泛 448 饭 449 范 450 贩 451 方

452 坊 453 芳 454 防 455 妨 456 房 457 肪 458 仿 459 访 460 纺 461 放

462 飞 463 非 464 啡 465 菲 466 肥 467 废 468 沸 469 肺 470 费 471 分

472 纷 473 芬 474 坟 475 粉 476 份 477 奋 478 愤 479 粪 480 丰 481 风

482 枫 483 封 484 疯 485 峰 486 锋 487 蜂 488 冯 489 逢 490 缝 491 凤

492 奉 493 佛 494 否 495 夫 496 肤 497 孵 498 弗 499 伏 500 扶 501 服

502 浮 503 符 504 幅 505 福 506 辐 507 蝠 508 抚 509 府 510 辅 511 腐

512 父 513 付 514 妇 515 负 516 附 517 复 518 赴 519 副 520 傅 521 富

522 赋 523 腹 524 覆

G

525 该 526 改 527 钙 528 盖 529 溉 530 概 531 干 532 甘 533 杆 534 肝

535 赶 536 敢 537 感 538 刚 539 岗 540 纲 541 缸 542 钢 543 港 544 高

545 搞 546 稿 547 告 548 戈 549 哥 550 胳 551 鸽 552 割 553 歌 554 阁

555 革 556 格 557 葛 558 隔 559 个 560 各 561 给 562 根 563 跟 564 更

565 耕 566 工 567 弓 568 公 569 功 570 攻 571 供 572 宫 573 恭 574 巩

575 拱 576 共 577 贡 578 勾 579 沟 580 钩 581 狗 582 构 583 购 584 够

585 估 586 咕 587 姑 588 孤 589 菇 590 古 591 谷 592 股 593 骨 594 鼓

595 固 596 故 597 顾 598 瓜 599 刮 600 挂 601 拐 602 怪 603 关 604 观

605 官 606 冠 607 馆 608 管 609 贯 610 惯 611 灌 612 罐 613 光 614 广

615 归 616 龟 617 规 618 硅 619 轨 620 鬼 621 柜 622 贵 623 桂 624 滚

625 棍 626 郭 627 锅 628 国 629 果 630 裹 631 过

H

632 哈 633 孩 634 海 635 害 636 含 637 函 638 寒 639 韩 640 罕 641 喊

642 汉 643 汗 644 旱 645 杭 646 航 647 毫 648 豪 649 好 650 号 651 浩

652 耗 653 呵 654 喝 655 合 656 何 657 和 658 河 659 核 660 荷 661 盒

662 贺 663 褐 664 赫 665 鹤 666 黑 667 嘿 668 痕 669 很 670 狠 671 恨

672 哼 673 恒 674 横 675 衡 676 轰 677 哄 678 红 679 宏 680 洪 681 虹

682 鸿 683 侯 684 喉 685 猴 686 吼 687 后 688 厚 689 候 690 乎 691 呼

692 忽 693 狐 694 胡 695 壶 696 湖 697 葫 698 糊 699 蝴 700 虎 701 互

702 户 703 护 704 花 705 华 706 哗 707 滑 708 化 709 划 710 画 711 话

712 桦 713 怀 714 淮 715 坏 716 欢 717 还 718 环 719 缓 720 幻 721 唤

722 换　723 患　724 荒　725 慌　726 皇　727 黄　728 煌　729 晃　730 灰　731 恢
732 挥　733 辉　734 徽　735 回　736 毁　737 悔　738 汇　739 会　740 绘　741 惠
742 慧　743 昏　744 婚　745 浑　746 魂　747 混　748 活　749 火　750 伙　751 或
752 货　753 获　754 祸　755 惑　756 霍

J

757 击　758 饥　759 圾　760 机　761 肌　762 鸡　763 积　764 基　765 迹　766 绩
767 激　768 及　769 吉　770 级　771 即　772 极　773 急　774 疾　775 集　776 辑
777 籍　778 几　779 己　780 挤　781 脊　782 计　783 记　784 纪　785 忌　786 技
787 际　788 剂　789 季　790 既　791 济　792 继　793 寂　794 寄　795 加　796 夹
797 佳　798 家　799 嘉　800 甲　801 贾　802 钾　803 价　804 驾　805 架　806 假
807 嫁　808 稼　809 尖　810 坚　811 间　812 肩　813 艰　814 兼　815 监　816 减
817 剪　818 检　819 简　820 碱　821 见　822 件　823 建　824 剑　825 健　826 舰
827 渐　828 践　829 鉴　830 键　831 箭　832 江　833 姜　834 将　835 浆　836 僵
837 疆　838 讲　839 奖　840 蒋　841 匠　842 降　843 交　844 郊　845 娇　846 浇
847 骄　848 胶　849 焦　850 礁　851 角　852 脚　853 搅　854 叫　855 轿　856 较
857 教　858 阶　859 皆　860 接　861 揭　862 街　863 节　864 劫　865 杰　866 洁
867 结　868 捷　869 截　870 竭　871 姐　872 解　873 介　874 戒　875 届　876 界
877 借　878 巾　879 今　880 斤　881 金　882 津　883 筋　884 仅　885 紧　886 锦
887 尽　888 劲　889 近　890 进　891 晋　892 浸　893 禁　894 京　895 经　896 茎
897 惊　898 晶　899 睛　900 精　901 鲸　902 井　903 颈　904 景　905 警　906 净
907 径　908 竞　909 竟　910 敬　911 境　912 静　913 镜　914 纠　915 究　916 九
917 久　918 酒　919 旧　920 救　921 就　922 舅　923 居　924 局　925 菊　926 橘
927 举　928 矩　929 句　930 巨　931 拒　932 具　933 俱　934 剧　935 惧　936 据
937 距　938 聚　939 卷　940 倦　941 决　942 绝　943 觉　944 掘　945 嚼　946 军
947 君　948 均　949 菌　950 俊　951 峻

K

952 卡　953 开　954 凯　955 慨　956 刊　957 堪　958 砍　959 看　960 康
961 抗　962 炕　963 考　964 烤　965 靠　966 科　967 棵　968 颗　969 壳
970 咳　971 可　972 渴　973 克　974 刻　975 客　976 课　977 肯　978 坑
979 空　980 孔　981 恐　982 控　983 口　984 扣　985 枯　986 哭　987 苦
988 库　989 裤　990 酷　991 夸　992 跨　993 块　994 快　995 宽　996 款
997 狂　998 况　999 矿　1000 亏　1001 葵　1002 愧　1003 溃　1004 昆　1005 困
1006 扩　1007 括　1008 阔

L

1009 垃　1010 拉　1011 啦　1012 喇　1013 腊　1014 蜡　1015 辣　1016 来　1017 莱
1018 赖　1019 兰　1020 拦　1021 栏　1022 蓝　1023 篮　1024 览　1025 懒　1026 烂
1027 滥　1028 郎　1029 狼　1030 廊　1031 朗　1032 浪　1033 捞　1034 劳　1035 牢

1036 老　1037 乐　1038 勒　1039 雷　1040 蕾　1041 泪　1042 类　1043 累　1044 冷
1045 愣　1046 厘　1047 梨　1048 离　1049 莉　1050 犁　1051 璃　1052 黎　1053 礼
1054 李　1055 里　1056 哩　1057 理　1058 鲤　1059 力　1060 历　1061 厉　1062 立
1063 丽　1064 利　1065 励　1066 例　1067 隶　1068 粒　1069 俩　1070 连　1071 帘
1072 怜　1073 莲　1074 联　1075 廉　1076 脸　1077 练　1078 炼　1079 恋　1080 链
1081 良　1082 凉　1083 梁　1084 粮　1085 两　1086 亮　1087 辆　1088 量　1089 辽
1090 疗　1091 聊　1092 僚　1093 了　1094 料　1095 列　1096 劣　1097 烈　1098 猎
1099 裂　1100 邻　1101 林　1102 临　1103 淋　1104 磷　1105 灵　1106 玲　1107 凌
1108 铃　1109 陵　1110 羚　1111 零　1112 龄　1113 领　1114 岭　1115 令　1116 另
1117 溜　1118 刘　1119 流　1120 留　1121 硫　1122 瘤　1123 柳　1124 六　1125 龙
1126 笼　1127 隆　1128 垄　1129 拢　1130 楼　1131 漏　1132 露　1133 卢　1134 芦
1135 炉　1136 鲁　1137 陆　1138 录　1139 鹿　1140 碌　1141 路　1142 驴　1143 旅
1144 铝　1145 履　1146 律　1147 虑　1148 率　1149 绿　1150 氯　1151 滤　1152 卵
1153 乱　1154 掠　1155 略　1156 伦　1157 轮　1158 论　1159 罗　1160 萝　1161 逻
1162 螺　1163 裸　1164 洛　1165 络　1166 骆　1167 落

M

1168 妈　1169 麻　1170 马　1171 玛　1172 码　1173 蚂　1174 骂　1175 吗　1176 嘛
1177 埋　1178 买　1179 迈　1180 麦　1181 卖　1182 脉　1183 蛮　1184 满　1185 曼
1186 慢　1187 漫　1188 忙　1189 芒　1190 盲　1191 茫　1192 猫　1193 毛　1194 矛
1195 茅　1196 茂　1197 冒　1198 贸　1199 帽　1200 貌　1201 么　1202 没　1203 枚
1204 玫　1205 眉　1206 梅　1207 媒　1208 煤　1209 霉　1210 每　1211 美　1212 妹
1213 门　1214 闷　1215 们　1216 萌　1217 盟　1218 猛　1219 蒙　1220 孟　1221 梦
1222 弥　1223 迷　1224 谜　1225 米　1226 泌　1227 秘　1228 密　1229 蜜　1230 眠
1231 绵　1233 免　1234 勉　1235 面　1236 苗　1237 描　1238 秒　1239 妙　1240 庙
1232 棉
1241 灭　1242 民　1243 敏　1244 名　1245 明　1246 鸣　1247 命　1248 摸　1249 模
1250 膜　1251 摩　1252 磨　1253 蘑　1254 魔　1255 抹　1256 末　1257 沫　1258 陌
1259 莫　1260 漠　1261 墨　1262 默　1263 谋　1264 某　1265 母　1266 亩　1267 牡
1268 姆　1269 拇　1270 木　1271 目　1272 牧　1273 墓　1274 幕　1275 慕　1276 穆

N

1277 拿　1278 哪　1279 内　1280 那　1281 纳　1282 娜　1283 钠　1284 乃　1285 奶
1286 奈　1287 耐　1288 男　1289 南　1290 难　1291 囊　1292 恼　1293 脑　1294 闹
1295 呢　1296 嫩　1297 能　1298 尼　1299 泥　1300 你　1301 拟　1302 逆　1303 年
1304 念　1305 娘　1306 酿　1307 鸟　1308 尿　1309 捏　1310 您　1311 宁　1312 凝
1313 牛　1314 扭　1315 纽　1316 农　1317 浓　1318 弄　1319 奴　1320 努　1321 怒
1322 女　1323 暖　1324 挪　1325 诺

O

1326 哦　1327 欧　1328 偶

P

1329 爬　1330 帕　1331 怕　1332 拍　1333 排　1334 牌　1335 派　1336 攀　1337 盘
1338 判　1339 叛　1340 盼　1341 庞　1342 旁　1343 胖　1344 抛　1345 炮　1346 跑
1347 泡　1348 胚　1349 陪　1350 培　1351 赔　1352 佩　1353 配　1354 喷　1355 盆
1356 朋　1357 棚　1358 蓬　1359 鹏　1360 膨　1361 捧　1362 碰　1363 批　1364 披
1365 皮　1366 疲　1367 脾　1368 匹　1369 屁　1370 譬　1371 片　1372 偏　1373 篇
1374 骗　1375 漂　1376 飘　1377 瓢　1378 票　1379 拼　1380 贫　1381 频　1382 品
1383 平　1384 评　1385 凭　1386 苹　1387 屏　1388 瓶　1389 萍　1390 坡　1391 泼
1392 颇　1393 婆　1394 迫　1395 破　1396 剖　1397 扑　1398 铺　1399 葡　1400 蒲
1401 朴　1402 浦　1403 普　1404 谱

Q

1405 七　1406 妻　1407 栖　1408 戚　1409 期　1410 欺　1411 漆　1412 齐　1413 其
1414 奇　1415 歧　1416 骑　1417 棋　1418 旗　1419 企　1420 岂　1421 启　1422 起
1423 气　1424 弃　1425 汽　1426 契　1427 砌　1428 器　1429 恰　1430 千　1431 迁
1432 牵　1433 铅　1434 谦　1435 签　1436 前　1437 钱　1438 潜　1439 浅　1440 遣
1441 欠　1442 枪　1443 腔　1444 强　1445 墙　1446 抢　1447 悄　1448 敲　1449 乔
1450 桥　1451 瞧　1452 巧　1453 切　1454 茄　1455 且　1456 窃　1457 亲　1458 侵
1459 秦　1460 琴　1461 禽　1462 勤　1463 青　1464 氢　1465 轻　1466 倾　1467 清
1468 情　1469 晴　1470 顷　1471 请　1472 庆　1473 穷　1474 丘　1475 秋　1476 蚯
1477 求　1478 球　1479 区　1480 曲　1481 驱　1482 屈　1483 躯　1484 趋　1485 取
1486 娶　1487 去　1488 趣　1489 圈　1490 全　1491 权　1492 泉　1493 拳　1494 犬
1495 劝　1496 券　1497 缺　1498 却　1499 雀　1500 确　1501 鹊　1502 裙　1503 群

R

1504 然　1505 燃　1506 染　1507 嚷　1508 壤　1509 让　1510 饶　1511 扰　1512 绕
1513 惹　1514 热　1515 人　1516 仁　1517 忍　1518 认　1519 任　1520 扔　1521 仍
1522 日　1523 绒　1524 荣　1525 容　1526 溶　1527 熔　1528 融　1529 柔　1530 肉
1531 如　1532 儒　1533 乳　1534 辱　1535 入　1536 软　1537 锐　1538 瑞　1539 润
1540 若　1541 弱

S

1542 撒　1543 洒　1544 萨　1545 塞　1546 赛　1547 三　1548 伞　1549 散　1550 桑
1551 嗓　1552 丧　1553 扫　1554 嫂　1555 色　1556 森　1557 僧　1558 杀　1559 沙
1560 纱　1561 刹　1562 砂　1563 傻　1564 啥　1565 晒　1566 山　1567 杉　1568 衫
1569 珊　1570 闪　1571 陕　1572 扇　1573 善　1574 伤　1575 商　1576 赏　1577 上
1578 尚　1579 梢　1580 烧　1581 稍　1582 少　1583 绍　1584 哨　1585 舌　1586 蛇
1587 舍　1588 设　1589 社　1590 射　1591 涉　1592 摄　1593 申　1594 伸　1595 身

1596 深	1597 神	1598 审	1599 婶	1600 肾	1601 甚	1602 渗	1603 慎	1604 升
1605 生	1606 声	1607 牲	1608 胜	1609 绳	1610 省	1611 圣	1612 盛	1613 剩
1614 尸	1615 失	1616 师	1617 诗	1618 施	1619 狮	1620 湿	1621 十	1622 什
1623 石	1624 时	1625 识	1626 实	1627 拾	1628 蚀	1629 食	1630 史	1631 使
1632 始	1633 驶	1634 士	1635 氏	1636 世	1637 市	1638 示	1639 式	1640 事
1641 侍	1642 势	1643 视	1644 试	1645 饰	1646 室	1647 是	1648 适	1649 逝
1650 释	1651 收	1652 手	1653 守	1654 首	1655 寿	1656 受	1657 兽	1658 售
1659 授	1660 瘦	1661 书	1662 抒	1663 叔	1664 枢	1665 殊	1666 疏	1667 舒
1668 输	1669 蔬	1670 熟	1671 暑	1672 署	1673 鼠	1674 薯	1675 术	1676 束
1677 述	1678 树	1679 竖	1680 数	1681 刷	1682 耍	1683 衰	1684 摔	1685 甩
1686 帅	1687 双	1688 霜	1689 爽	1690 谁	1691 水	1692 税	1693 睡	1694 顺
1695 瞬	1696 说	1697 丝	1698 司	1699 私	1700 思	1701 斯	1702 撕	1703 死
1704 四	1705 寺	1706 似	1707 饲	1708 松	1709 耸	1710 宋	1711 送	1712 颂
1713 搜	1714 艘	1715 苏	1716 俗	1717 诉	1718 肃	1719 素	1720 速	1721 宿
1722 塑	1723 酸	1724 蒜	1725 算	1726 虽	1727 随	1728 髓	1729 岁	1730 遂
1731 碎	1732 穗	1733 孙	1734 损	1735 笋	1736 缩	1737 所	1738 索	1739 锁

T

1740 他	1741 她	1742 它	1743 塌	1744 塔	1745 踏	1746 胎	1747 台	1748 抬
1749 太	1750 态	1751 泰	1752 贪	1753 摊	1754 滩	1755 坛	1756 谈	1757 潭
1758 坦	1759 叹	1760 炭	1761 探	1762 碳	1763 汤	1764 唐	1765 堂	1766 塘
1767 糖	1768 躺	1769 趟	1770 涛	1771 掏	1772 逃	1773 桃	1774 陶	1775 淘
1776 萄	1777 讨	1778 套	1779 特	1780 疼	1781 腾	1782 藤	1783 梯	1784 踢
1785 啼	1786 提	1787 题	1788 蹄	1789 体	1790 替	1791 天	1792 添	1793 田
1794 甜	1795 填	1796 挑	1797 条	1798 跳	1799 贴	1800 铁	1801 厅	1802 听
1803 廷	1804 亭	1805 庭	1806 停	1807 蜓	1808 挺	1809 艇	1810 通	1811 同
1812 桐	1813 铜	1814 童	1815 统	1816 桶	1817 筒	1818 痛	1819 偷	1820 头
1821 投	1822 透	1823 突	1824 图	1825 徒	1826 涂	1827 途	1828 屠	1829 土
1830 吐	1831 兔	1832 团	1833 推	1834 腿	1835 退	1836 吞	1837 托	1838 拖
1839 脱	1840 驼	1841 妥	1842 拓	1843 唾				

W

1844 哇	1845 娃	1846 挖	1847 蛙	1848 瓦	1849 歪	1850 外	1851 弯	1852 湾
1853 丸	1854 完	1855 玩	1856 顽	1857 挽	1858 晚	1859 碗	1860 万	1861 汪
1862 亡	1863 王	1864 网	1865 往	1866 忘	1867 旺	1868 望	1869 危	1870 威
1871 微	1872 为	1873 围	1874 违	1875 唯	1876 惟	1877 维	1878 伟	1879 伪
1880 尾	1881 纬	1882 委	1883 萎	1884 卫	1885 未	1886 位	1887 味	1888 胃
1889 谓	1890 喂	1891 慰	1892 魏	1893 温	1894 文	1895 纹	1896 闻	1897 蚊
1898 吻	1899 稳	1900 问	1901 翁	1902 窝	1903 我	1904 沃	1905 卧	1906 握

1907 乌	1908 污	1909 屋	1910 无	1911 吴	1912 吾	1913 五	1914 午	1915 伍
1916 武	1917 舞	1918 务	1919 物	1920 误	1921 悟	1922 雾		

X

1923 夕	1924 西	1925 吸	1926 希	1927 析	1928 息	1929 牺	1930 悉	1931 惜
1932 晰	1933 稀	1934 溪	1935 锡	1936 熙	1937 嘻	1938 膝	1939 习	1940 席
1941 袭	1942 媳	1943 洗	1944 喜	1945 戏	1946 系	1947 细	1948 隙	1949 虾
1950 瞎	1951 峡	1952 狭	1953 辖	1954 霞	1955 下	1956 吓	1957 夏	1958 厦
1959 仙	1960 先	1961 纤	1962 掀	1963 鲜	1964 闲	1965 弦	1966 贤	1967 咸
1968 衔	1969 嫌	1970 显	1971 险	1972 县	1973 现	1974 线	1975 限	1976 宪
1977 陷	1978 献	1979 腺	1980 乡	1981 相	1982 香	1983 厢	1984 湘	1985 箱
1986 详	1987 祥	1988 翔	1989 享	1990 响	1991 想	1992 向	1993 巷	1994 项
1995 象	1996 像	1997 橡	1998 削	1999 消	2000 萧	2001 硝	2002 销	2003 小
2004 晓	2005 孝	2006 效	2007 校	2008 笑	2009 些	2010 歇	2011 协	2012 胁
2013 斜	2014 谐	2015 携	2016 鞋	2017 写	2018 泄	2019 泻	2020 卸	2021 屑
2022 械	2023 谢	2024 蟹	2025 心	2026 辛	2027 欣	2028 新	2029 信	2030 兴
2031 星	2032 猩	2033 刑	2034 行	2035 形	2036 型	2037 醒	2038 杏	2039 姓
2040 幸	2041 性	2042 凶	2043 兄	2044 匈	2045 胸	2046 雄	2047 熊	2048 休
2049 修	2050 羞	2051 朽	2052 秀	2053 绣	2054 袖	2055 须	2056 虚	2057 需
2058 徐	2059 许	2060 序	2061 叙	2062 畜	2063 绪	2064 续	2065 嗅	2066 蓄
2067 宣	2068 玄	2069 悬	2070 旋	2071 选	2072 穴	2073 学	2074 雪	2075 血
2076 寻	2077 巡	2078 询	2079 循	2080 训	2081 讯	2082 迅		

Y

2083 压	2084 呀	2085 鸦	2086 鸭	2087 牙	2088 芽	2089 崖	2090 哑	2091 雅
2092 亚	2093 咽	2094 烟	2095 淹	2096 延	2097 严	2098 言	2099 岩	2100 沿
2101 炎	2102 研	2103 盐	2104 颜	2105 衍	2106 掩	2107 眼	2108 演	2109 厌
2110 宴	2111 艳	2112 验	2113 焰	2114 雁	2115 燕	2116 央	2117 扬	2118 羊
2119 阳	2120 杨	2121 洋	2122 仰	2123 养	2124 氧	2125 痒	2126 样	2127 腰
2128 邀	2129 摇	2130 遥	2131 咬	2132 药	2133 要	2134 耀	2135 爷	2136 也
2137 冶	2138 野	2139 业	2140 叶	2141 页	2142 夜	2143 液	2144 一	2145 伊
2146 衣	2147 医	2148 依	2149 仪	2150 夷	2151 宜	2152 姨	2153 移	2154 遗
2155 疑	2156 乙	2157 已	2158 以	2159 矣	2160 蚁	2161 椅	2162 义	2163 亿
2164 忆	2165 艺	2166 议	2167 亦	2168 异	2169 役	2170 抑	2171 译	2172 易
2173 疫	2174 益	2175 谊	2176 逸	2177 意	2178 溢	2179 毅	2180 翼	2181 因
2182 阴	2183 音	2184 吟	2185 银	2186 引	2187 饮	2188 蚓	2189 隐	2190 印
2191 应	2192 英	2193 婴	2194 鹰	2195 迎	2196 盈	2197 营	2198 蝇	2199 赢
2200 影	2201 映	2202 硬	2203 哟	2204 拥	2205 永	2206 泳	2207 勇	2208 涌
2209 用	2210 优	2211 忧	2212 幽	2213 悠	2214 尤	2215 由	2216 犹	2217 邮

2218 油 2219 游 2220 友 2221 有 2222 又 2223 右 2224 幼 2225 诱 2226 于
2227 予 2228 余 2229 鱼 2230 娱 2231 渔 2232 愉 2233 愚 2234 与 2235 宇
2236 羽 2237 雨 2238 语 2239 玉 2240 吁 2241 育 2242 郁 2243 狱 2244 浴
2245 预 2246 域 2247 欲 2248 喻 2249 寓 2250 御 2251 裕 2252 遇 2253 愈
2254 誉 2255 豫 2256 元 2257 员 2258 园 2259 原 2260 圆 2261 袁 2262 援
2263 缘 2264 源 2265 远 2266 怨 2267 院 2268 愿 2269 曰 2270 约 2271 月
2272 岳 2273 钥 2274 悦 2275 阅 2276 跃 2277 越 2278 云 2279 匀 2280 允
2281 孕 2282 运 2283 晕 2284 韵 2285 蕴

Z

2286 杂 2287 砸 2288 灾 2289 栽 2290 宰 2291 载 2292 再 2293 在 2294 咱
2295 暂 2296 赞 2297 脏 2298 葬 2299 遭 2300 糟 2301 早 2302 枣 2303 藻
2304 灶 2305 皂 2306 造 2307 噪 2308 燥 2309 躁 2310 则 2311 择 2312 泽
2313 责 2314 贼 2315 怎 2316 曾 2317 增 2318 赠 2319 渣 2320 扎 2321 眨
2322 炸 2323 摘 2324 宅 2325 窄 2326 债 2327 沾 2328 粘 2329 展 2330 占
2331 战 2332 站 2333 张 2334 章 2335 涨 2336 掌 2337 丈 2338 仗 2339 帐
2340 胀 2341 账 2342 障 2343 招 2344 找 2345 召 2346 兆 2347 赵 2348 照
2349 罩 2350 遮 2351 折 2352 哲 2353 者 2354 这 2355 浙 2356 针 2357 侦
2358 珍 2359 真 2360 诊 2361 枕 2362 阵 2363 振 2364 镇 2365 震 2366 争
2367 征 2368 挣 2369 睁 2370 蒸 2371 整 2372 正 2373 证 2374 郑 2375 政
2376 症 2377 之 2378 支 2379 汁 2380 芝 2381 枝 2382 知 2383 织 2384 肢
2385 脂 2386 蜘 2387 执 2388 直 2389 值 2390 职 2391 植 2392 殖 2393 止
2394 只 2395 旨 2396 址 2397 纸 2398 指 2399 趾 2400 至 2401 志 2402 制
2403 治 2404 质 2405 致 2406 智 2407 置 2408 中 2409 忠 2410 终 2411 钟
2412 肿 2413 种 2414 仲 2415 众 2416 重 2417 州 2418 舟 2419 周 2420 洲
2421 轴 2422 宙 2423 皱 2424 骤 2425 朱 2426 株 2427 珠 2428 诸 2429 猪
2430 蛛 2431 竹 2432 烛 2433 逐 2434 主 2435 属 2436 煮 2437 嘱 2438 住
2439 助 2440 注 2441 贮 2442 驻 2443 柱 2444 祝 2445 著 2446 筑 2447 抓
2448 爪 2449 专 2450 砖 2451 转 2452 赚 2453 庄 2454 桩 2455 装 2456 壮
2457 状 2458 撞 2459 追 2460 准 2461 捉 2462 桌 2463 着 2464 仔 2465 兹
2466 姿 2467 资 2468 滋 2469 籽 2470 子 2471 紫 2472 字 2473 自 2474 宗
2475 综 2476 棕 2477 踪 2478 总 2479 纵 2480 走 2481 奏 2482 租 2483 足
2484 族 2485 阻 2486 组 2487 祖 2488 钻 2489 嘴 2490 最 2491 罪 2492 醉
2493 尊 2494 遵 2495 昨 2496 左 2497 作 2498 坐 2499 座 2500 做

字表二(1000字)

A

1 蔼 2 隘 3 庵 4 鞍 5 黯 6 肮 7 拗 8 袄 9 懊

B

10 扒 11 芭 12 疤 13 捌 14 跋 15 靶 16 掰 17 扳 18 拌 19 绊
20 梆 21 绑 22 榜 23 蚌 24 谤 25 磅 26 镑 27 苞 28 褒 29 雹
30 鲍 31 狈 32 悖 33 惫 34 笨 35 绷 36 泵 37 蹦 38 匕 39 鄙
40 庇 41 毙 42 痹 43 弊 44 璧 45 贬 46 匾 47 辫 48 彪 49 憋
50 鳖 51 瘪 52 彬 53 斌 54 缤 55 濒 56 鬓 57 秉 58 禀 59 菠
60 舶 61 渤 62 跛 63 簸 64 哺 65 怖 66 埠 67 簿

C

68 睬 69 惭 70 沧 71 糙 72 厕 73 蹭 74 茬 75 岔 76 豺 77 掺
78 搀 79 禅 80 馋 81 蝉 82 铲 83 猖 84 敞 85 钞 86 嘲 87 澈
88 忱 89 辰 90 铛 91 澄 92 逞 93 秤 94 痴 95 弛 96 侈 97 耻
98 宠 99 畴 100 稠 101 锄 102 雏 103 橱 104 矗 105 揣 106 囱 107 疮
108 炊 109 捶 110 椿 111 淳 112 蠢 113 戳 114 绰 115 祠 116 赐 117 醋
118 簇 119 窜 120 篡 121 崔 122 摧 123 悴 124 粹 125 搓 126 撮 127 挫

D

128 瘩 129 歹 130 怠 131 贷 132 耽 133 档 134 叨 135 捣 136 祷 137 悼
138 蹬 139 嘀 140 涤 141 缔 142 蒂 143 掂 144 滇 145 巅 146 碘 147 佃
148 甸 149 玷 150 惦 151 奠 152 刁 153 叼 154 迭 155 谍 156 碟 157 鼎
158 董 159 栋 160 兜 161 蚪 162 逗 163 痘 164 睹 165 妒 166 镀 167 缎
168 兑 169 墩 170 盹 171 囤 172 钝 173 咄 174 哆 175 踱 176 垛 177 堕
178 舵 179 惰 180 跺

E

181 讹 182 娥 183 峨 184 蛾 185 扼 186 鄂 187 愕 188 遏 189 噩 190 饵
191 贰

F

192 筏 193 矾 194 妃 195 匪 196 诽 197 吠 198 吩 199 氛 200 焚 201 忿
202 讽 203 敷 204 芙 205 拂 206 俘 207 袱 208 甫 209 斧 210 俯 211 脯
212 咐 213 缚

G

214 尬 215 丐 216 柑 217 竿 218 尴 219 秆 220 橄 221 赣 222 冈 223 肛
224 杠 225 羔 226 膏 227 糕 228 镐 229 疙 230 搁 231 蛤 232 庚 233 羹
234 埂 235 耿 236 梗 237 蚣 238 躬 239 汞 240 苟 241 垢 242 沽 243 辜
244 雇 245 寡 246 卦 247 褂 248 乖 249 棺 250 逛 251 闺 252 瑰 253 诡
254 癸 255 跪

H

256 亥 257 骇 258 酣 259 憨 260 涵 261 悍 262 捍 263 焊 264 憾 265 撼
266 翰 267 夯 268 嚎 269 皓 270 禾 271 烘 272 弘 273 弧 274 唬 275 沪

276 猾 277 徊 278 槐 279 宦 280 涣 281 焕 282 痪 283 凰 284 惶 285 蝗
286 簧 287 恍 288 谎 289 幌 290 卉 291 讳 292 诲 293 贿 294 晦 295 秽
296 荤 297 豁

J

298 讥 299 叽 300 唧 301 缉 302 畸 303 箕 304 稽 305 棘 306 嫉 307 妓
308 祭 309 鲫 310 冀 311 颊 312 奸 313 歼 314 煎 315 拣 316 俭 317 柬
318 茧 319 捡 320 荐 321 贱 322 涧 323 溅 324 槛 325 缰 326 桨 327 酱
328 椒 329 跤 330 蕉 331 侥 332 狡 333 绞 334 饺 335 矫 336 剿 337 缴
338 窖 339 酵 340 秸 341 睫 342 芥 343 诫 344 藉 345 襟 346 谨 347 荆
348 兢 349 靖 350 窘 351 揪 352 灸 353 玖 354 韭 355 臼 356 疚 357 拘
358 驹 359 鞠 360 桔 361 沮 362 炬 363 锯 364 娟 365 捐 366 鹃 367 绢
368 眷 369 诀 370 倔 371 崛 372 爵 373 钧 374 骏 375 竣

K

376 咖 377 揩 378 楷 379 勘 380 坎 381 慷 382 糠 383 扛 384 亢 385 拷
386 铐 387 坷 388 苛 389 磕 390 蝌 391 垦 392 恳 393 啃 394 吭 395 抠
396 叩 397 寇 398 窟 399 垮 400 挎 401 筷 402 筐 403 旷 404 框 405 眶
406 盔 407 窥 408 魁 409 馈 410 坤 411 捆 412 廓

L

413 睐 414 婪 415 澜 416 揽 417 缆 418 榄 419 琅 420 榔 421 唠 422 姥
423 涝 424 烙 425 酪 426 垒 427 磊 428 肋 429 擂 430 棱 431 狸 432 漓
433 篱 434 吏 435 沥 436 俐 437 荔 438 栗 439 砾 440 痢 441 雳 442 镰
443 敛 444 粱 445 谅 446 晾 447 寥 448 嘹 449 撩 450 缭 451 瞭 452 咧
453 琳 454 鳞 455 凛 456 吝 457 赁 458 躏 459 拎 460 伶 461 聆 462 菱
463 浏 464 琉 465 馏 466 榴 467 咙 468 胧 469 聋 470 窿 471 娄 472 搂
473 篓 474 陋 475 庐 476 颅 477 卤 478 虏 479 赂 480 禄 481 吕 482 侣
483 屡 484 缕 485 峦 486 抡 487 仑 488 沦 489 啰 490 锣 491 箩 492 骡

M

493 蟆 494 馒 495 瞒 496 蔓 497 莽 498 锚 499 卯 500 昧 501 媚 502 魅
503 氓 504 朦 505 檬 506 锰 507 咪 508 靡 509 眯 510 觅 511 缅 512 瞄
513 渺 514 藐 515 蔑 516 皿 517 闽 518 悯 519 冥 520 铭 521 谬 522 馍
523 摹 524 茉 525 寞 526 沐 527 募 528 睦 529 暮

N

530 捺 531 挠 532 瑙 533 呐 534 馁 535 妮 536 匿 537 溺 538 腻 539 捻
540 撵 541 碾 542 聂 543 孽 544 拧 545 狞 546 柠 547 泞 548 钮 549 脓
550 疟 551 虐 552 懦 553 糯

O

554 殴 555 鸥 556 呕 557 藕

P

558 趴	559 啪	560 耙	561 徘	562 湃	563 潘	564 畔	565 乓	566 螃	567 刨
568 袍	569 沛	570 砰	571 烹	572 彭	573 澎	574 篷	575 坯	576 劈	577 霹
578 啤	579 僻	580 翩	581 撇	582 聘	583 乒	584 坪	585 魄	586 仆	587 菩
588 圃	589 瀑	590 曝							

Q

591 柒	592 凄	593 祈	594 脐	595 崎	596 鳍	597 乞	598 迄	599 泣	600 掐
601 洽	602 钳	603 乾	604 黔	605 谴	606 嵌	607 歉	608 呛	609 跷	610 锹
611 侨	612 憔	613 俏	614 峭	615 窍	616 翘	617 撬	618 怯	619 钦	620 芹
621 擒	622 寝	623 沁	624 卿	625 蜻	626 擎	627 琼	628 囚	629 岖	630 渠
631 痊	632 瘸								

R

633 冉	634 瓤	635 壬	636 刃	637 纫	638 韧	639 戎	640 茸	641 蓉	642 榕
643 冗	644 揉	645 蹂	646 蠕	647 汝	648 褥	649 蕊	650 闰		

S

651 腮	652 叁	653 搔	654 骚	655 臊	656 涩	657 瑟	658 鲨	659 煞	660 霎
661 筛	662 删	663 煽	664 擅	665 赡	666 裳	667 晌	668 捎	669 勺	670 奢
671 赦	672 呻	673 绅	674 沈	675 笙	676 甥	677 矢	678 屎	679 恃	680 拭
681 柿	682 嗜	683 誓	684 梳	685 淑	686 赎	687 蜀	688 曙	689 恕	690 庶
691 墅	692 漱	693 蟀	694 拴	695 栓	696 涮	697 吮	698 烁	699 硕	700 嗽
701 嘶	702 巳	703 伺	704 祀	705 肆	706 讼	707 诵	708 酥	709 粟	710 溯
711 隋	712 祟	713 隧	714 唆	715 梭	716 嗦	717 琐			

T

718 蹋	719 苔	720 汰	721 瘫	722 痰	723 谭	724 檀	725 毯	726 棠	727 膛
728 倘	729 淌	730 烫	731 滔	732 誊	733 剔	734 屉	735 剃	736 涕	737 惕
738 恬	739 舔	740 迢	741 帖	742 彤	743 瞳	744 捅	745 凸	746 秃	747 颓
748 蜕	749 褪	750 屯	751 豚	752 臀	753 驮	754 鸵	755 椭		

W

756 洼	757 袜	758 豌	759 宛	760 婉	761 惋	762 皖	763 腕	764 枉	765 妄
766 偎	767 薇	768 巍	769 帷	770 苇	771 畏	772 尉	773 猬	774 蔚	775 瘟
776 紊	777 嗡	778 涡	779 蜗	780 呜	781 巫	782 诬	783 芜	784 梧	785 蜈
786 侮	787 捂	788 鹉	789 勿	790 戊					

X

791 昔	792 犀	793 熄	794 蟋	795 徙	796 匣	797 侠	798 暇	799 馅	800 羡
801 镶	802 宵	803 潇	804 箫	805 霄	806 嚣	807 淆	808 肖	809 哮	810 啸
811 蝎	812 邪	813 挟	814 懈	815 芯	816 锌	817 薪	818 馨	819 衅	820 腥
821 汹	822 锈	823 戌	824 墟	825 旭	826 恤	827 酗	828 婿	829 絮	830 轩

831 喧 832 癣 833 炫 834 绚 835 渲 836 靴 837 薛 838 勋 839 熏 840 旬
841 驯 842 汛 843 逊 844 殉

Y

845 丫 846 押 847 涯 848 衙 849 讶 850 焉 851 阎 852 蜒 853 檐 854 砚
855 唁 856 谚 857 堰 858 殃 859 秧 860 鸯 861 漾 862 夭 863 吆 864 妖
865 尧 866 肴 867 姚 868 窑 869 谣 870 舀 871 椰 872 腋 873 壹 874 怡
875 贻 876 胰 877 倚 878 屹 879 邑 880 绎 881 姻 882 茵 883 荫 884 殷
885 寅 886 淫 887 瘾 888 莺 889 樱 890 鹦 891 荧 892 莹 893 萤 894 颖
895 佣 896 庸 897 咏 898 踊 899 酉 900 佑 901 迂 902 淤 903 渝 904 隅
905 逾 906 榆 907 舆 908 屿 909 禹 910 芋 911 冤 912 鸳 913 渊 914 猿
915 苑 916 粤 917 耘 918 陨 919 酝

Z

920 哉 921 赃 922 凿 923 蚤 924 澡 925 憎 926 咋 927 喳 928 轧 929 闸
930 乍 931 诈 932 栅 933 榨 934 斋 935 寨 936 毡 937 瞻 938 斩 939 盏
940 崭 941 辗 942 栈 943 绽 944 彰 945 樟 946 杖 947 昭 948 沼 949 肇
950 辙 951 蔗 952 贞 953 斟 954 疹 955 怔 956 狰 957 筝 958 拯 959 吱
960 侄 961 帜 962 挚 963 秩 964 掷 965 窒 966 滞 967 稚 968 衷 969 粥
970 肘 971 帚 972 咒 973 昼 974 拄 975 瞩 976 蛀 977 铸 978 拽 979 撰
980 妆 981 幢 982 椎 983 锥 984 坠 985 缀 986 赘 987 谆 988 卓 989 拙
990 灼 991 茁 992 浊 993 酌 994 啄 995 琢 996 咨 997 姊 998 揍 999 卒
1000 佐

附录二　小学教师专业标准(试行)

为促进小学教师专业发展,建设高素质小学教师队伍,根据《中华人民共和国教师法》和《中华人民共和国义务教育法》,特制定《小学教师专业标准(试行)》(以下简称《专业标准》)。

小学教师是履行小学教育工作职责的专业人员,需要经过严格的培养与培训,具有良好的职业道德,掌握系统的专业知识和专业技能。《专业标准》是国家对合格小学教师专业素质的基本要求,是小学教师开展教育教学活动的基本规范,是引领小学教师专业发展的基本准则,是小学教师培养、准入、培训、考核等工作的重要依据。

一、基本理念

(一)学生为本

尊重小学生权益,以小学生为主体,充分调动和发挥小学生的主动性;遵循小学生身心发展特点和教育教学规律,提供适合的教育,促进小学生生动活泼学习、健康快乐成长。

(二)师德为先

热爱小学教育事业,具有职业理想,践行社会主义核心价值体系,履行教师职业道德规范。关爱小学生,尊重小学生人格,富有爱心、责任心、耐心和细心;为人师表,教书育人,自尊自律,做小学生健康成长的指导者和引路人。

(三)能力为重

把学科知识、教育理论与教育实践相结合,突出教书育人实践能力;研究小学生,遵循小学生成长规律,提升教育教学专业化水平;坚持实践、反思、再实践、再反思,不断提高专业能力。

(四)终身学习

学习先进小学教育理论,了解国内外小学教育改革与发展的经验和做法;优化知识结构,提高文化素养;具有终身学习与持续发展的意识和能力,做终身学习的典范。

二、基本内容

维度	领域	基 本 要 求
专业理念与师德	(一)职业理解与认识	1. 贯彻党和国家教育方针政策,遵守教育法律法规。 2. 理解小学教育工作的意义,热爱小学教育事业,具有职业理想和敬业精神。 3. 认同小学教师的专业性和独特性,注重自身专业发展。 4. 具有良好职业道德修养,为人师表。 5. 具有团队合作精神,积极开展协作与交流。
	(二)对小学生的态度与行为	6. 关爱小学生,重视小学生身心健康,将保护小学生生命安全放在首位。 7. 尊重小学生独立人格,维护小学生合法权益,平等对待每一个小学生。不讽刺、挖苦、歧视小学生,不体罚或变相体罚小学生。 8. 信任小学生,尊重个体差异,主动了解和满足有益于小学生身心发展的不同需求。 9. 积极创造条件,让小学生拥有快乐的学校生活。
	(三)教育教学的态度与行为	10. 树立育人为本、德育为先的理念,将小学生的知识学习、能力发展与品德养成相结合,重视小学生全面发展。 11. 尊重教育规律和小学生身心发展规律,为每一个小学生提供适合的教育。 12. 引导小学生体验学习乐趣,保护小学生的求知欲和好奇心,培养小学生的广泛兴趣、动手能力和探究精神。 13. 引导小学生学会学习,养成良好学习习惯。
	(四)个人修养与行为	14. 富有爱心、责任心、耐心和细心。 15. 乐观向上、热情开朗、有亲和力。 16. 善于自我调节情绪,保持平和心态。 17. 勤于学习,不断进取。 18. 衣着整洁得体,语言规范健康,举止文明礼貌。
专业知识	(五)小学生发展知识	19. 了解关于小学生生存、发展和保护的有关法律法规及政策规定。 20. 了解不同年龄及有特殊需要的小学生身心发展特点和规律,掌握保护和促进小学生身心健康发展的策略与方法。 21. 了解不同年龄小学生学习的特点,掌握小学生良好行为习惯养成的知识。 22. 了解幼小和小初衔接阶段小学生的心理特点,掌握帮助小学生顺利过渡的方法。 23. 了解对小学生进行青春期和性健康教育的知识和方法。 24. 了解小学生安全防护的知识,掌握针对小学生可能出现的各种侵犯与伤害行为的预防与应对方法。
	(六)学科知识	25. 适应小学综合性教学的要求,了解多学科知识。 26. 掌握所教学科知识体系、基本思想与方法。 27. 了解所教学科与社会实践的联系,了解与其他学科的联系。
	(七)教育教学知识	28. 掌握小学教育教学基本理论。 29. 掌握小学生品行养成的特点和规律。 30. 掌握不同年龄小学生的认知规律。 31. 掌握所教学科的课程标准和教学知识。

续表

维度	领域	基本要求
	(八)通识性知识	32. 具有相应的自然科学和人文社会科学知识。 33. 了解中国教育基本情况。 34. 具有相应的艺术欣赏与表现知识。 35. 具有适应教育内容、教学手段和方法现代化的信息技术知识。
专业能力	(九)教育教学设计	36. 合理制定小学生个体与集体的教育教学计划。 37. 合理利用教学资源,科学编写教学方案。 38. 合理设计丰富多彩的班队活动。
	(十)组织与实施	39. 建立良好的师生关系,帮助小学生建立良好的同伴关系。 40. 创设适宜的教学情境,根据小学生的反应及时调整教学活动。 41. 调动小学生学习积极性,结合小学生已有的知识和经验激发学习兴趣。 42. 发挥小学生主体性,灵活运用启发式、探究式、讨论式、参与式等教学方式。 43. 将现代教育技术手段渗透运用到教学中。 44. 较好使用口头语言、肢体语言与书面语言,使用普通话教学,规范书写钢笔字、粉笔字、毛笔字。 45. 妥善应对突发事件。 46. 鉴别小学生行为和思想动向,用科学的方法防止和有效矫正不良行为。
	(十一)激励与评价	47. 对小学生日常表现进行观察与判断,发现和赏识每一个小学生的点滴进步。 48. 灵活使用多元评价方式,给予小学生恰当的评价和指导。 49. 引导小学生进行积极的自我评价。 50. 利用评价结果不断改进教育教学工作。
	(十二)沟通与合作	51. 使用符合小学生特点的语言进行教育教学工作。 52. 善于倾听,和蔼可亲,与小学生进行有效沟通。 53. 与同事合作交流,分享经验和资源,共同发展。 54. 与家长进行有效沟通合作,共同促进小学生发展。 55. 协助小学与社区建立合作互助的良好关系。
	(十三)反思与发展	56. 主动收集分析相关信息,不断进行反思,改进教育教学工作。 57. 针对教育教学工作中的现实需要与问题,进行探索和研究。 58. 制定专业发展规划,不断提高自身专业素质。

三、实施建议

(一)各级教育行政部门要将《专业标准》作为小学教师队伍建设的基本依据。根据小学教育改革发展的需要,充分发挥《专业标准》引领和导向作用,深化教师教育改革,建立教师教育质量保障体系,不断提高小学教师培养培训质量。制定小学教师准入标准,严把小学教师入口关;制定小学教师聘任(聘用)、考核、退出等管理制度,保障教师合法权益,形成科学有效的小学教师队伍管理和督导机制。

(二)开展小学教师教育的院校要将《专业标准》作为小学教师培养培训的主要依据。重视小学教师职业特点,加强小学教育学科和专业建设。完善小学教师培养培训方案,科学设置教师教育课程,改革教育教学方式;重视小学教师职业道德教育,重视社会实践和教育实习;加强从事小学教师教育的师资队伍建设,建立科学的质量评价制度。

(三)小学要将《专业标准》作为教师管理的重要依据。制定小学教师专业发展规划,注重教师职业理想与职业道德教育,增强教师育人的责任感与使命感;开展校本研修,促进教师专业发展;完善教师岗位职责和考核评价制度,健全小学绩效管理机制。

(四)小学教师要将《专业标准》作为自身专业发展的基本依据。制定自我专业发展规划,爱岗敬业,增强专业发展自觉性;大胆开展教育教学实践,不断创新;积极进行自我评价,主动参加教师培训和自主研修,逐步提升专业发展水平。